W0034249

Clark Stede

RUND AMERIKA

Die erste Umseglung
des amerikanischen
Kontinents

Delius Klasing Verlag

Die Deutsche Bibliothek – CIP-Einheitsaufnahme

Stede, Clark
Rund Amerika : die erste Umseglung des amerikanischen Kontinents / Clark Stede. – Bielefeld : Delius Klasing, 1994
   ISBN 3-7688-0862-9

ISBN 3-7688-0862-9

© Copyright by Delius, Klasing & Co., Bielefeld
Schutzumschlaggestaltung: Ekkehard Schonart
Fotos: Clark Stede
Druck und Bucheinband: Clausen & Bosse, Leck
Printed in Germany 1994

Für die Menschen aller Nationen,
die mein Leben auf unserem Planeten
so wertvoll bereichert haben.

Inhalt

DIE ROUTE *

* Die auf den nachfolgenden Routenkarten angegebenen Seemeilen bedeuten die bis dahin jeweils zurückgelegte Gesamtdistanz.

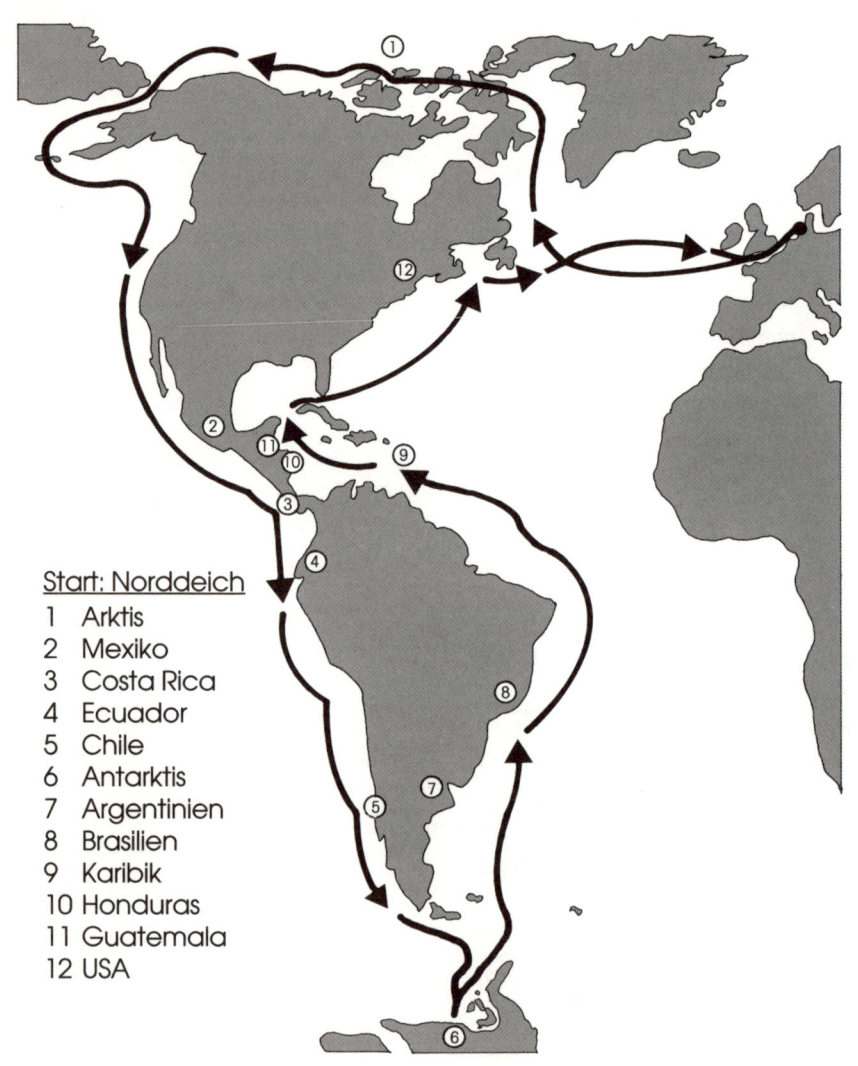

Start: Norddeich
1 Arktis
2 Mexiko
3 Costa Rica
4 Ecuador
5 Chile
6 Antarktis
7 Argentinien
8 Brasilien
9 Karibik
10 Honduras
11 Guatemala
12 USA

Neues Schiff, neue Liebe

Am Anfang war ein Abschied: Die Idee, den amerikanischen Kontinent zu umsegeln, entstand bei einer wehmütigen Trennung. Auf der Insel Mallorca stand ich zum letzten Mal auf dem Deck meiner alten ASMA, eines 9,5 m langen stählernen Doppelenders, den ich verkauft hatte, um mit diesem Geld teilweise eine neue Yacht zu finanzieren. Die Trennung vom Schiff war für mich fürchterlich. Meine rotgemalte Yacht, diese alte ASMA, war ein bedeutender Teil meines abenteuerlichen Lebens in den letzten sechs Jahren gewesen. Gemeinsam reisten wir durch das Rote Meer, segelten an die uns kaum bekannten Küsten Arabiens nach Oman, folgten von dort der „Sindbad-Route" über Indien, Sri Lanka, Sumatra, Malaysia, der Straße von Malakka und Singapur nach China. Wir kreuzten in den Piratengewässern, in der philippinischen Cebustraße, schwammen weiter nach Mikronesien und gingen bei den Papuas von Neuguinea vor Anker. Die weißen Segel der ASMA zogen mich durch Melanesien bis nach Australien, wo ich mich vor der herannahenden Hurrikansaison verkroch. Bis dahin war ich alleine – einhand – gesegelt. Die lange Wartezeit auf die hurrikanfreie Saison brachte eine Reihe von Vorteilen. Ich lernte das Land kennen, lebte dort mit den Aborigines zusammen und erkundete monatelang das Große Barriereriff. Australien war auch für mich ganz privat eine gravierende Wendemarke, denn dort segelte ich Michelle in die Arme. Michelle, die meine Wegbegleiterin werden sollte beim größten Abenteuer meines Lebens.

Einfach dahinsegeln, trödeln, dahocken, das kann ich nicht. Ich bin einfach keiner jener Segler, bei denen die Korallen schon an der Ankerkette anwachsen. Von Australien aus sollte mein nächstes Projekt starten: unter Segel der alten arabischen Gewürzroute zu folgen, die in Madagaskar beginnt und über Tansania, Sansibar und Kenia in das Rote Meer führt. Michelle, die keinen blassen Dunst vom Segeln hatte, war trotzdem bereit, alles in Australien zu verkaufen, um mitzukommen. Auf meine Frage hin, ob sie den Begriff „port" (in der englischen Sprache bedeutet das Backbord) kenne, nickte sie entschlossen. Daß wir sehr verschiedene Dinge damit meinten, erfuhr ich später im Indischen Ozean, als ich Michelle, die am Ruder stand, zurief: „Turn port!" und sie achselzuckend antwortete: „Entschuldige, aber Port, Mensch, den Port, oh den Portwein habe ich vergessen." Ihre Einsteiger-Fahrkarte in das Fahrtensegeln war ein starkes Stück, fast eine Testfahrt, auf der ich herausfinden wollte, ob die neue Lebenspartnerin das Segeln wirklich mochte: Wir gurkten damals, angetrieben vom launischen Passat im Indischen Ozean, in der 9,5 m langen Stahlyacht nonstop von Darwin zu den Tschagosinseln, rund 4100 Seemeilen in 32 Tagen. Michelle wurde am Anfang auf dieser Probereise sehr unruhig, weil ich mit dem Sextanten navigierte und dabei erklärte, ich hätte nicht einmal einen Segelschein (und den habe ich bis heute nicht). Fragte sie mich nach gestandenen Seemannswörtern wie „Backstagen" oder „Sturmsegel", blätterte ich sofort in der englischen Seemannsfibel nach dem richtigen Wort. Meine Yacht war einfach ausgerüstet: ein Schlepplog, Kompaß, Sextant und Radio. Hinter mir lagen schon über 50000 Seemeilen einhand, aber richtig konnte ich Michelles Zweifel erst an dem Tag beseitigen, als unser langersehntes Ziel, ein winziges, 2 m hohes Atoll der Tschagosinseln, voraus lag: 4100 Seemeilen von Darwin entfernt.

Monate nach dem Absegeln von den Tschagosinseln hockten wir auf Sansibar unter Palmen am weißen Sandstrand. Ein Bild wie aus einem Reiseprospekt. Die für uns Mitteleuropäer so hoch hängenden, kaum erreichbaren Kokosnüsse schoß ich mit meiner Winchester herunter. Wir schlürften die frische Kokosmilch und redeten über unsere Zukunft. Ich spürte jetzt, daß das Projekt „Gewürzroute" langsam seinem Ende entgegenging und wir bald am Ziel waren. In meinem Kopf sprudelten verschiedene Ideen und Ziele in den abgelegenen Ecken unseres Planeten durcheinander. Ein Gedanke packte mich immer wieder: den amerikanischen Kontinent zu umsegeln. Für mich war das eine herrliche Kombination, eine ganze Reihe von unterschiedlichsten Herausforderungen: Wir müßten in die extremsten Breiten segeln, zur Arktis und Antarktis, vom hohen Norden über den Äquator bis in die hohen Breiten des Südens und zurück. Dabei würden wir die gesamte Wetter- und Klimapalette der Erde erleben. Noch mehr begeisterte mich an diesem Plan, daß wir dort in Amerika mit den unterschiedlichsten Kulturen und Menschen zusammenkommen und auf einer solchen Extremreise auch eine überaus vielfältige Natur erleben würden. Michelle nippte an der Kokosmilch und sagte: „Du spinnst, Clark, das hat noch kein Mensch gemacht, warum sollen ausgerechnet wir das unternehmen?" Ich streckte alle viere in den Sand und schaute hinauf in den blauen afrikanischen Himmel, dann antwortete ich: „Es geht nicht darum, ob das schon jemand gemacht hat oder nicht, diese extreme Welt kennenzulernen ist eine einmalige Erfahrung im Leben." Projekte mit Risiken gefallen mir, weil ich dann nur begrenzt planen kann, denn ein Risiko ist unkalkulierbar. Der Seiltanz ist viel schöner, als sicher auf der Schiene dahinzuschleichen und vielleicht noch zu wissen, wo man im Leben in fünf Jahren ankommt." Auf unserer Amerikaumsegelung sagten wir immer: „Where there's no risk, there's no beauty." Glutrot versank die Sonne im Indischen Ozean – richtig kitschig. Über uns glitzerte unerreichbar der Sternenhimmel, und an diesem lauwarmen Abend in Afrika beschlossen wir das „Rund um Amerika"-Projekt.

Mir war völlig klar, daß mein damaliger Stahlkutter nicht das richtige für so einen Extremtörn war. Kaum hatten wir diese Yacht verkauft, mobilisierten wir alle unsere Kräfte in Europa, um Geld zu verdienen. Auf dem internationalen Medienmarkt verkauften wir Reportagen von der Gewürzroute, wir zeigten Dia-Multivisionsshows und verkauften Dias an die Agenturen.

Mühsam war die Suche nach einer geeigneten Yacht. Auf den Bootsmessen mußte ich mich von den Fachverkäufern belehren lassen, daß ich wohl zu viele Bücher gelesen hätte, weil ich laut über verschiedene Verstärkungen und Umbauten nachdachte. Dabei lese ich gar nicht soviel, sondern hatte „nur" über 70 000 Seemeilen Erfahrung hinter mir. Hartnäckig blieben die Verkäufer auf ihrer eintrainierten Schiene: „Die Yacht hat einen Mikrowellenherd…, drei Duschkabinen…, einen großen Spiegel im Vorschiff… Dort können acht Mann schlafen." Hinzu kam, daß Serienboote sehr teuer sind und nicht unseren Vorstellungen davon entsprachen, was wir von unserer Yacht für diese Reise erwarteten. Das ist auch verständlich, denn Bootswerften müssen Yachten für den Normalverbraucher zu konkurrenzfähigen Preisen bauen. Wir begriffen schnell, daß unser Wunsch-Schiff noch nicht existierte. Wenn wir so eines haben wollten, mußten wir es erst selbst entwerfen und bauen lassen.

Nach endlosen Werftbesuchen in ganz Europa landeten wir bei den Ostfriesen, also wieder in Deutschland. Auf der wind- und regengeprägten Insel Norderney schob sich Uwe Dübbel die Pudelmütze nach hinten: „Was, ihr wollt ein Schiff fürs Eis und für die Tropen?!" Sein Partner Jesse grinste: „Na, da habt ihr was vor. Aber bitte – machen können wir alles." Mir wurde immer deutlicher: Alle, die wir in unsere Pläne einweihten, dachten, wir schwebten auf einem anderen Stern. Und später gestand mir Uwe Dübbel: „Erst dachte ich, da kommt schon wieder so ein Spinner! Die geben sich ja bei uns manchmal fast die Türklinke in die Hand." Aber es war genau die richtige Werft für unser Vorhaben, einen Aluminiumrumpf bauen zu lassen. Zufällig war etwas Luft in der Auslastung der Werft, und wir paßten mit unserem 13,26 m langen „Bötchen" mal schnell zwischen die Millionärsyachten. Begeistert und voller Ideen brachte ich gemeinsam mit Uwe Dübbel die neue ASMA auf das Zeichenbrett. Er konstruierte sie, die Yacht für alle Fälle. Und auch der Preis stimmte. Fünf Monate nach Vertragsabschluß, im April 1989, schwamm der blanke Aluminiumrumpf an der Schlepptrosse eines Fischkutters durch das Watt nach Norddeich. Und jetzt begann unser Teil der Arbeit. Mitten in der Halle der Norddeicher Schiffswerft arbeiteten Michelle, ein paar Freunde und ich bis Mitte Dezember 1989, oft zwölf Stunden am Tag, an dem ehrgeizigen Plan, alles bis Weihnachten zu schaffen. Der blanke Alurumpf, jetzt ein Zeichen dafür, daß wir es

Wir fanden nicht die geeignete Yacht und konstruierten mit dem leider verstorbenen Uwe Dübbel eine Slup mit drei Kollisionsschotten für diese Reise. Über 2000 Arbeitsstunden verwendete die Werft Dübbel & Jesse auf Norderney für den Bau des Aluminiumrumpfes.

ernst meinten mit der Amerika-Umsegelung, war auch ein Symbol für viele Firmen, die nun verstanden, daß wir wirklich starten wollten. Sponsoren aus der Industrie, die bei dieser Extremreise ihre Produkte zum Einsatz bringen wollten, erklärten sich bereit, den ehrgeizigen Plan einer Amerika-Umsegelung zu unterstützen. Da flossen zwar nicht hohe Geldbeträge für die Yacht, aber wir bekamen Material und Produkte gesponsert.

Ich persönlich habe in diesem Punkt eine ganz klare Einstellung und bekenne mich zum Sponsoring. Einige Mitstreiter aus der Szene, obwohl selbst gesponsert, lehnen das nach außen hin ab. Und das ergibt dann Probleme, denn die Sponsorenfirmen verstehen sich nicht als mildtätige Weihnachtsmänner, sondern wollen natürlich Gegenleistungen sehen. Manche Leute behaupten, nicht gesponsert zu sein, tragen aber merkwürdigerweise immer das gleiche T-Shirt mit großen Firmennamen, oder rein zufällig steht in ihren Texten vor jedem Ausrüstungsgegenstand der Firmenname. Wer dagegen uns unterstützt, kann nur die Wahrheit über sein Produkt erwarten, sonst nichts. Und man höre (und staune): Nicht ein einziger Sponsor machte uns zur Auflage, Firmennamen in unseren Texten zu nennen. Es gab mit keinem Sponsor einen Werbevertrag. Die Firmen, die uns unterstützten, waren so risikofreudig, daß sie an unser Unternehmen zumindest glaubten. Dagegen war nicht eine Redaktion bereit, uns vorab einen Vertrag für Reportagen zu geben. Das erwähne ich nur, weil oft Menschen denken, jemand, der solche Reisen mache, könne schon vorher für viel Geld die Reise an die Medien verkaufen. Die Zurückhaltung nach dem Motto „Erst wenn es was wird, schlagen wir zu" – die liegt aber durchaus in meinem Sinn, denn ich produziere alle meine Reportagen auf Risiko, ohne Verträge, aber damit auch ohne Erfolgszwang auf Teufel-komm-raus.

Natürlich: ohne Sponsoren hätten wir die Yacht niemals in so einer erstklassigen Qualität ausrüsten können. Ein anderer Vorteil von Sponsoring ist, daß ich heute, nachdem die Ausrüstung auf 38 000 Seemeilen geprüft worden ist, getrost Namen und Firmen nennen kann, deren Produkte sich bewährt haben.

Es wäre fast kriminell, wenn ich Seglern Produkte empfehlen würde, die den Härtetest auf dieser Reise nicht bestanden haben. Von den Ergebnissen werden viele Segler profitieren, denn tatsächlich läßt sich ein großer Teil des auf Messen präsentierten Glitzerkrams schnell von dem trennen, was sich wirklich bewährt. Aber es kam noch mehr dabei heraus: Gemeinsam mit den Firmen verbesserten wir deren Produkte. Als zum Beispiel unsere Lampen der Innenbeleuchtung aus ihren Sockeln herausfielen, schrieb ich einen langen Brief an den Hersteller. Sofort reagierte die Firma und änderte in der Produktion die entsprechende Sockelhalterung. Man hatte bei der Lampenkonstruktion nicht bedacht, daß Yachten ständig stampfen können. Die hellen Sparlampen leuchten seitdem jahrelang problemlos in unserem Schiff. Ein anderes Beispiel: vauDe, ein Segelbekleidungshersteller, schneiderte für uns Anzüge einer neuen Generation, weil wir leichte und wasserdichte Overalls wünschten, wie sie heute Hunderte von Seglern tragen.

Die Werft Dübbel & Jesse baute uns den Rumpf. Acht Monate lang bauten wir dann selbst, in der Halle der Norddeicher Schiffswerft, mit zwei Tischlern die Yacht aus und verwendeten ein Hempel-Anstrichsystem.

Für unsere Segelexpedition „Rund um Amerika" war Sponsoring wichtig, und es ist schade, daß im reichen Deutschland die Industrie sehr zurückhaltend ist, wenn es darum geht, abenteuerliche Unternehmungen im Segelsport zu sponsern. Früher unterstützten Herrscher- und große Handelshäuser die Ideen der Abenteurer und Entdecker. Heute aber fehlen uns Menschen oft Phantasie und Idealismus für solche Projekte.

An uns aber sollte es nicht liegen. Pausenlos arbeiteten wir am Rumpfausbau in Norddeich. Es gab für uns keinen Sonntag oder Feiertag. Michelle, die bisher nur englisch sprach, lernte nebenher die gesamte Palette von deutschen Begriffen, die man im Schiffsbau verwendet. Von Monat zu Monat kamen wir schneller voran. Dennoch stießen wir auf Probleme, die wir nicht vorher einkalkulieren konnten – und die Uhr lief. Spätestens im Dezember 1989 mußte die Yacht schwimmen. Danach würden wir nur wenige Monate Zeit haben, die neue ASMA kennenzulernen, um dann im Juni 1990, im arktischen Frühsommer, in Grönland zu sein. Neben dem Schiffsbau mußten wir die gesamte Ausrüstung – Navigationsunterlagen, Proviant, Ersatzteile, unsere Ausstattung und Hunderte von Kleinigkeiten – besorgen. Die Monate in Friesland flogen dahin. Und beim Sägen und Zimmern waren unsere Gedanken schon weit oben im eisigen Norden. Oft standen friesische Fischer im Hallentor, rauchten ihr Pfeifchen und schauten zu: „Na Jungs, hoffentlich schafft ihr das!"

„Alles Klappstühle", lacht Lothar Hannebohm, unser Auricher Freund, und organisiert das Schmücken der ASMA für die Taufe. Lothy, wie wir ihn nennen, rennt herum, managt alles und kann schneller reden als atmen. Als der Sektkorken knallt, steht für mich die Zeit minutenlang still. Bilder vom Design des Schiffes bis zu seiner Fertigstellung laufen vor meinem inneren Auge vorbei. Dann spüre ich die Sektspritzer in meinem Gesicht, sehe Besucher – Bekannte und Unbekannte – und Freunde, und alle zusammen beklatschen wir die Taufe. Unser Kind für die Reise ist geboren. In der Hafenkneipe begießen wir gemütlich den Start zu „Rund um Amerika". Hans Beilken, unser Segelmacher, stößt mit uns an: „Wenn bloß alles hält und ihr gut wieder zurückkommt." Ingo, Kalli, Gaby, Walter, Elke, Reinhard, unsere Norddeicher Freundesclique, feiern kräftig mit – ihnen haben wir so viel zu danken: Ein solches Projekt gelingt nicht im Alleingang, da helfen unzählige Menschen mit.

16

Testsegeln fällt aus – wir haben keine Zeit. Die Asma schwimmt, alle Schapps und Stauräume an Bord werden eingeräumt. Dezemberkälte. Bald ist Weihnachten. Asma läuft aus dem Hafen von Norddeich. Am Ufer sehen wir unsere Freunde winken. Langsam geht es durch das Fahrwasser nach Norderney. Alles ist noch fremd auf dem Schiff, jeder Handgriff ist erstmal gewöhnungsbedürftig. „Mensch, hoffentlich hast du das Segeln nicht verlernt", denke ich. Winterkalte Feuchtigkeit kriecht in unsere Körper. Und ich fühle, daß vor uns etwas ganz Großes liegt, etwas Unkalkulierbares, eine Reise über Jahre. Michelle lacht: „Clark, wir schwimmen, wir schwimmen neuen Zielen entgegen." Als wir an der Hafenmauer in Norderney festgemacht haben, kommt gleich wieder Leben in das Schiff. „Lothy" kommt mit Sack und Pack und will uns die ersten drei Tage begleiten. In der Nacht schlafe ich unruhig. Viele Gedanken gehen mir durch den Kopf, und ich bin froh über das erste Morgenlicht. Endlich starten wir durch: Segel hoch! Möwenschreie und Lothys Seemanns-Geschichten begleiten uns aus dem Hafen von Norderney. Ostwind aus Rußland. Kalter Vorwindkurs Richtung niederländische Küste. Es ist wunderbar, wie die Yacht läuft, wie auf einer Schiene fahren wir die Wellen herunter. Das Schiff ist alles für uns: Zuhause, Büro, Fortbewegungsmittel. Es birgt unseren ganzen Besitz, alles geht jetzt mit uns auf die Reise.

NORDDEICH - LA CORUNA,
GIBRALTAR - TANGER - AZOREN - NUUK
5260 Seemeilen

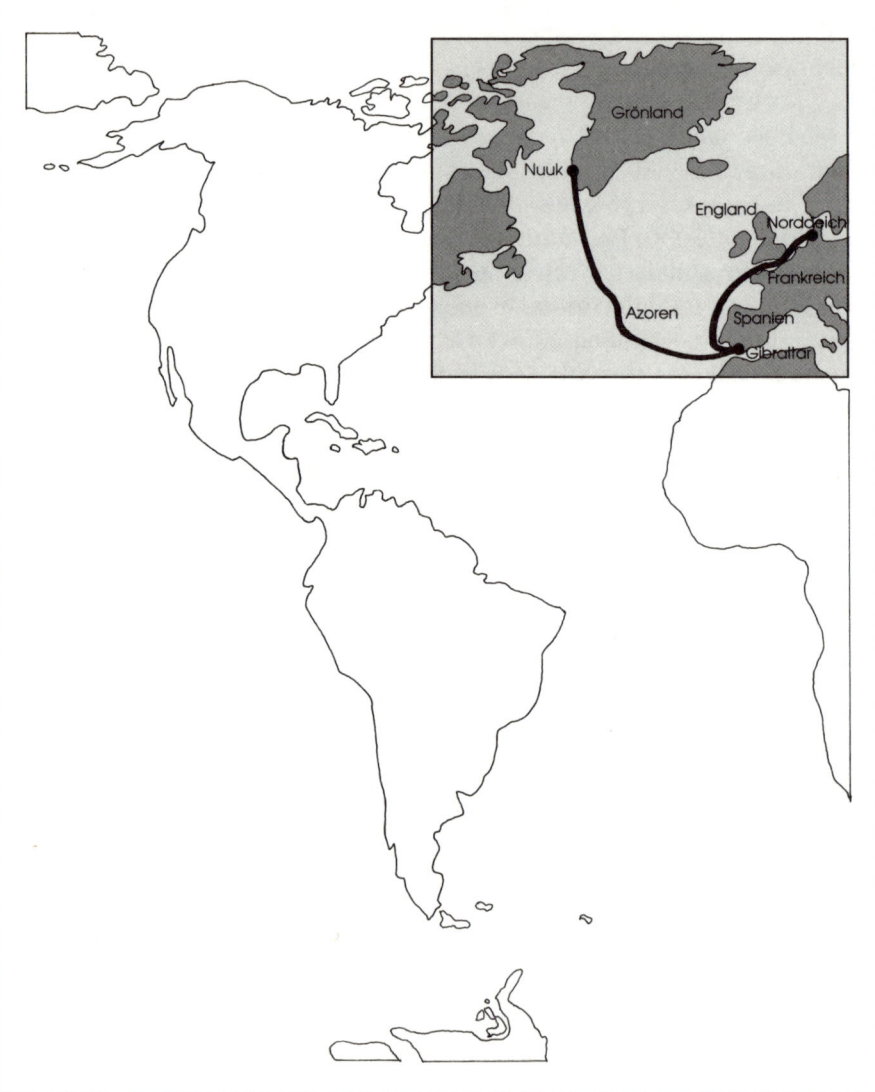

Das Abenteuer beginnt

Im IJsselmeer, dem niederländischen Binnengewässer, unternehmen wir von Januar bis Anfang Februar 1990 ständig Übungsfahrten. Wir verbessern die Maststellung, trimmen die Segel, lernen, unser Schiff zu beherrschen und mit der neuen Umgebung im Einklang zu leben. Orkanartige Winde peitschen in diesem Winter über die Küsten Europas. Gerade richtig, um unsere Sturmbesegelung zu testen. Die orangefarbene Sturmfock kommt an das innere Vorstag, das weggenommen werden kann, damit das Kreuzen mit dem Vorsegel einfacher ist. Die Sturmfock bietet gerefft noch knapp 5 m² Segelfläche und bewährt sich auf dem sturmgepeitschten „Ententeich", wie wir das wilde IJsselmeer in diesem Winter nennen. Mastbauer Wilfried Müller kommt vorbei und prüft das Rigg. Zufrieden klopft er mir auf die Schulter: „Mensch Alter, der ganze Prügel hält!"

IJmuiden haben wir schon vor Stunden verlassen, doch 5 Seemeilen außerhalb der Mole heißt es den Rückzug anzutreten, denn ein Weststurm bläst uns wieder in den Hafen. Neue Wettermeldungen von der Küstenwache treffen ein: 600 Seemeilen westlich ein Sturmtief, danach noch drei weitere. Wir müssen die Lücke nutzen, um nach Dover zu kommen. Wenn wir jetzt nicht ablegen, sitzen wir noch zwei Wochen fest. Wieder liegt die Mole IJmuiden achteraus. Wir schieben kräftig Lage, prügeln die ASMA unter Vollzeug voran. Jede Seemeile zählt. Eine Tagesreise in der Nordsee liegt hinter uns, als wir die Wettermeldung hören: „Sturmwarnung für Dover. Tiefdruckgebiet ostziehend mit Zentrum Englischer Kanal. Vorhersage: Windstärke 8, zunehmend auf Südwest 10." Wir zurren alles fest, prüfen die Luken, schlagen die Sturmsegel an. Michelle kocht heiße Suppe und füllt sie in die Thermosflaschen – unsere Sturmnahrung. Trotzdem fühle ich mich frei, vogelfrei. Endlich sind wir unterwegs. Wir träumen nicht mehr nur von der endlosen Weite der Ozeane, wir sind mittendrin.

Das Barometer fällt rapide, es zeigt nur noch 1000 Hektopascal, und es geht weiter abwärts. Wir wechseln uns im Zwei-Stunden-Rhythmus ab, damit jeder sich hinlegen kann. Schlafen auf Vorrat ist wichtig, denn ein ausgeruhter Körper ist entspannter und reagiert besser. Tiefschwarze Wolken sausen über uns hinweg, weiße Gischtfahnen wehen von den Wellenkämmen. ASMA bahnt sich mit weichen Bewegungen ihren Weg. Pechschwarz ist die Nacht. Michelle hat mich aus der Koje geholt: „Clark, wir müssen allmählich Dover ansteuern." Die Wellen sind steil und hoch. Spärlich leuchten die Lichter von Dover durch den Regen. Die See faucht. „Ich glaube, die spinnen. Auf der Mole brennt rotes Licht, der Hafen ist gesperrt", schreie ich zu Michelle herüber, die sich im Deckshaus verkrochen hat. Sie ruft den Hafenmeister per UKW-Sprechfunk. Antwort: „Wo seid ihr? Draußen? Wartet mal, ich schalte auf Grün", schallt es auf englisch aus unserem Lautsprecher. Wir laufen in den schützenden Hafen ein und machen an der Mole fest. Kaum haben wir uns der salzig-nassen Segelanzüge entledigt, steht der Zöllner vor dem Schiff. Müde füllen wir seitenweise Formulare aus. „Moment Mal", schlägt der Zöllner vor, „du kannst auch nur 24 Flaschen deklarieren, und die fünfundzwanzigste probieren wir." Die Idee paßt in unser Konzept. Wodka scheint in England teuer zu sein. John, so heißt er, leert bis zwei Uhr morgens die halbe Flasche und kommt kaum von Bord. So steif sind die Engländer gar nicht, im Gegenteil, ihr Forscherdrang trieb sie schließlich in alle Winkel der Erde. Sie waren es, die im letzten Jahrhundert 40 Expeditionen aussandten, um die Nordwest-Passage zu entdecken. Doch das Eis ließ sie alle scheitern. Erst Roald Amundsen, der Norweger, der auch als erster den Südpol erreichte, fand 1903–1906 mit seinem Schiff GÖJA diesen kürzesten Seeweg zwischen Atlantik und Pazifik. Seiner Route wollen wir auf einem bestimmten Abschnitt folgen, von Grönland soll es durch die Eismassen der kanadischen Arktis, durch schmale Wasserstraßen und durch Insellabyrinthe gehen, dann weiter entlang der Küste von Alaska bis zur Beringstraße. Rund 4000 Seemeilen ist die Route lang, die stets nördlich des Polarkreises verläuft. Das ist die erste Etappe von „Rund um Amerika".

Von der Beringstraße steuern wir die Aleuten an – und, wenn wir Glück haben, kommen wir im Herbst 1990 durch den Nordpazifik nach Kanada. Dort wollen wir überwintern. Im Frühjahr 1991 soll es dann nach Kalifornien, Mexiko und zügig weiter nach Costa Rica gehen, bevor im Juli die ersten Hurrikans losfegen, dann nach Zentralamerika mit Kurs Ecuador und nonstop nach Chile. Im Jahr 1992 wollen wir durch die Kanäle Patagoniens nach Kap Hoorn segeln, und eventuell in die Antarktis. Weiter geht es nach Argentinien, nach Buenos Aires. Danach stehen Brasilien, die Grenadinen und das Karibische Meer auf dem Programm. Im letzten Jahr der Amerikaumsegelung, geplant ist 1993, soll es dann nach Honduras, Guatemala und zu den Küsten Floridas gehen, und von dort entlang der Ostküste der USA, wo wir dann in den Nordatlantik „abbiegen" wollen, um dort unsere Kurslinie zu kreuzen und weiter mit Ostkurs zurück nach Europa zu segeln. Aber das kann sich um Jahre verschieben, die zeitliche Ausdehnung des Projekts hängt vor allem ganz vom Eis in der Arktis ab.

März in der Biskaya. Sie zeigt sich besser als ihr Ruf. Sonnenschein und mäßige Winde begleiten uns nach La Coruña. Michelle schleppt neuen Proviant an Bord. Ich überprüfe das Rigg, den Motor, die Schellen an den Schläuchen, die Segel. Wir segeln weiter und passieren die „Costa de Morte", die Küste des Todes, wie die Basken ihre Steilküste nennen. Wieso eigentlich? Romantische, einsame Buchten finden wir hier und verschlafene Fischerdörfer. Und weiter nach Südportugal. Von Tag zu Tag lernen wir das Schiff besser kennen – und wir verbessern es. Die Schnappverschlüsse an den Schapptüren zum Beispiel halten nur in den Häfen. Bei Seegang aber poltern oft schwere Gegenstände von innen dagegen, und aus der geöffneten Tür rollt der Inhalt auf den Boden. Die Lösung finden wir in Portugal: Solide gearbeitete Messingriegel. Wir schrauben sie an die Türen.

In Südspanien kaufen wir den letzten Proviant: Kiloweise geräucherte und luftgetrocknete Salamis und Schinken – Leckerbissen ohne Verfalldatum. Und in der Arktis werden wir ohnehin keinen Kühlschrank brauchen. Mindestens eine Überwinterung planen wir dort ein, weil wir selbst in unseren kühnsten Vorstellungen nicht daran glauben, in einem Jahr durch das Eis der Nordwest-Passage zu kommen. An Bord sind für 18 Monate Verpflegung gelagert. Dazu eingeschweißte Notverpflegung für sechs weitere Monate. Relativ wenig Konserven haben wir an Bord. Denn Dosennahrung hat erhebliche Nachteile: sie ist schwer, hat ein großes Volumen und bei extremen Minusgraden können die Dosen zerplatzen. Wir verlassen uns lieber auf Gefriergetrocknetes für Frühstück, Mittag und Abendbrot. Das Gewicht der Menüs ist gering und die Zubereitung ist denkbar einfach: Heißes Wasser aufgießen, fünf Minuten warten bis zum Aufquellen – fertig ist das Schlemmer-Menü. Rühreier oder Buletten werden genauso wie die Suppen mit heißem Wasser aufgegossen und danach in der Pfanne gebraten. Unser Ernährungs-Ratgeber Dr. Rüngler aus Augsburg hatte speziell für uns alles zu Zweipersonen-Mahlzeiten verpackt und dabei vor allem auf Vitamine und Mineralien geachtet.

Von Gibraltar, wo wir wie ganz normale Touristen reichlich im Duty-free-Shop einkaufen, segeln wir nach Tanger. Afrika! Damit verbinden mich viele Erinnerungen. Fast zehn Jahre lang besuchte ich den Kontinent regelmäßig – viele Reportagen über die Naturvölker sind dabei entstanden. Und in der Wüste, wo ich auf Kamelen reise, sagen die Tuareg, die Beduinen: „Asma – Hör, komm!" Dieser Ruf gilt einem Freund. Darum heißt auch diese Yacht wieder Asma – als Gruß vom Meer an die Freunde in der Wüste.

Wir schlürfen Minztee in der Altstadt, zwischen Berbern und Arabern. Exotische Düfte und der Qualm der Kochfeuer durchziehen die engen Gassen. Michelle kauft Gewürze ein, ich einen kleinen Teppich für unseren schwimmenden „Salon". Am Abend dann, als der Muezzin, der Vorbeter der Moschee, zum Abendgebet ruft, segeln wir mit leichten Winden aus dem Hafen. Kurs: Azoren. Davor haben wir die Chance, noch etwas West gut zu machen, bevor wir weiter nördlicher in den Gürtel der westlichen Winde geraten. Sie zwingen uns dann zu einem Nordkurs – dort wo Grönland liegt. Unterwegs zu den Azoren bläst es zuerst aus Nordwest. Michelle weckt mich besorgt: „Hoffentlich dreht der Wind, sonst landen wir noch auf den Kanarischen Inseln." Nachmittags kaum vier Windstärken. Eine unangenehme Dünung packt uns. Wir rollen wie verrückt. Uns hat irgend etwas den Magen verdreht, und der nimmt uns das sehr übel, mit den entsprechenden Folgen. Weder Gleichgewichtsstörungen noch Reaktionsschwierigkeiten machen uns zu schaffen – nur dieser blöde Magen spinnt. Am nächsten Tag das gleiche, genauso schlimm. Ich denke sogar an Rückkehr! Aber umdrehen bedeutet Zeitverlust. Und wir wollen mit dem arktischen Frühling, der ersten Eisschmelze, in Grönland sein. Also geben wir uns noch eine Chance – essen vorsichtig Haferschleim, Löffel für Löffel, und trinken Johannisbeersaft, der mit Mineralien angereichert ist. Es hilft! Der Magen ist beruhigt.

Endlich stürmt es leicht im Nordatlantik: Windstärke acht aus Nordost. Die Asma läuft stabil mit direktem Kurs zu den Azoren.

Langsam kennen wir unsere Yacht und haben ihre kleinen „Makken" ausgemerzt. In Ponta Delgada warten wir auf den Sommeranfang im fernen Grönland. Noch ist es zu früh, denn das dortige Osteis, das um Kap Farvel mit dem Grönlandstrom nach Norden geschoben wird, hat sich noch nicht geöffnet. Also: Warten auf den Azoren. Nach dem Yachtbau, einem Leben zwischen Aluplatten, Spänen, Holzarbeiten und Farbgerüchen und den Unannehmlichkeiten der letzten Tage erscheinen uns die saftig grünen Inseln wie ein Paradies. Freundliche Menschen, kleine Bauerndörfer, wunderbare Wälder. Leider haben wir noch keine aktuellen Eiskarten für unser nächstes Ziel. Die grönländische Küstenwache hat die Lage und Stärke der Packeisfelder noch nicht erkundet. Und, jetzt, Anfang Mai, zu starten, ist entschieden zu früh. Aber die Zeit vergeht schnell. Wir stauen unsere Vorräte um, damit Asma besser im Trimm liegt. Dafür eignet sich die sieben Zentner schwere Steinkohle hervorragend, die wir in England gebunkert haben. Genug Heizmaterial für den eisigen Norden ist also an Bord. Zuerst, so ist es geplant, werden wir die Kohle im selbstgebauten Schamotte-Ofen verheizen. Bei sparsamem Verbrauch reicht der Vorrat für etwa 150 bis 200 Wintertage. Danach soll dieser Ofen ausgetauscht werden – dann wird der Reflex-Dieselofen die Yacht heizen, ein sparsamer Wärmespender aus Dänemark, der sich auf vielen Fischdampfern bewährt hat. Insgesamt haben wir 1200 Liter Diesel an Bord. Drei Liter pro Tag könnten reichen. Summa summarum könnten wir also theoretisch zwei arktische Winter im warmen Schiff verbringen. Warum anfangs den Kohleofen? Um nicht gleich den Diesel zu verheizen, den wertvollen Kraftstoff, den wir gegebenenfalls für unseren Motor brauchen. Der Kohleofen hat noch einen zusätzlichen Vorteil: darin kann man Treibholz verbrennen. Treibholz woher? Von den Eskimos zum Beispiel. Sie leben zwar in festen Steinhäusern, die Dächer und Türen, auch die Spanten der Kajaks und ihr Werkzeug sind häufig aus Holz gefertigt. Und wie kommt das waldlose Grönland an Holz? Über eine lange Reise von verirrten Holzstämmen aus Sibirien. Sie kommen aus den dortigen Flüssen und werden dann in das Polarmeer getrieben. Dort friert das Holz im Winter im Eis ein und driftet mit der polaren Eiskappe von Ost nach West. Irgendwann schmilzt das Eis an der Ostküste Grön-

Gegen Kälte, Hitze und Schall isoliert Michelle die ganze Yacht mit den ungiftigen Platten und Tapes aus 39-mm-Alveo-PE-Material.

lands ab. Dann beginnt die Drift der Stämme. Zuerst treiben sie nach Süden und werden dann vom Grönlandstrom erfaßt, der Packeis samt Holz nach Nordgrönland entlang der Westküste schiebt. Fridtjof Nansen, der mit seinem Schiff FRAM eingefroren im Eis um den Pol trieb, nutzte diese Drift.

Energiesparend zu heizen, bedeutet den Rumpf gut zu isolieren. Styropor kam für uns nicht in Frage. Dieses Material schrumpft im Lauf der Jahre und jeder nicht mehr isolierte Quadratmillimeter eines Metallrumpfes sorgt ständig für Kondenswasser, man sitzt wie in einer Tropfsteinhöhle. Ausschäumen stand ebenfalls nicht zur Debatte, weil wir dann jahrelang in einem giftigen Käfig leben müßten. Auf der Suche nach einem ungiftigen und gut gegen Kälte wie auch Wärme isolierenden Material landete ich bei der Firma „Alveo" in der Schweiz. Deren Produkte, 36 mm starke PE-Platten, sind ungiftig. Wir verklebten innen den Rumpf, alle Spanten und jede mögliche Kältebrücke damit. Der Erfolg war: eine Isolierung bis minus 60 °C – und kein Kondenswasser, also ein trockenes Schiff. Gleichermaßen gut geschützt in den heißen Tropen wie auch in der Welt der Eisberge, dazu auch schallisoliert.

Speziell das bevorstehende Abenteuer Kälte erforderte gründliche Überlegungen bei der Auswahl der geeigneten Materialien. Hier ein paar Details für den Interessierten: Für unseren Dieselmotor kam ein Kühlkreislauf mit Seewasser nicht in Frage. Außenhautkühlung über Kühltaschen, d.h. doppelte Aluminiumhaut im achteren Rumpfbereich unterhalb der Wasserlinie, war die Lösung. Darin zirkuliert das Wasser und kühlt sich an der Rumpfaußenhaut ab, bevor es wieder in den Motor gepumpt wird. So eine Kühlung hat nur Vorteile: Bis zur untersten Grenze von minus 60 °C sicherten wir das Kühlwasser mit Frostschutzmittel ab. Selbst vollkommen im Eis eingeschlossen oder festgefroren könnten wir nun den Motor laufen lassen, zum Beispiel um die Batterien zu laden. Nichts kann diesen geschlossenen Kreislauf stören – weder Seegras noch Meeresmüll, wie Plastiktüten, oder auch Schwebstoffe aus Flüssen und kleine Eisstücke. Und man erspart sich die Korrosion durch Salzwasser im Motorkühlsystem. Wegen der bevorstehenden Kälte, bei der selbst im arktischen Sommer bei minus 10–15 °C die Schoten einfrieren, verwendeten wir nur flexibles „Liros"-Tauwerk und große Blöcke, damit die Schoten leichter gleiten.

Was für ein logistisches Großunternehmen auf kleinstem Raum! Über 1000 Teile waren an Bord: winzige Nadeln, rollenweise Segelgarn, raumfressende Motorersatzteile bis hin zu Ersatzwelle und dreiflügeligem Ersatzpropeller. Denn uns war klar: In der Einsamkeit der Meere und der Eiswüste würden wir ganz auf uns selbst gestellt sein. Darum nahmen wir nur erstklassige und bewährte Produkte mit an Bord. Denn die Erfahrung beweist: ein Yachtausrüster bietet vieles an, doch die Qualität steht manchmal auf einem anderen Blatt. Das bestätigt uns auch Bertie Reed, Südafrikas BOC-Einhandsegler, den wir hier auf den Azoren treffen. „Beim Rennen geht alles über Bord wenn das Zeug nicht hält, aber wir haben ja genug Ersatz dabei", sagt er. Die GRINAKER, wie seine Rennyacht heißt, bezeichnet er als „wilde Ziege". Verblüfft frage ich nach seinem Autopiloten. Bertie: „Der ist aus England und steuert gut über den Atlantik – schließlich habe ich fünf dabei." Und als ich ihn nach der Windfahnen-Selbststeueranlage frage, hebt er den Daumen: „Das Ding kommt aus den USA und ist die Crème de la Crème." Zum erstenmal höre ich etwas von dieser Anlage, die „Monitor" heißt. Die Begegnung ist für uns sehr wertvoll, weil wir später unsere Selbststeueranlage austauschen und dieses Wunderding namens „Monitor" ASMA rund um Amerika steuern wird.

Noch genießen wir die Azoren. Überall blühen die Blumen in Horta. Segler aus allen Ländern treffen sich hier. Die meisten kommen jetzt via Bermudas hierher, um sich von der Hurrikansaison in der Karibik im Mittelmeer zu erholen. Diese Atlantikroute, eigentlich eine kurze Strecke, hat durchaus ihre Tücken. Unbeständige Winde und Stürme haben da schon viele Schiffe gebeutelt. Ein deutscher Schoner hat seinen Kapitän verloren. Amerikanische Schiffe liegen ohne Mast am Kai. Überall werden Riggs und Segel geflickt. Das Seglervolk ist beschäftigt. Zwischen den weißen Rümpfen sehen wir eine knallrote Yacht. NORTHERN LIGHT steht auf der stählernen Joshua geschrieben. Später werden wir uns denken: Wie klein ist doch die Welt, diese Ketsch werden wir nach zwei Jahren wieder treffen, einsam mitten im Eis – in der Antarktis nach einer gelungenen Überwinterung.

Gen Grönland

Wir studieren die Seekarten, Pilot Charts und Handbücher. Es gilt, die Grönland-Taktik zu entwerfen: Zuerst soviel West als nur möglich machen. Später, je nördlicher wir kommen, geraten wir in die Westwinddrift. Also: Selbst dort, wo die Windstärken es erlauben, noch Nordwest machen! In den hohen Breiten kommen die Stürme hauptsächlich aus West bis Nordwest, die uns zwingen werden abzulaufen, nach Osten zu gehen. Bei dieser Theorie werden wir es aber mit einem realen Gegner zu tun bekommen: Das Packeis, Eisberge, die aus der Baffinbai an Kanadas Ostküste mit dem Strom zu den Neufundlandbänken treiben oder aus dem östlichen Grönland kommen. Was hört man von dort? Trotz vieler Bemühungen bekommen wir auf den Azoren immer noch keinen zuverlässigen Eisbericht aus dem Norden. Trotzdem beschließen wir, am 3. Juni loszusegeln. Je früher wir in Grönland ankommen, desto größer ist auch die Chance, noch in diesem Jahr so weit wie möglich in der Nordwest-Passage voranzukommen.

Abschied von den Azoren. Südwestliche Winde füllen die Segel. Vier Tage kommen wir gut nach Nordwesten voran. Dann flaut der Wind ab zu einer leichten Brise. „Zeit zum Kuchenbacken", sagt Michelle. Kaum ist sie unter Deck, bemängelt sie schnuppernd: „Sag mal, hier stinkt es nach Petroleum." Wie die Spürhunde schnüffeln wir überall herum. Nichts zu finden – weder im Salon noch in der Pantry. Dann entdecken wir, daß der Petroleumgestank durch die

Motorenbelüftung kommt. Unter dem Cockpit, unserem Stauraum für Ausrüstung und Ersatzsegel, riecht es wie in einem Petroleumfaß. Mein Stimmungsbarometer sinkt auf Null, als ich die Ursache entdekke: eine Schlauchverbindung am Tank ist lose. Gleichmäßig tropft das Petroleum auf einen Segelsack. Mist, doch Michelle macht mir Mut (immer gut, wenn wenigstens eine an Bord optimistisch ist): „Komm, wir waschen das Segel, heute ist das Wetter okay." Wir schrubben und bürsten, waschen und spülen. Dann ziehen wir am Spifall die gereinigte Genua und den Segelsack verkehrt herum hoch, damit das Tuch trocknet. ASMA läuft nun unter Fock und Groß, in dem Luftspalt dazwischen die Genua auf dem Kopf. Sehr ungewöhnlich – gut, daß uns hier keiner sieht! –, denke ich.

Um Mitternacht ist das Kaffeesegeln beendet. Ein Sturmausläufer erreicht uns – Windstärke 8 aus Südwest. Berauschend schnell arbeitet sich der Rumpf nach Nordwesten. Trödeln mögen wir beide nicht. Segeln, das ist für uns, schnell von A nach B zu kommen. Ich liebe es,

ASMA im Atlantik, deutlich heben sich die roten Sturmsegel
vor grauem Himmel und dunklem Wasser ab.

gegen mich selbst Regatta zu segeln und maximale Etmale zu erzielen. Nicht gleich an die Grenzwerte, wo Schiff und Rigg extrem überbelastet werden, aber zügig zu reisen – das ist schön, dann lohnen sich die Investitionen. Eine schnelle Reise, das bedeutet besonders hier im Nordatlantik, möglichst einigen der schweren Stürmen zu entkommen. Denn hier, zwischen 40 und 60 Grad Nord, sind die Zugbahnen der Tiefs, die dann in den europäischen Wetterberichten auftauchen. Täglich sinkt das Thermometer. Luft und Wasser werden kälter. Am 11. Juni steht das Baro auf 1014 Hektopascal und mit steigendem Barometer hat der Wind zugenommen. Rasend schnell geht es voran. Ich freue mich, beobachte oft minutenlang, wie unser Walkerschlepplog dahinsurrt und die Seemeilen nur so frißt. Lange, gleichmäßige Wellen begleiten uns, nichts wirkt bedrohlich.

Nur kommen wir langsam in die Nähe der Neufundlandbänke, wo wir erstmals auf Eis treffen können. Genau das macht mir Sorgen. Eisberge sind zwar bei guter Sicht selbst nachts bei Sternenlicht zu erkennen, und mit dem Radar erst recht. Aber die Stücke, die von den Eisbergen „abbröckeln", die sogenannten Growler, die bleiben unsichtbar. Sie sind gefährlich – man muß ja nicht gleich an die TITANIC denken. Nachts meldet sich Michelle: „Nach den Infos, die wir haben, müssen wir jetzt mit Eis rechnen. Zumal die Winde aus westlichen Richtungen Eis auf unseren Nordkurs treiben werden." Recht hat sie, und ich stimme zu: „Okay, wir drehen bei und lassen uns diese Nacht treiben" antworte ich und überlasse ASMA sich selbst mit dem gerefften Sturmgroß. Traumhafte Ruhe kehrt in das Schiff ein. Zum Abendessen: Bratwürste, Sauerkraut und Kartoffelbrei – heimatliche Küche im hohen Norden. Bei Kerzenlicht genießen wir einen Tee. Alle vier Stunden wechseln wir die Wache. Nachts schaue ich in die Finsternis und beobachte das Wasser. Wenn die Growler groß genug sind, dann brechen sich darüber leicht die Wellen. Die kleineren Eisbrocken kann das menschliche Auge gar nicht wahrnehmen. Trotzdem: man starrt in die Nacht – zur Beruhigung.

Beidrehen im Eisgebiet ist wie russisches Roulette – man hofft auf eine Portion Glück. Der nächste Tag ist wie im Kino, wie in einem wundervollen Naturfilm: Sonnenschein, blauer Himmel. Vogelschwärme ziehen nach Norden. Kleine Fontänen am Horizont künden von Walen, die zur Nahrungssuche zur Baffinbai schwimmen. Und wir mittendrin unter Blistergenua.

Zuverlässig wie immer melden sich die Jungs von Intermar auf Amateurfunk. Christoph verspricht uns einen Eiswetterbericht für morgen, meldet uns die letzten Wetterberichte der Kanadier. Und DL 3 CL sagt lässig: „Morgen seid ihr wieder dran. Ein Sturm kommt. Aber naja, ihr wißt schon, wer sich dort herumtreibt, muß damit auch leben." Christoph (DK 0 MI) kommt nochmal: „Clark, ich glaube der Eisgürtel liegt weit nördlicher als Nuuk. Die Karte ist heute schlecht." Auch wenn die Nachrichten eher zweifelhaft sind – allein die Stimmen im Lautsprecher tun so gut. Andere Menschen außer uns beiden! Man fühlt sich nicht von der Welt abgeschlossen. Man redet mit den Funkern, auf englisch und manchmal sogar auf deutsch.

Gute Nachricht am 14. Juni: der vorhergesagte Sturm fällt aus! Das Grönlandhoch hat das Tiefdruckgebiet nach unten gedrückt, weit nach Süden. „Südseewetter"! 21 °C über Null. Sonnenschein. Rock-

Unterwegs produzierten wir einen Film,
Reportagen und Fotos. Und im
Deckshaus zeichnete ich meine
Rundfunksendungen auf.

musik schallt aus unseren Lautsprechern. Wir duschen. Servieren uns ein herrliches Menü mit Pudding. Reinigen das Schiff. Genießen die Pause der Wettergötter, nehmen sie als schöne Bescherung. Denn auf einer langen Seereise im Nordatlantik weiß man: bald ist das wieder vorbei. In diesem Fall am 17. Juni 1990, einst der „Tag der deutschen Einheit". Zum letzten Mal ein Feiertag, weil die Einheit jetzt endlich vollzogen ist. Auch daran denkt man zwischendurch auf dem Meer.

Wo es jetzt allerdings sehr ungemütlich wird: Hagel und Schnee überfallen uns. Nachts wird es schwierig. Zum Glück gibt es hier um diese Jahreszeit nur noch vier wirklich dunkle Stunden, sonst ist es taghell. Dadurch können wir täglich viel segeln und gefährliches Eis rechtzeitig erkennen. Der wütende Auftritt steigert sich am 19. Juni. Aus dem Bordbuch: Barostand 986 Hektopascal. Laut Wetterbericht Bft 9 in Böen bis 11. Aber kaum Seegang, die Wellen bleiben relativ flach, ein gefährliches Zeichen. Denn dort, wo der Wind herkommt, liegt das Packeisfeld – es verhindert wie eine Landmasse die hohen Seen. Unsere Nerven sind angespannt, denn mit dem Wind wird das Eis kommen. Bloß wann? Wir drehen bei und beobachten durch die diesige Luft das Wasser. Stundenlang. Wir wechseln die Wache und vergessen zu essen. Dreißig Stunden dauert das Unwetter. Langsam verziehen sich dann die grauschwarzen Wolken. Zögernd lugt die Sonne durch die Wolkenlöcher. Dann endlich, am Mittag des 20. Juni, ist der Spuk vorbei. Südost mit Bft 5 füllt unsere Segel. Unsere Augen brennen. Müde löffeln wir endlich eine heiße Suppe. Michelle geht in die Koje. Schlaf nachholen. Drei Stunden später, genau zur Wachablösung, treffen wir die ersten Eisberge. Ein Erlebnis: Wundervolle, schwimmende Naturdenkmale. Aber natürlich mit Tücken: Bald segeln wir Zickzack-Kurse. Die Eisberglandschaft zwingt uns dazu. Das Meer ist ruhig. Die seit Wochen gewöhnte Atlantikdünung ist verschwunden. Typisch für diese Breiten ist das Sommerwetter. Hier auf 67 Grad Nord herrschen leichte Winde vor. Michelle entfernt die Topfhalterungen am Herd. Löst die vielen Sicherungen an Schranktüren, Kanistern und Containern – Dinge, die nur bei hartem Wetter benötigt werden. Wunderbares Wetter: Die Sonne scheint. Keine Wolke am Himmel. Nur blasse Nebelschwaden liegen über dem Meer. Die Sicht, knapp 500 Meter, reicht aus, um das Treibeis sicher zu passieren.

Ich räume das Deck auf. Verstaue die Sturmfock. Geruhsame Tätigkeiten. Mittags steht das Thermometer glatt auf 20 Grad Celsius über Null! Der Südost hat an Stärke verloren. Wir segeln gemächlich mit drei bis vier Knoten dahin und genießen die Ruhe, den Frieden der Natur.

Ich versuche erneut, unsere Windfahnen-Selbststeueranlage in die Gänge zu bringen. Vergebens. Rückzug zur Elektronik: Wieder steuert der Autopilot das Schiff. Unser Windgenerator liefert genug Strom für die sparsame hydraulische Steuerung.

Doch auf dem Radar zeigt sich ein Echo. Schnell berge ich das Vorsegel. Irgendwo dort hinter den Nebelschwaden ist das Eis. Aalglatt ist das Meer. Ein sicheres Zeichen für das Packeis voraus. Aufgetürmt, zusammen und übereinander geschoben steht vor uns die weiße Barriere. Festes, blaues hartes Packeis von Ostgrönland. Der Anblick ist furchterregend und überwältigend zugleich. Ratlos schauen wir uns an – und segeln zunächst mit dem Groß an der Packeismauer entlang. Wir sind hilflos. So etwas haben wir in unserem Leben noch nicht gesehen. „Da sollen wir durch?" fragt Michelle. Ich weiß keine Antwort, denn schließlich bin ich ja auch neu hier in dieser Gegend. Mutig antworte ich: „Irgendwie müssen wir das hinkriegen." Aber wie nur? Michelle kocht erst einmal einen Kaffee. Espresso gibt's jetzt hier im „Eiscafé". Über uns die geradezu grelle Sonne. „Also, ich bin der Meinung, wir können nördlicher fahren und es dann versuchen" sage ich zu Michelle. In Wahrheit ist es eine Ausrede, weil ich mich drücken will, es hier zu probieren. Ich bin so unsicher. Aber welcher Mann gibt das zu gegenüber einer Frau? Die bis zu 5 Meter hohen Packeiswälle wirken unheimlich. Zwischenzeitlich hat Michelle die Strömungskarten studiert und sagt: „Wahrscheinlich ist das Eis auch weiter im Norden zu finden. Heute spielt wenigstens das Wetter mit. Sollen wir es nicht doch hier probieren?"

Leicht weht der Wind. Der Barograph zeichnet eine gerade Linie. Günstiger kann es wohl kaum noch werden. Aber: Dort hinein unter Segeln, nein das trauen wir uns nicht. Wir bergen das Groß. Der Motor schnurrt. Michelle geht an die Pinne. Ich klettere die Mastleiter herauf. Wilfried, mein Freund und Mastbauer, hat zum Glück die größten Sprossen ausgewählt, in die meine Winterstiefel passen. Auf der ersten Saling sitzend ist der Anblick noch ungeheuerlicher: Packeis soweit mein Auge schauen kann. Unter Motor bewegen wir uns stundenlang an der Eiskante entlang und suchen nach einem Fleck offenen Wassers. Zwischen uns haben wir vereinbart: Vom Mast aus zeige ich den gewünschten Kurs per Hand an. Michelle signalisiert ihrerseits mit der Hand den Kurs – eine Bestätigung, um zu sehen, ob wir auch wirklich die gleiche Richtung meinen. Langsam schleichen wir in eine offene Rinne, man erkennt einen etwa 40 Meter breiten „Kanal".

Auf einmal ist alles verändert: verschwunden ist das offene Wasser. Ich reibe mir die Augen, glaube nicht, was ich sehe. Michelle stoppt das Schiff. Jetzt sieht man es: Die Eismassen bewegen sich. Einige große Brocken – von der Größe eines Handballfeldes – drehen sich. Die kleineren scheinen sich mal zusammen und dann wieder auseinanderzuschieben. Alles ist in Bewegung. Wir nun auch: „Jetzt volle Kanne" schreie ich vom Mast herunter. Mit Erfolg: das Eis schiebt sich vor dem Bug auseinander. Wir rauschen durch. Vorbei an blauem Eis. Die Taktik, mal schnell und mal langsam zu fahren, hat Erfolg. Wir lernen eben von Stunde zu Stunde mehr. Nachmittags fällt der Nebelvorhang. Mit Radarnavigation erreichen wir eine große, eisfreie Wasserfläche und lassen uns treiben.

Zwei Stunden später ist die beklemmende Situation zu Ende. Der Nebel löst sich in Nichts auf. Wir hatten das Essen vergessen. Den Durst. Die Anspannung besiegt alle Gefühle, aber ich muß im Mast bleiben. Die Slalomfahrt dauert für mich eine Ewigkeit. „Siehst du noch Eis?" schreit Michelle von unten. „Nein, ich glaube, jetzt reicht es, wir gehen Kurs nach Nuuk" rufe ich zu ihr herunter. Wie Kinder, die etwas ganz Großes geleistet haben, umarmen wir uns. Wir hüpfen und küssen uns vor Freude. Der Motor schweigt. Die Segel ziehen Asma durch das klare Wasser. Kaum hat sich der letzte Nebel aufgelöst, stehen auch schon, zum Greifen nahe, die schwarzen Berge von Grönland vor dem Bug. Wunderschön: Die größte Insel der Welt liegt voraus!

Erster Landgang,
neue Freunde

Am 21. Juni 1990 steuern wir in den Hafen von Nuuk. Längsseits an Fischerbooten vertäuen wir unsere Asma. Achtzehn Tage Atlantik liegen hinter uns. Nichts schwankt mehr. Ausgehungert essen wir, dazu gibt es zur Feier des Tages auch Wodka. Es ist 23.00 Uhr und immer noch taghell. Einige Eskimos kommen zum Steg und betrachten neugierig die Yacht. Ebenso neugierig schaue ich zu ihnen hinüber. Einer winkt. Ich winke zurück. Er winkt erneut. Ich klettere über das Fischerboot, an dem wir längsseits liegen, und gehe auf ihn zu. Der Mann streckt mir die Hand entgegen: „Hallo, willkommen in Grönland!" Er klopft mir auf die Schulter: „Schön, daß ihr hier seid. In diesem Jahr war noch keine Yacht im Hafen." Er spricht englisch, und ich antworte: „Ja, wir sind auch froh, bei euch zu sein, darauf haben wir lange gewartet." Der Mann sagt: „Gut, daß es uns alle gibt!"

Die nächsten, bitte: „Woher kommt ihr", ruft eine laute Stimme. Der Däne Anders und seine Frau Najaaraq stehen neugierig am Steg. Im Telegrammstil erzähle ich unsere Reiseroute. Anders sagt mitfühlend: „Streckt euch erstmal lang aus und schlaft. Wir kennen das! Morgen kommen wir wieder. Einkaufstrip, Stadtrundfahrt, Mittagessen bei uns im Haus. Danach ein heißes Bad und Wäsche waschen." Die beiden verschwinden. Wir auch – in die Doppelkoje im Vorschiff.

Nuuk, die Dänen nennen es Goodthåb, ist nach europäischen Maßstäben von der Größe her eigentlich ein Dorf. Die Hauptstadt Grönlands hat aber alles zu bieten, was man hier braucht: Supermärkte, Schiffsausrüster, dazu Werften, die vom Eis gepeinigte Schiffe zusammenschweißen, sowie ein Krankenhaus, und Verbindungen in die weite Welt per Post und Telefon. Michelle telefoniert denn auch sogleich in ihre australische Heimat. Am anderen Ende der Leitung regelrechte Freudenschreie: Hurra, die Tochter lebt! In kurzer Zeit haben wir das „Dorf" Nuuk mit dem Auto von Anders erkundet. Kaum in seinem Haus angekommen, rauscht das heiße Wasser in die Badewanne. Michelle versinkt für eine Stunde im Schaumbad. Leckere, gebratene Seeforellen stehen auf dem Tisch. Anders und Najaaraq packen unsere Teller voll. Kuchen und Kaffee krönen den fürstlichen Empfang in Grönland.

Sie nehmen uns die Untaten unserer Vorfahren also nicht übel. Denn auch hier, wie wir es oft auf unserer Reise um Amerika sehen werden, kam einst der Europäer als „Herrenmensch" und zerstörte die Kultur eines Naturvolkes. Zuerst kamen die Walfänger. Raubten den polaren Jägern die Wale. Brachten Krankheiten und Alkohol an die eisigen Küsten, die die Bevölkerung fast auszurotten drohten. Die Eskimos, die das überlebten, wurden danach einer neuen Invasion aus Europa ausgesetzt. Missionare rüttelten an ihrem alten, mystischen Glauben. Das „Leben vom Land" der Jäger verschwand. Funktionierende soziale Strukturen, 5000 Jahre bewahrt, wurden zerstört. Im 18. Jahrhundert wirkte hier der dänische Theologe Hans Egede, der auch als Apostel der Eskimos bezeichnet wird. Er schrieb über die „Christianisierung" eines Eskimos: „Ich mußte ihm ein paar Schläge über den Rücken geben, denn nichts außer Prügel und Bestrafung kann sie dazu bewegen, Vernunft anzunehmen." Zum Glück versperrten Eis und schwer zugängliche Landstriche in Nordgrönland den weiteren Vormarsch dieser Art von nördlicher Inquisition.

Später lernen wir dort im Norden phantastische intakte Jägerkulturen kennen. In Gesprächen mit den Bewohnern erfahren wir auch Näheres über ihre Benennung: Ob man sie Eskimo nennt, oder aber – wie die Völkerkundler – „Inuit", ist dem Eskimo herzlich egal.

NUUK / GRÖNLAND BIS BELLOTSTRASSE
7610 Seemeilen

Abschied von den Eskimos

Wir sind wieder in Aufbruchstimmung. Weiter durch Packeis und Eisberge. Alles ist an Bord durchgecheckt. Die Dieseltanks vollgebunkert. Unsere Wassertanks nur zu 80% gefüllt, damit beim Einfrieren des Wassers die Schweißnähte nicht reißen. Und wir sind gut ausgeruht. Am 30. Juni verlassen wir Nuuk und segeln nördlich parallel zur Küste Grönlands. Backbord das Packeis. Steuerbord das Land. Nichts Außergewöhnliches passiert. Leichte Winde begleiten uns. Mal Nebel, mal Sonnenschein. Doch dann, am 2. Juli, kommen wir ins Rätseln: Auf dem Radar haben wir mehrere Objekte. Einige bewegen sich, andere stehen. Im Nebel ist kaum unser Bug zu erkennen. Wir stoppen, lassen uns treiben. Wir plotten am Radar die Objekte: „Das sind doch bestimmt keine Schiffe – so weit im Norden" sagt Michelle. Pfanneneis, dünn und brüchig, kratzt am Rumpf. Mir ist das inzwischen alles unheimlich. Gott, das ist doch nicht der berüchtigte „Icebergtrain"? Alte „Eishasen", grönländische Kapitäne, hatten mich vor diesem „Eisbergzug" gewarnt. Nach ihren Erzählungen droht durch sie folgendes: Eisberge können polternd und donnernd alles zerschlagen, was sich ihnen in den Weg stellt. Hunderttausende Tonnen Eis mit einer Geschwindigkeit von bis zu 5 Knoten gehen da auf die Reise – und sind ebensowenig zu stoppen wie das „Leichtgewicht" eines 250000-Tonnen-Öltankers. Kein Seemannsgarn! Die Erklärung lieferte mir später ein kanadischer Eisexperte: Nur ein Siebtel bis ein Sechstel zeigt der Eisberg über Wasser von seiner wahren Größe. Angenommen, eine grönländische „Miniausgabe" ragt 100 m aus der See, dann hat dieser Eisberg in Wahrheit mindestens 500 bis 600 Meter Tiefgang unter Wasser. Diese Masse wird von den tiefen Meeresströmungen erfaßt und angeschoben. Der Koloß geht auf die Reise und kann ein Packeisfeld zerschneiden wie ein Messer die Buttercremetorte.

Während ich Ausguck halte, studiert Michelle die Seekarte. „Vielleicht hat das was mit der ‚Store Hellefiskebank' zu tun, dort ist es nur 46 m tief", meint sie. Also gut: Es geht weiter gegen die Eisberge. Die größeren sind gestrandet, die kleineren treiben noch. Wir setzen die Segel und tasten uns an den Eisbergen vorbei. Der Nebel bleibt dabei unser ständiger Begleiter. Stundenlang. Tagelang. Mal dichter, mal dünner. Nebelfahrten durch das Eis sind zermürbend. Die Nerven sind angespannt, und man starrt immer wieder auf den Radarschirm und vor den Bug, in der vagen Hoffnung, irgend etwas zu erkennen. Ein frustrierendes Spiel – hier, jetzt, und später auf der ganzen Nordwest-Passage. Für das Radar ist Packeis aber gar nicht das große Problem. Unser Koden MD 3000-Radar zeigt es bei der Einviertel-Seemeileneinstellung ganz deutlich. In der Einsechzehntel-Seemeileneinstellung bei ruhigem Seegang sogar kleine Stücke – oft nur einen Meter lang und 30 cm hoch. Die ganz kleinen Stücke können wir getrost rammen, das verträgt der Rumpf. Nebelfahrt im Packeis bedeutet für uns aber zwei Schwierigkeiten: Einmal kann das Radar nur auf 2 Seemeilen Distanz Packeis „sehen" und wir nur soweit die Öffnungen im Eis erkennen. Was dahinter liegt, bleibt buchstäblich im Dunkeln. Oft folgen wir den am Radar sichtbaren, offenen Rinnen, um später feststellen zu müssen: Dahinter ist das freie Wasser leider zu Ende. Zurück.

Weitaus mehr Sorgen aber macht uns hier – wie auch auf den gesamten 4000 Seemeilen Nordwest-Passage – die Tatsache, daß das „Black ice" nicht zu registrieren ist. Selbst mit den Augen, bei guter Sicht, ist das „Schwarzeis" schwer zu erkennen. Diese Eissorte ist glasklar und im dunklen Wasser kaum sichtbar. Und es hat ein spezifisches Gewicht, das fast dem Wasser gleicht, und also gerade noch obenauf schwimmt.

Die Ansteuerung unseres nächsten Zieles, Ausiait, findet im Nebel statt. Vorsichtig, ganz langsam, fahren wir durch die engen Schären. Wir hören Stimmen aus der Nebelsuppe, freundliche Töne. Huskies-

Mit der Natur, und auch von ihr, leben die Eskimos. Sie definieren ihre Umwelt bis in das Detail und haben für Schnee, abhängig von seiner Beschaffenheit, 47 verschiedene Bezeichnungen.

bellen. Langsam lichtet sich die Dunstsuppe. Bunte Holzhäuser kommen zum Vorschein. Und freudig winken uns zwei Männer zu – das deutsche TV-Team, das uns begleiten wird. An der Pier vertäuen wir unsere Asma. Stundenlang erzählen wir dann über unsere Erlebnisse und die nächsten Pläne. Um Mitternacht – die Sonne scheint noch –, fallen wir todmüde in das Bett.

Weiter am nächsten Morgen: Rotweiß leuchtet unsere Spinnakergenua in der grellen Sonne. Wir segeln wieder an Eisbergen vorbei. An diesem 4. Juli steht in meinem Logbuch: „Unglaubhaft schön ist diese Welt. Ich fühle mich geehrt, das alles erleben zu dürfen." Ausiait liegt achteraus. Vor uns die Disko-Insel. Am Festland leuchtet grellweiß der Jakobshavn-Gletscher. Dahinter pechschwarze Berge mit grünen Wiesen. Wir ankern im Hafen. Mit dem Beiboot fahre ich zu einem Holzkutter. Freudig ruft der Schiffsjunge: „Der Kaffee steht schon auf dem Ofen, komm herauf." Thorvald Jensen, der Kapitän, hockt neben dem warmen Schiffsofen. Ein erfahrener Grönlandkapitän, von dem ich schon viel gehört hatte. Und ich frage gerne, rede stundenlang mit Menschen, die Seegebiete kennen, lasse mich belehren. „Paß auf, wenn du die Fjorde passierst. Bei Niedrigwasser sind die Kaps oft etwas frei vom Eis. Hochwasser schiebt das Eis auf das Land. Küstennah müßt ihr bleiben, auch wenn das Schiff mal mit dem Kiel an den Felsen entlangrumpelt" erzählt Thorvald. Fünfzehn Jahre reist er schon durch diese Gewässer. Ich frage: „Was ist für uns das Gefährlichste im Packeis?" Er greift sich in den sprichwörtlichen Seemanns-Bart: „Wind, satter Sturm. Dann macht das Eis alles klein. Wenn ihr dann im Eis seid, ist das der Abschied, da muß man sich nichts vormachen." Anders Petersen, der dazugekommen ist, nimmt einen kräftigen Schluck Rum: „Die Nordroute ist schwer zu fahren. Dort verschiebt sich das Eis ständig. Ihr seid recht früh dran..." Das weiß ich, versuche aber den Männern unsere Absicht zu erklären. Je früher wir nach Norden kommen, desto größer sind die Chancen, in diesem Jahr weit voran zu kommen. Thorvald nickt: „Das ist logisch, aber mit dem Salzstreuer kannst du nichts wegtauen." Anders Petersen aber entgegnet: „Ich würde es trotzdem versuchen. Nur paßt auf, wenn ihr Ankerplätze aufsucht. Dreht der Wind und schiebt das Eis dorthin, gibt es oft nur zwei Möglichkeiten: Entweder das Eis versenkt euch, oder ihr kommt in diesem Sommer nicht mehr heraus."

Laute, explosionsartige Geräusche hallen nachts durch die arktische Stille. Millionen Tonnen Eis sind am Gletscher in Bewegung. Dieses laute Krachen entsteht beim „Kalben", pausenlos produziert der Gletscher neue Eisberge. Nach dem Frühstück stehen wir am Rande der Eismassen. Grüne Wiesen säumen die Felslandschaft. Wie eine Märchengalerie wirken die Eisberge – Formen, Figuren, Skulpturen. So schön ist die Natur.

72 Grad Nord –
hoch die Kaffeetassen!

„Capelin ist getrocknet sehr leicht und nahrhaft. Auf langen Schlitten-
reisen, oft über 500 km, ist auch das Gewicht des Hundefutters von
größter Bedeutung", erzählt mir ein Eskimo und meint den Trockenfisch. Zuhauf liegt er auf den Felsen, um „reif" zu werden. Einige
Männer wenden die kleinen Fische immer wieder um, damit sie
schneller in der warmen Sonne trocknen. Andere sind damit beschäftigt, mit dem Netz eimerweise frische Fische zu fangen. Dicht unter
dem Ufer schwojt ASMA an der Ankerkette. Wir liegen auf 8 m Tiefe.
Flach genug, damit uns die kleinen Eisberge nicht erreichen. Aber
auch tief genug, denn wie ermahnte mich gestern ein Eskimo? „Wenn
ein Eisberg kentert, dann kommt eine Flutwelle, die kann dich glatt
auf Grund setzen." Bunt leuchten die Holzhäuser des Dorfes Sarqaq.
Hier leben 140 Menschen mit und durch die Natur. Nur mit den
Schlittenhunden – einer Kreuzung aus Hund und Wolf – mit den treu-
en Huskies also bewegen sich hier die Eskimos im Winter. (Jetzt im
Sommer benutzen sie ihre Boote und Kajaks.) Diese Tiere, die von Sibirien hierher kamen, ermöglichen seit 5000 Jahren den grönländischen Jägern ein Leben in Kälte und Eis. Beim Anblick der Huskies
denke ich an eine Idee von mir zurück. Beim Entwurf für den Rumpfausbau planten wir einen speziellen Stauraum im Vorschiff mit genug
Platz für Hundenahrung und fünf Huskies. Unser Plan sah vor, in
Grönland Schlittenhunde einzukaufen. Später, wenn wir zum Überwintern gezwungen sein würden, hätten uns die Huskies und der

Die Eskimos kopieren in vieler Hinsicht die Tierwelt und haben von den Tieren gelernt, wie man dort überlebt. Fellkleidung hält warm, und die Haare nach außen haben den gleichen Effekt wie bei den Tieren: Über sie leitet der Körper die Feuchtigkeit nach außen.

Schlitten die Möglichkeit gegeben, uns vorwärts zu bewegen, Eskimo-siedlungen zu besuchen, das Umland zu erkunden und zu jagen.

Doch dieser Plan fiel ins Wasser, und zwar aus einem profanen Grund: Unser TV-Team benötigte zwei Kojen. Wir bauten den Hunde-stall also zum Schlafzimmer aus. Trotzdem gefällt mir der Gedanke heute noch – und, ehrlich gesagt: Sollte ich nochmal in das Eis segeln, würde ich Schlittenhunde den Fernsehleuten unbedingt vorziehen.

Wir verlassen Sarqaq. Passieren ständig Packeisfelder, die vom Wind gelockert sind. Kein Durchkommen zunächst. Das Baro sinkt auf 1012 Hektopascal. Prima. Erfahrungsgemäß ist das ein Anzei-chen für Wind aus Osten. Das bedeutet für uns: die Küsten sind eis-freier, wir müssen dicht unter Land bleiben. Unser „Fernsehspiel" an Bord ist ein eigener Film: Versprochen in Deutschland waren uns auf das Segeln vorbereitete Männer. Die Jungs, trotz guten Willens, ha-ben keinen blassen Dunst. Michelle mag nicht mehr ihre Wache mit ihnen teilen. Krise! Krise!

Aber dann: „Michelle, du mußt einen Extra-Kaffee kochen!" sage ich.

Michelle fragt: „Warum?" Ich zeige mit dem Finger auf den Satelli-tennavigator.

Sie liest und strahlt: „Super, Mensch super, wir haben 72 Grad Nord passiert. Und das schon am 10. Juli – Klasse!"

Für uns ist das eine magische Marke. Viele Yachten haben sie in manchen Jahren gar nicht erreicht, andere kamen erst Mitte August zu diesem Breitengrad. Aber die friedliche Ruhe, das fast eisfreie Wasser trügt. Wir wissen, dank Funkmeldung und Eiskarte, daß nur 10 Seemeilen an Backbord entfernt festes Packeis liegt, Hunderte Seemeilen weit bis nach Kanada. Im Norden ist auch noch alles dicht. Der Wind ist längst eingeschlafen. Ich „motore" so vor mich hin. Die restliche Crew schläft in der taghellen Nacht. An das Licht muß man sich erst gewöhnen – und es einfach ignorieren. Frühstück, Mittag- und Abendessen gibt es zu den gewohnten Zeiten. Und die Nacht ist weiterhin zum Schlafen da, auch wenn es sie gar nicht gibt.

Für die Astronavigation birgt die arktische Sommersonne einen großen Vorteil. Mittags steht sie im Süden, Mitternacht im Norden. Man kann gleich zwei Mittagsbreiten nehmen. Ich koche Kaffee. Studiere die Strömungskarten. Lege mir Taktiken zurecht. Immer zwei verschiedene – denn hier ist nichts absehbar, vollkommen oder endgültig. Hier im Eis habe ich gelernt, stets in Alternativen zu denken und zu handeln. Zwischendurch schaue ich nach draußen. Nur Eisberge, nicht ein Krümel Packeis! Als ich den Niedergang heruntergehen will, höre ich lautes Plätschern. Vögel fliegen auf. Eisberge schaukeln. Vor uns, noch weit weg, türmt sich eine hohe Welle auf. Sofort ändere ich den Kurs, und der Bug der ASMA schneidet durch den heranrollenden Wasserberg. Ein Eisberg war gekentert und hatte diese Welle ausgelöst. So ein Unfall von hunderttausenden Tonnen Eis kann für die Eskimos katastrophale Folgen haben. Wenn sie mit ihren kleinen Booten auf der Jagd unterwegs sind, kann die Welle über das Kajak schlagen – und der Jäger ist in Lebensgefahr. Aber sie wissen sich zu helfen: Sie kentern bei dem Herannahen der Welle das Kajak um 180 Grad. Kopfunter lassen sie die Welle über sich und dem Kajak passieren. Danach drehen diese Kajakfahrer mit einer geschickten Paddelbewegung sich wieder um in die aufrechte Stellung. Und das heißt „Eskimorolle" – heute ein fester Begriff in unserem Kanusport.

Mal schütteln uns Böen. Gischt spritzt an Deck. Dann bläst sanft der Wind. Wir müssen zwischen Untiefen und Klippen hindurch navigieren. Dort wo es tief ist, nur 300 m von uns entfernt, hat das Eis das Meer zugepackt. Ich peile, rechne Kurse aus, Michelle steuert. Von den Berghängen fallen die Wolken in die Täler. Das heißt: der Wind wird zulegen. Nur 100 Meter vom Land entfernt fahren wir in den Naturhafen Upernavik. Ich notiere in das Logbuch: „11. Juli 1990, haben 72 Grad 25 Minuten Nord erreicht. Leider ist westlich von uns alles dicht. Keine Chance nach Kanada. Uns bleibt nur ein Weg: der nach Norden durch die Melville-Bucht. Amundsen beschrieb das Eismeer als den fürchterlichsten Abschnitt seiner Reise durch die Nordwest-Passage. In einer Woche sind wir dort … und dann?"

Starkwind und Nebel über den Küsten. Wir warten im Hafen auf besseres Wetter. Die Leute von der Upernavik-Radiostation sagen mir, wir seien das erste Schiff in diesem Sommer, das hier im Norden fährt. Sie geben uns aber durchaus eine Chance, nach Kraulshavn durchzukommen. Wir treffen Eskimos. Frauen erklären Michelle, wie aus Robbenfell zweckmäßige Kleidung für den Winter genäht wird. Die Überlebenstechnik dieser Polarmenschen hat nämlich einen ganz entscheidenden Aspekt, den wir in Europa fast schon vergessen haben: Sie kopieren einfach die Natur. Denn auch die Kleidung der Menschen ist schließlich eine Kopie der Tiere, die hier leben.

Träge, manchmal geradezu seltsam eiernd, braucht der Kompaß eine Ewigkeit, bis er sich stabilisiert. Danach zu steuern, mit ständig anderen Kursen – das ist unmöglich. Diesige Sicht mit Nebel und dann wieder Sonnenschein begleiten uns durch das lose Packeisfeld. Ich orientiere mich an der Windrichtung, die Gastlandflagge ist mein Anzeiger. Danach kann ich steuern und den Hauptkurs einhalten. Felsenfest bin ich davon überzeugt, daß der Mensch, wenn er das ausreichend trainiert hat oder dazu gezwungen wird, einen natürlichen Bezug zum magnetischen Feld der Erde finden kann. Klingt pathetisch – doch es ist wirklich so. Hier in der Arktis steuern wir viel nach dem Instinkt. Pausenlose Zickzackkurse durch das Packeis. Von den Eskimos ist bekannt, daß sie nach dreidimensionalen Landkarten mit ihren Huskies durch den dunklen Winter reisen – Karten, die nur in ihrem Kopf existieren. Ohne Kompaß, über Hunderte von Kilometern. Und so finden sie mitten in der endlosen Eislandschaft ihre heimatliche Ansiedlung.

Der Nebel ist verschwunden! Sonnenschein. Kristallklare Luft. Berglandschaften säumen die Inseln. Michelle beobachtet das Echolot. Ich sehe in das kristallklare Wasser und umsteuere die Felsen. Unser Team filmt. Wir ankern vor dem Dorf Naujat. Per Schlauchboot befördere ich die Fernsehleute an Land. Wir räumen das Schiff auf und kochen Tee. Drei Eskimos kommen mit einem Boot längsseits, in dem Harpunen und Gewehre liegen. Michelle ruft die Jäger in das Cockpit und kocht noch mehr Tee. Matunsonaq erzählt von der Jagd – vom Walfang und der Aufteilung der Beute.

Naujat ist naturgemäß ein kleines Nest. Sechs Holzhütten, rund 150 Huskies – und je nach Jagdsaison leben hier 20 bis 35 Menschen. Felsig kahles Land umgibt das Dorf. In den windgeschützten Tälern wächst Gras und Moos, blühen Blumen. Unser Ankerplatz gleicht einem Traum – ein Winterankerplatz, fünf Meter Wassertiefe. Flach genug, damit keine Eisberge das Schiff erreichen können. Aber auch nicht zu flach, damit das Eis im Winter nicht bis zum Grund zufriert. Zwischen den Felsen, nur 20 m voneinander entfernt, könnte ich ASMA mit Leinen vertäuen. Noch wichtiger sind die Felsen für den Eisgang: Im Frühjahr, wenn riesige Eisplatten auf die Reise gehen, werden sie von den Felsen abgehalten. Wenn ein Schiff eingefroren ist und die Eisschollen mit dem Schiff auf die Reise gehen, nützt kein Anker dieser Welt mehr etwas.

Ich skizziere die Bucht in mein Logbuch. In manchen Jahren öffnet sich das Eis in der Melville-Bucht überhaupt nicht – aber bei diesen traditionellen Eskimos wäre eine Überwinterung bestimmt interessant.

Inutqaqs heißt der Jäger, in dessen Haus ich sitze. Er reicht mir Mattak – rohe Walfischhaut. Sie ist der wichtigste Vitaminspender, neben roher Robbenleber und eßbaren Blumen und Pflanzen. Um

Für den Eskimo geht nichts auf der Welt verloren, alles dreht sich im Kreis und kommt wieder. Wenn der Jäger ein Tier erlegt hat, betet er aus Dankbarkeit zuerst zu dessen Seele, bevor er es zerlegt.

das Feuer herum sitzen seine Freunde. Der Rauch in der Hütte läßt die Augen tränen. Draußen kann ich durch das Fenster Michelle beobachten, wie sie mit den Frauen spricht. Hier hat man eben noch die Geschlechtertrennung. Die Männer erzählen mir unterdessen von ihren Jagdtechniken auf dem Eis. Jagen bedeutet hier nämlich etwas ganz anderes als bei uns im bayerischen Bergwald. Wir würden es vielleicht eine Art von Meditation nennen. Der Jäger „verläßt" seine menschliche Hülle und streift sich ein anderes Gewand über. Stundenlang folgt er einer Karibuherde. Er kennt keine Hast, keine Nervosität, keine Hektik. Erst wenn er sich ganz sicher ist, das Ziel nicht zu verfehlen, legt er an. Vor dem toten Tier betet er, ruft seine mythischen Geister und dankt ihnen und dem Tier, mit diesem Fleisch seine Familie ernähren zu dürfen. Das Dankgebet ist wichtig, denn für die Menschen hier geht nichts auf der Erde verloren, weder die tierische noch die menschliche Seele – alles bewegt sich im Kreislauf, kommt zur Erde zurück. Er jagt nur das, was er braucht. Er kennt die Bedeutung vom lebenswichtigen Gleichgewicht der Natur – und er weiß: auch er ist ein Bestandteil davon. Ob im Kajak oder auf dem Schlitten, bei der Jagd oder auf der Reise: diese Menschen kennen noch die Geduld, und sie haben dafür sogar ein eigenes Wort in ihrer Sprache: „Quinuituq" – tiefe Geduld.

Die Tage in Naujat beeindrucken mich. Die Menschen, die intakte Jägerkultur, die Landschaften, der ideale Winterankerplatz. Eigentlich will ich gar nicht mehr weiter! Ich fühle, hier könnte ich soviel über die Wahrheit und Reinheit einer ursprünglichen Lebensweise erfahren, ja, über den Lebenssinn überhaupt – im Kontrast zur westlichen Zivilisation.

Oder ist das Hierbleiben-Wollen nur auf Angst zurückzuführen, Angst vor dem Packeis? Diese Gedanken behalte ich lieber für mich und motiviere mich für die Weiterfahrt, denn Michelle und die TV-Männer wollen weiter durch die Nordwest-Passage. „40 Seemeilen nördlich von euch 9/10 Eis, teilweise geschlossene Eisdecke. Wir wollen nach Thule, haben aber die Reise abgesagt", teilt mir der Funker vom Expeditionsschiff EXPLORER mit. Wir verlassen Naujat am 16. Juli – mit Kurs Norden, Richtung Thule. Draußen auf dem Meer ist alles schneeweiß – dichtes Eis. Wir fahren durch unvermessenes Seegebiet, zwischen den unzähligen Inseln hindurch, vorbei an Schären, Felsen und schwimmenden Eisblöcken. Echolot, Radar,

Windrichtung, Wasseroberfläche: hier heißt es aufzupassen wie ein Luchs. Dann die Abendmeldung von DK0MI. Christoph, unsere Amateurfunkerseele, ist etwas optimistischer: „Wenig Wind für morgen. Gutes Wetter. $^8/_{10}$ Eis in der Melville-Bucht." Das bedeutet: das Meer ist zu 80 Prozent mit Eis bedeckt. Unmöglich, da durchzukommen. Also doch warten? Womöglich wochenlang? Nein! Die Walfänger am anderen Ende der Nordwest-Passage, dort in Alaska, hatten eine alte Regel: Wer am 1. September nicht Point Barrow passiert, bleibt im Winter in der Arktis. Wir haben jetzt Mitte Juli, bleiben also noch sechs Wochen Spielraum. Ausgerechnet jetzt abwarten, wo wir noch gut vorwärts kommen? Kommt nicht in Frage, wir machen weiter.

Irgendwo auf 75 Grad 40 Minuten Nord liegen die „Blackwater", die Polynyas. Ein großes, eisfreies Gebiet, das die Walfänger schon im letzten Jahrhundert kannten. Meine Taktik ist es, dorthin zu kommen – nordwestlich an der grönländischen Küste –, um dann später mit der warmen Strömung an Kanadas Küsten nach Süden zu steuern, in den Lancaster Sound.

Mühevoll, oft im Schneckentempo zwischen dem Eis, sind wir tagelang buchstäblich nach Norden gekrochen. Endlich bellen am 18. Juli wieder die Huskies vom Ufer – Anzeichen einer Eskimosiedlung. Kraulshavn ist Grönlands nördlichster Ort mit europäischer Zivilisation. Hier gibt es zwar kaum etwas zu kaufen, aber zumindest Diesel bekommen wir. Ich fahre mit kleinen Kanistern auf dem Schlauchboot hin und her, bis unsere Tanks gefüllt sind. Wir essen bei Kerzenlicht. Die Stimmung ist gut.

Dicht unter der Küste, oft zum Greifen nahe, kommen wir dann schnell voran. Beste Bedingungen: Offenes Wasser mit lockeren Eisfeldern. So geht das bis zum 20. Juli – ein Sommerwetter wie aus dem Bilderbuch: Blauer Himmel, blaues Wasser, kühl und trocken die Luft. Ich schreibe in mein Logbuch: „Kaum Eis. Kommen gut voran, und ich habe ein herrliches Gefühl – könnte bis zum Ende der Welt segeln." Aber schon zwei Stunden später bekommt mein Optimismus einen Dämpfer: Dichtes Packeis voraus. Ich klettere in den Mast. Schlagartig verdecken Wolken die Sonne. Eiskalt pfeift der Wind durch das Rigg. Ich dirigiere Michelle, die an der Pinne steht, Richtung Land. Das Dumme ist, daß die Seekarten in Küstennähe keine Angaben über Klippen und Tiefen führen. Aber wir müssen dorthin!

Der Wind, der jetzt zulegt, kommt aus Osten – vom Land. Er wird das vorausliegende Packeisfeld mit neuem, herantreibendem Küsteneis noch dichter machen. Michelle ruft von unten: „Du, gerade hat der GPS einen Fix empfangen. Mit dieser Strömung machen wir 9,5 Knoten." Geschwindigkeit, ja, die brauchen wir. Knapp 5 Seemeilen vor uns liegt eine relativ geschützte Bucht. Wir fahren von Eisberg zu Eisberg, und zwar jeweils an der Leeseite, wo weniger Eis schwimmt. Dröhnend mahlt sich die Yacht durch Tausende von kleinen, höchstens einen halben Meter großen Eisstücken, mit denen sich der Drehflügelpropeller im wahrsten Sinn des Wortes herumschlagen muß. Ein fürchterliches Geräusch: Was der „Sailprop" alles aushalten muß!

Michelle ist souveräne Herrin der Lage. Liegen meterlange Brocken voraus, stoppt sie die Fahrt, stellt den Bug gegen die Eisklumpen und schiebt sie mit voller Motorkraft davon. Endlich Ostkurs! Hier stürmt es aus der Bucht. Das stört nicht, im Gegenteil: der Wind hat das Eis herausgeblasen. Die Insel Holms ist in Sicht, unser nächstes Ziel. Halb erfroren klettere ich vom Mast herunter. Vor dem Ufer finden wir die flachste Stelle und ankern auf 35 m Tiefe. Michelle kocht, ich räume das Deck auf. Unsere TV-Männer überprüfen die Kamera. Danach kontrolliere ich das ganze Schiff, vom Motor bis zum Rigg. Alles in Ordnung. Unwahrscheinlich, was das Material alles aushält.

Wir rudern an Land. Der Ausblick von einer Anhöhe ist frustrierend: Soweit das Auge schauen kann nur Eis, Eis, Eis im Norden. Michelle tröstet mich: „Ich weiß, wie dir jetzt zumute ist, aber hier ist man passiv. Morgen, wenn du auf dem Schiff stehst, wirst du wieder aktiv sein. Ich kenne dich!" Ich bleibe trotzdem deprimiert. Ein Eskimo, dem ich später im Dorf begegne, spürt das und sagt: „Na, oben auf dem Berg ist nur Eis zu erkennen?" Ich nicke. Er redet weiter: „Bis Thule hoch kann man oft gar nicht fahren. Aber das Küsteneis bewegt sich schnell und schafft weite Rinnen. Du, ich kenne hier einen Mann, der weiß viel mehr als wir alle zusammen." Ich rudere zurück an Bord, krame die Seekarten heraus und fahre an Land zurück, zu dem empfohlenen Experten. Ein alter Mann, das Gesicht wettergegerbt. Waffen aus Walroßzähnen, ein Gewehr und Harpunen schmücken sein kleines Zimmer. Der junge Eskimobursche von vorhin, mein Dolmetscher, kauert sich neben mir auf dem Holzboden nieder. Arantuqua, wie der alte Jäger heißt, hat offenbar noch nie eine solche Seekarte gesehen. Ratlos betrachtet er die Küstenlinien und Inseln. Er kommt damit einfach nicht zurecht. Mein Dolmetscher hilft: „Du mußt die Karte umdrehen, sonst kapiert Arantuqua nichts!" Jetzt ist es an mir, nichts zu kapieren. Der Junge mit den schwarzen, glänzenden Haaren dreht die Karte einfach um, stellt sie auf den Kopf: „Für uns ist der Nordpol das Zentrum der Erde. Wir schauen vom Norden nach Süden, und nicht, wie ihr, vom Süden nach Norden." Jetzt verstehe ich, und nun findet sich auch der alte Arantuqua zurecht. Wir zeichnen einige mögliche offene, eisfreie Wasserstellen ein. Der Alte erzählt: „Auch wenn das Wasser nach Westen hin offen ist (gemeint ist die Richtung nach Kanada), fahre weiter nach Norden. Bleibe dicht an Land – du mußt es anfassen können. Bleibe bei den Vögeln und Robben. Kap York ist die Wendemarke, dann geh' nach Süden." Ich bedanke mich für den Rat und die Skizzen. Draußen verkrieche ich mich unter einem Felsvorsprung und muß die neuen Informationen erst einmal verarbeiten. Hier draußen fühle ich die Kraft der Arktis, die ungeheuere Geduld, die von diesem Land ausgeht, in dem die Zeit stehenblieb. Etwas von dieser Mentalität wird jetzt auch von mir verlangt: Geduld und Umsicht. Moderne Technik ist fast wertlos in dieser Welt.

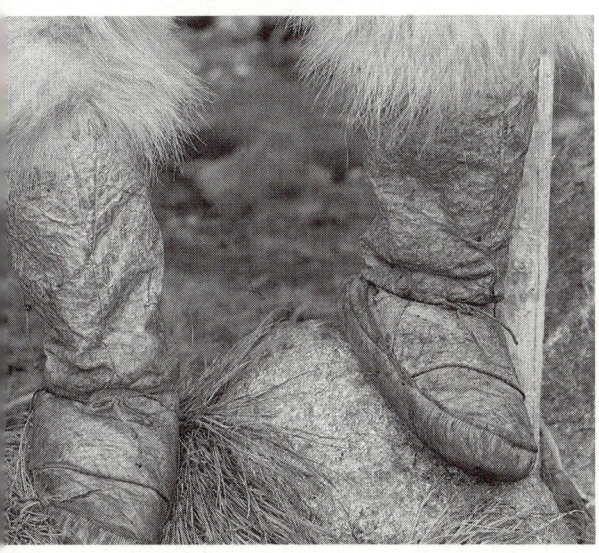

Tausende von Jahren haben die Eskimos mit diesen einfachen, aber sinnvollen Beinkleidern überlebt: Seehundlederstiefel und Eisbärenfellhose.

Eisblinken am nördlichen Horizont: Wir schreiben den 22. Juli. Wir sind auf 75 Grad 06 Minuten Nord. Irgendwo dort ist die Mauer. Die Endstation. Der Westen ist offen, keine weißen Reflexionen, die auf Eis hindeuten könnten, sind am Himmel zu sehen. Auch das Seehandbuch gibt den Rat, auf dieser Position nach Westen zu steuern. Ich will aber nicht. Denn dort draußen, wenn wir dann im Eis festsitzen und ein Sturm kommt, wird die Yacht wie Pfefferkörner durch eine Gewürzmühle gequetscht – mit Totalverlust von Mensch und Schiff. Nein, ich denke an den Eskimo und seinen Rat und steuere direkt auf die Eisbarriere zu. Krachend, durch die leichte Dünung angetrieben, mahlt das mächtige Eis aufeinander. Jeder von uns ist angespannt. Keiner redet. Ich sitze wieder im Mast und suche nach kleinen Öffnungen. Langsam schlängeln wir uns durch die Eismassen, von Wasserloch zu Wasserloch. Laut kratzt der Rumpf an den Eisschollen entlang. (Wie gut, daß wir ihn nicht über der Wasserlinie lakkiert haben, ich würde mich jedesmal ärgern!) Nachts treiben wir in einer offenen Wasserfläche. Wir alle sind hundemüde und ausgelaugt. Kein Wind. Der Barograph schreibt eine gleichmäßige Linie. Zeit zum Luftholen. Wir wechseln die Wache alle zwei Stunden und schlafen zwischendurch. Am Morgen sehen wir einen markanten Eisberg wieder, den wir gestern passiert haben. Da war er 12 Seemeilen südlicher. Dank GPS erkennen wir: Er ist hierher gedriftet. Die Strömung setzt also nach Norden. Das beunruhigt mich besonders, weil ich am Himmel Wolken erkenne, die Wind aus Süden ankündigen. „Zurück nach Süden, Volldampf gegen das herannahende Packeis" rufe ich Michelle vom Mast aus zu. Mir ist klar: das Eis, das wir gestern passierten, kommt jetzt mit Wind und Strömung hierher. Und uns umgeben $7/10$ bis $8/10$ Packeis – alles wird dicht werden. Südlich von uns liegt die Insel Sabine Oer – die Rettung. Weiter! Der Auspuff qualmt bei den Slalomfahrten der Yacht. Und weiter kratzt ständig Eis am Rumpf. Glückliche Strömung: Ein Packeisfeld, das wir gestern passierten, ist jetzt vollständig verschwunden – wir finden offenes Wasser. Wir ankern auf 20 m Tiefe in Lee. Draußen und an der Insel vorbei fahren wie endlose Güterzüge die Eismassen nach Norden. Ich schreibe in mein Logbuch: „Überall dichtes Packeis auf unserer Route nach Norden. Im Moment kein Durchkommen. Warten und Tee trinken... Kannenweise." Aber das geht leider nicht, die Wassertanks sind eingefroren. Wir füllen Frostschutz in den Tank: Einen Liter

50

Wodka. Das Aroma verfolgt uns vom Zähneputzen bis zum Kartoffelbrei. Später fahren wir an Land und besorgen uns Eis. Wir
schmelzen es, damit Tee wieder wie Tee und Kaffee wie Kaffee
schmeckt – und nicht nach Wodka.

Der Zwangsaufenthalt auf der Insel wird zum Erlebnis: Sie ist
mit grünen Gräsern und Moosen bewachsen und voll von Vögeln.
Eiderenten nisten. Robben und Wale schwimmen im Meer. Es wird
warm, fast 15 °C, der Wind weht sacht aus Osten.

Langsam bahnen wir uns einen Weg durch die Eismassen.
Sabine Oer liegt achteraus. Über jeden Meter, den wir Nord
machen, sind wir froh. Das Vorwärtskommen messen wir nicht
mehr in Seemeilen oder Kabellängen, wir rechnen jetzt in Metern.
Und irgendwo ist dann doch Schluß: „Mist, da gehts nirgends
weiter", mache ich mir Luft. Aber Michelle mit ihrer gesunden
Opposition entgegnet energisch: „Kein Wunder! Schau zum Land,
wir sind zu weit draußen. Denke an den Eskimo, ‚anfassen‘ müssen wir das Land." Wir haben es mit „Eispreßhügeln" zu tun, das
ist haushohes zusammengepacktes Packeis. Es versperrt den Weg
zum Land. Wir wenden uns zuerst zurück nach Süden. Dann
weiter nach Osten, um endlich in Landnähe zu gelangen. Stunden
vergehen, und nur eine Seemeile ist geschafft. Aber wir kommen
voran, nähern uns wieder dem Land. Aber was heißt „Land"?
Weiße Gletscher sind's.

Michelle meldet, das Wasser in den Tanks sei nun endgültig nicht
mehr gefroren. Ich entdecke Robben und Vögel. Wir haben also die
warme Strömung erreicht, die Jagdgründe der Tiere. Ich bin jetzt
hundemüde. 24 Stunden auf den Beinen. Aber eine Pause können
wir uns nicht hier leisten. Weitermachen heißt die Devise. Der feh-
lende Schlaf schlägt sich auf die Psyche: Michelle und ich geraten
furchtbar aneinander. Wir schreien uns an, ohne Beherrschung.
Dabei wurde nur eine Kursangabe falsch verstanden – doch das
Psychodrama ist perfekt. Minuten später ist alles vorbei. Ich Idiot
könnte vor Wut in das Wasser springen, weil ich so reagiert hatte.
Michelle reibt sich die Tränen aus den Augen und sagt: „Du, was
sind wir blöd! Schwimmen mitten im Eis und hacken aufeinander
herum, als würden wir uns nicht lieben." Küßchen, alles wieder
klar. Happy End bis zum nächsten Mal. Es wäre ja auch übernatür-
lich, wenn auf dieser Extremtour pausenlos Friede, Freundschaft,

Eierkuchen angesagt wären, wenn Menschen auf so engem Raum gemeinsam ein Abenteuer bestehen wollen.

Ich habe dann minutenlang das Eis beobachtet und sage zu Michelle: „Wir gehen nochmal 1250 m zurück, dort war der Eisgürtel am schmalsten." Sie nickt und legt los. Die Rückreise geht schneller, das Eis, das wir mit dem Schiff auseinandergeschoben haben, weist uns jetzt eine offene Rinne. Aber dann: Einhundertfünfzig Meter festes Eis. Doch dahinter offenes Wasser! Ein ungewohntes Bild. Seit Tagen habe ich nicht so eine freie weite Wasserfläche gesehen. Ein Plan, ein Film geht durch meinen Kopf:

Konstruktionspläne ... wasserdichte Schotten ... die verschweißten Spanten ... Aluplatten ... das Ruder ... der Propeller. Wollen wir es wagen! „Wir durchbrechen das Eis!" rufe ich vom Mast. Staunende Augen. Totenstille an Deck. Wir besprechen die Aktion im einzelnen, inklusive eines Notplans für den Fall, daß das Eis die Alukonstruktion doch besiegt und wir absaufen. Unsere TV-Männer sollen mit den extralangen Bootshaken das Eis von der Schraube freihalten, soweit es geht. Michelle und ich übernehmen Ausguck und Pinne. Ich möchte noch einmal einen Eindruck gewinnen und fahre die Eiskante entlang. Die Farben des Eises sind unterschiedlich. Diese Farbtöne geben Aufschluß über Stärke und Härte. Durchschnittlich ist das Eis 20–30 cm stark und fest miteinander verbunden. Langsam, als ob alles normal wäre, rutscht der Alurumpf zunächst durch das Wasser. Jetzt ist die Eisfläche nur noch 20 Meter voraus. Sekunden werden zu Ewigkeiten. Nur noch einen Meter. Jetzt gibt es kein Zurück mehr. Es knirscht, kracht, donnert – so muß sich wohl eine Strandung auf einem Riff anhören. Wieder hebt sich der extra dafür gebaute, lang überhängende Bug und schneidet langsam durch die Eisplatte. Der Motor qualmt vor Überlastung: 3200 Umdrehungen. Manchmal greift ASMAS Rumpf seitlich die Eisplatte, wir krängen weit über, fallen dann schräg vom brechenden Eis in das Wasser. Alles dröhnt. Vor uns blaues Eis. Doch zu dick? Ich lasse stoppen. Drehen unter Motor können wir nicht. Mit dem Bootshaken wenden wir ein wenig die Yacht, bis der Bug zum dünneren Eis zeigt. Nur drei Meter Wasser am Heck. Wir schieben die Yacht zurück. Und nehmen nochmal Anlauf. Volle Kanne, volle Fahrt voraus. Michelle steuert. Ich bin auf den ersten Maststufen, um das Eis besser zu erkennen. Sie entdeckt Steuerbord dünneres Eis, reagiert schnell, korrigiert den Kurs. Wie von einem Kran angehoben, schiebt sich der Rumpf hoch auf die Platten. Das Yachtgewicht bricht das Eis. Dann fällt krachend der Rumpf in das Wasser und hebt sich dann wieder. Immer wieder das gleiche. Was Aluminium doch alles aushalten kann! Die Schiffbauer in Norderney würde ich jetzt am liebsten umarmen.

Michelles Arme schmerzen. Ich übernehme das Ruder. Bloß nicht stehenbleiben, nicht hier. Wir brauchen den Schwung, um den Bug auf das Eis zu schieben. Im Schneckentempo kriecht ASMA dahin. Die letzten Meter sind nun wohl doch zu dick. „Vollgas!" ruft Michelle, die am Bug steht und erkannt hat, das sich die große Eisscholle zu drehen beginnt. Die Karussellfahrt wird nun schneller und schneller. Dann bricht die Scholle in zwei Teile und wir sacken dazwischen. Die Fahrt wird noch schneller – und da erst merken wir es: Wir sind im offenen Wasser. Wir schreien alle, hüpfen vor Freude herum. An diesem 25. Juli 1990 schreibe ich in mein Logbuch: „75 Grad 36 Minuten Nord, 63 Grad 29 Minuten West. Südwind 4. Die Dünung hat die ASMA wieder. Noch nie habe ich mich über eine Dünung so gefreut ... ‚Blackwater', sind erreicht. Wir haben es geschafft."

Raus aus dem Eis – erst einmal

Drei Tage später liegt die Melville-Bucht achteraus und voraus der Lancaster Sound, die Einfahrt zur kanadischen Arktis. Die letzte Etappe war einfach, nur zeitweise gab es Nebelbänke und Eisfelder, die problemlos zu umfahren waren. Letzte Nacht ankerten wir im Cuming Inlet. Schliefen wie Tote. Am Morgen dann Besuch: Eisbären promenieren am Ufer und beäugen unseren Frühstückstisch. Die Barrowstraße bietet uns alles: Wind und angenehmes Segelwetter, Packeis, freies Wasser, Sonnenschein und Hagel.

Tiefgrau hängen die Wolken über der Beechy-Insel. Ist dies das Ende der Welt? Kahle Berge. Schotter, soweit das Auge reicht. Weite Schneefelder. Asma hängt am Anker neben der Eiskante in der Terror- und Erebus-Bucht. Ein historischer, denkwürdiger Platz auf der Suche nach der Nordwest-Passage: Austin, Penny, Ross, Forsyth, Inglefield, Belcher, Kellett, Pullen, McClure, Amundsen, Larsen und Franklin waren hier. Später wurde an diesem Ort das Schicksal der vermißten Franklin-Expedition geklärt – man fand drei Gräber von Expeditionsmitgliedern der Franklingruppe, die zwischen Januar und April 1846 gestorben waren. Weiter fand man Zeltfundamente, ein Waschhaus, Leinen und Berge von Tierknochen – Indizien dafür, daß die Expedition hier überwintert hatte.

Arktisches Klima ist kalt und trocken. Ein Apfel bräuchte hier rund 100 Jahre, um endgültig zu verwesen. Deshalb finden wir viele Dinge am Strand, die aus dem vorigen Jahrhundert stammen: Von der Belcherexpedition Kohleberge. Von anderen einen Kochofen. Teile von Holzfässern. Und am Ufer entdecken wir den Holzmast der 12-Tonnen-Yacht MARY, die Ross vor fast 150 Jahren zurückließ. Michelle blickt stumm auf die Erinnerungstafel an Sir John Franklin, die seine Witwe hier anbringen ließ. Eisig fegt der Wind durch die kalte Wüste. Historische Plätze machen ehrfürchtig. Michelle zündet eine Kerze an – zum Gedenken an alle, die im Eis mit ihren Schiffen ihr Leben ließen.

Eis treibt in die Bucht. Ich schieße mit der Winchester den verabredeten Warnschuß in die Luft, denn unser Filmteam arbeitet an Land. Kein Mensch ist zu sehen. Nochmal schieße ich. Kein Zeichen. Wir nehmen die Anker auf und treiben. Nochmal fahre ich mit dem Schlauchboot an Land und bin ziemlich sauer. Schließlich haben hier in dieser Bucht schon mehrere Schiffe ihr Grab gefunden! Fast eine

Arktis bedeutete für uns auch: wir erlebten vier Jahreszeiten an einem Tag. Nebel und Eis ist die gefährlichste Mischung – die einen das Fürchten lehren kann.

Stunde vergeht. Endlich kommen sie. Sie hatten die Schüsse nicht gehört, beteuern sie. Schnell motoren wir zum Buchtausgang. Davor ist alles dicht. Vorsichtig geht es am Ufer entlang, kaum genug Wasser ist unter dem Kiel, wir drücken uns durch das herantreibende Eis. Endlich wird das Wasser tiefschwarz. Sechzig Seemeilen weiter ankern wir am 1. 8. 90 in der Resolute Bay. Eine offene Bucht, die mir als Ankerplatz nicht gefällt. Doch hier sollen wir einen TV-Produzenten treffen und auf ihn warten. Wir nutzen die Zeit. Besal, Besitzer eines Camphotels, von dem fast alle Nordpol-Expeditionen starten, hilft uns Diesel und Lebensmittel zu bunkern. Am 2. August kaufen wir den letzten Proviant. Unser Team schläft im Hotel. Etwas mehr Platz für alle tut gut nach der Enge. Nachts wechseln wir mehrmals den Ankerplatz. Eis drückt uns mit dem ganzen Ankergeschirr weg. Hinter gestrandeten Eisbergen, die fast wie eine Mole wirken, finden wir Schutz.

Am 4. August gehen wir auf die andere Seite der Bucht. Sight Point bietet flaches Wasser. Die großen Eisbrocken können uns nicht erreichen. Ostwind – wir sind gut geschützt. Draußen treiben die Eisfelder vorbei. Der Wind dreht, schiebt das Eis in die Bucht. Erstmals habe ich ernsthaft Sorgen um die Yacht. Wir wechseln wieder den Ankerplatz. Schieben Eisbrocken davon. Drücken den Rumpf durch das Packeis. Wir sind stundenlang unterwegs und schaffen eine Seemeile. Dort binden wir uns mit Festmachern an den Eisschrauben fest, die ich in die Brocken gedreht hatte. Alles ist dicht – für Tage, knapp 150 m vor uns der undurchdringliche Eisgürtel.

Am 8. August treffen wir wieder auf unser Fernseh-Team samt Produzent. Die können unsere Sorgen nicht verstehen. Sie drängen darauf, auszulaufen um filmen zu können. Tief durchatmen, bloß nicht streiten! – Der andere Tag ist dramatisch: extremes Hochwasser. Alles ist in Bewegung. Tagsüber, bei Ebbe, beruhigt sich die Lage dann wieder. Doch die Bucht bleibt vom Packeis umgeben. Wenn doch nur der Wind drehen würde, hoffe ich stündlich. Dann in der Tat ein Hoffnungsschimmer: Barry Johnson, der Wetteroffizier, und die Küstenwache präsentieren über Funk aktuelle Eiskarten, die überall eine Lockerung des Eises zeigen. Besonders im Prince Regent Inlet, durch das wir wollen. Aber insgesamt sieht es immer noch nicht gut aus – ein schlechtes Jahr für die Nordwest-Passage. Ich gebe trotzdem nicht auf. Am 12. August bereiten wir das Schiff zur Weiterreise vor.

Bloß wohin? Das Team filmt emsig. Es kommt der Vorschlag auf, in Resolute zu überwintern – und unsere Chancen, weiterzukommen, sind in der Tat nicht rosig. Am 13. August gibt es Krach: Der Filmproduzent macht mir pausenlose Vorwürfe: „Du fährst nicht raus und verhinderst die Filmarbeiten." Ich als Kapitän und Expeditionsleiter bestehe auf die Einhaltung des Vertrages. Doch wir finden keine Gesprächsebenen mehr. Der Produzent ordnet an, das Filmteam soll seine Sachen „einladen". Die haben keine Lust mehr – denn in zwei Wochen ist hier wahrscheinlich Schluß mit Bootfahrten. Und Zeit ist Geld beim Fernsehen – Abreisen heißt Geld sparen. Sie packen, ich lade die TV-Fuhre an Land ab. Dieses Kapitel ist beendet. Nun werden wir wohl doch nicht berühmt...

Aber es gibt andere Sorgen: 13. 8. 90, nachmittags: Lautes Knirschen an der Ankerkette schreckt mich auf. Ich springe an Deck. Eine mächtige Eisscholle schiebt sich auf uns zu. Alles geht durcheinander. Michelle startet den Motor. Rasselnd holt die Ankerwinde die Kette ein. Das Packeis schiebt sich in die Bucht. Wohin bloß? Einzige Chance: Flucht nach vorne. Westwind kommt auf. Erst schwach, dann als steife Brise. Kaum Klamotten auf dem Leib, sitze ich frierend oben im Mast und lotse ASMA durch das Eis. Michelle an der Pinne, nur mit einem leichten Pullover bekleidet, zittert genauso wie ich vor Kälte: „Okay, wir versuchen es, es kann nicht schlimmer werden" ruft sie hoch zu mir. Diese Frau! Andere „Segelladies" wären schon längst ausgestiegen. Starkwind aus Westen. 40 Seemeilen breit ist das Packeisfeld – und die Eisfuhre, angetrieben vom Wind, fährt los. Mit uns mittendrin. Vom freien Wasserloch zum nächsten schleichen wir langsam durch das Eis. Endlich läßt der Wind nach. Wir schwimmen in einen etwa 300 Meter kleinen Wasserflecken. Ich reffe die High-Aspect-Fock. Wir machen nur etwas mehr als zwei Knoten Fahrt. Genau die gleiche Geschwindigkeit wie das treibende Packeis – die ASMA mittendrin. Ein Geleitzug, sozusagen. Endlich Zeit, um uns wärmer anzuziehen. Einen heißen Kaffee zu schlürfen, unter Deck das Chaos aufzuräumen. Müde verkrieche ich mich in die Koje. Michelle geht Wache. Manchmal läßt sie das Segel etwas killen, um die Fahrt zu verlangsamen, damit wir in der freien Wasserfläche bleiben.

Stunden müssen vergangen sein, verpennt schaue ich zu Michelle, die mich wecken will und bitte: „Bloß noch eine Minute!" Energisch lehnt sie ab: „Nicht jetzt! Komm endlich, wir haben eine geschlossene Eisbank vor uns." Also gut. Dieses Ankleiden! Es dauert immer eine Ewigkeit. Zuerst Unterhose, Unterhemd und die Socken. Dünne Fleecehose und leichte Fleecejacke darüber. Darauf die dicken Polarfleecehosen und nochmal eine Fleecejacke. Über das Ganze noch darüber die Segeloveralls mit Gummistiefeln. Für die kalten Regionen hatten wir dunkle Gummistiefel – echte Kautschukstiefel von Aigle – gewählt und marineblaue Overalls. Die dunklen Farben sind in den arktischen Breiten von großem Vorteil: sie absorbieren die Sonnenstrahlen und sorgen so für zusätzliche Wärme.

Nördlich von der Eismauer hat Michelle offenes Wasser entdeckt. Sie ändert den Kurs, trimmt die Segel. Unterdessen nehme ich die Espressomaschine in Betrieb. Ich füllte den Thermosbecher und gehe an die Pinne. Wir müssen von Hand steuern. Hier, nahe dem magnetischen Nordpol, ist der Kompaß total träge. Oft 160 Grad daneben! Der Autopilot, dessen Abtastsonde auf dem Steuerkompaß montiert ist, spielt total verrückt bei diesen Störfeldern.

Die Küste von Somerset Island ist dicht mit Eis zugestopft. Auch der Naturhafen Prince Leopold zeigt strahlend weißen Eisblink – keine Chance für uns. Wir machen aber weiter und segeln im Prince Regent Inlet südwärts. Stundenlang fahren wir in Zickzack-Kursen durch das Eis. Oft brauchen wir zwei Stunden, um gerade mal eine Seemeile nach Süden zu gewinnen. Abends bläst der Nordwind, wir rauschen mit 7 Knoten nach Süden. Dünnes, oft hauchdünnes Eis schwimmt um uns herum. Manchmal schneiden wir durch kleinere Eisfelder durch. Das verträgt der Rumpf, wie wir inzwischen wissen. Wind und Strömung lockern nun die Eisfelder. Sorgen hingegen macht uns der Nebel. Immerhin: zum Glück noch 200 m Sicht. Jetzt gehen wir beide Wache und blicken angestrengt in die graue Suppe, um die großen Eisbrocken und Growler frühzeitig zu erkennen. Nachts spendet die am Horizont gerade untergegangene Sonne immer noch ausreichend Licht. Immer wieder müssen wir dem einjährigen Eis ausweichen. Der Wind hat das endlose Packeisfeld nördlich von uns aber kräftig durcheinandergebracht. Hier die kleinen Stücke – sie treiben schneller als die großen schweren Brocken. Und im Genick sitzt uns auf der Fahrt nach Süden das schwere Packeis, oft fünf Meter hoch, und seine Richtung ist schwer berechenbar. Gerne möchten wir unter Land hinter einem gestrandeten Eisberg ankern, nur etwas schlafen. Beide sind wir todmüde. Aber es geht nicht, es wäre Selbstmord. Seit dem Morgen ist das Eis mit 3 Knoten pro Stunde 21 Seemeilen südlicher getrieben. Von unserer jetzigen Position ist es nur runde 19 Seemeilen entfernt. Das bedeutet: Bei dieser Geschwindigkeit erreicht es unsere Position in sechs Stunden. Und dann ist der Ofen aus! „Push on!" sagt Michelle. Klar, was bleibt sonst übrig.

Es klingt wie Musik in meinen Ohren: endlich rauscht die Ankerkette herunter. 72 Stunden ohne Schlaf, wir sind wie gelähmt. Geschützt vor Wind und Eis ankern wir am 15. August in der Creswell Bay. Glutrot leuchtet die Herdplatte vom Kohleofen, ich habe kräftig eingeheizt. Endlich können wir wieder duschen und in Ruhe essen. Um uns herum Wale, sie blasen Fontänen in die Luft. Einige haben ihre tonnenschweren Körper auf das Sandufer geschoben. Wälzen sich, drehen ihre Massen im Sand, um die Haut abzuschaben und zu reinigen. Neugierig kommen andere Weißwale angeschwommen, dicht an das Schiff. Ein wunderbarer Anblick im glasklaren Wasser. Meine Müdigkeit ist verschwunden, die Faszination der Tiere, die Ruhe und der Frieden der Arktis sind stärker. Wir kriechen in die Schlafsäcke – und draußen schnaufen die Wale.

Einen Tag später verlassen wir den Ankerplatz. Nur 30 Seemeilen trennen uns von der Bellotstraße. Dieser Naturkanal trennt die Somerset Insel vom Festland und führt in die Franklinstraße. Sein Ruf ist denkbar schlecht. Eis und Strömungen, die bis zu 7 Knoten erreichen, machen das enge Fahrwasser alles andere als zu einem Vergnügen. Doch für uns ist es die einzige Chance, noch in diesem Jahr weiterzukommen, denn das Somerset Inlet ist in diesem Jahr mit einer festen geschlossenen Eisdecke verrammelt. Dreißig Seemeilen hier – das können sechs Stunden bedeuten oder aber Jahre. Soweit unser Auge reicht, überall dichtes Packeis. Und im Osten sogar eine fest zusammengefrorene Eisdecke. Wir fahren zurück und nähern uns vorsichtig der Küste. Die Karten geben keine Tiefenangaben oder Klippen an. Warum auch – hier fährt schließlich kein normaler Mensch entlang. Ich klettere in den Mast und liefere Lotsendienste für Michelle, die die Asma mit der Pinne steuert. Unterwasserklippen sind zu umgehen, doch sie sind gut sichtbar. Wir kommen gut voran. Die Eisberge und das schwere Packeis sind auf den Untiefen gestrandet. Ein Vorteil für uns! Knapp 100 m entlang der Küste fahren wir, nein umfahren wir ständig Eis, mal wieder zurück, mal nach Ost oder

West. Stundenlang dauert das. Fast der ganze Tag vergeht, bis wir endlich die Einfahrt zur Bellotstraße erreichen.

Wir lassen uns treiben. Essen etwas und hören Musik. Dabei beobachten wir die Tide. Zwei Stunden nach Hochwasser setzt der Strom nach Westen. Das ist zu gefährlich. Wir warten noch zwei weitere Stunden. Jetzt ist die Strömung geringer und wir beginnen einzusteuern. Strahlend blauer Himmel. Kein Lüftchen. Im T-Shirt sitzen wir im Boot. Kaum ein Brocken Eis. Aalglatt ist das Wasser. Mitten in dem Naturkanal nisten auf der Südseite der Felsen Tausende von Vögeln. Das eisfreie Wasser beunruhigt mich, denn irgendwo muß es ja sein, das Eis. Südseewetter. Meile um Meile kommen wir schnell voran. Doch voraus am blauen Horizont warnt der Eisblink. Kaum ist das Ende der Wasserstraße erreicht, schauen wir auf die turmhohe weiße Mauer. Ein entmutigender Anblick: Alles dicht. Und nun: Umdrehen? Zurück? Wir diskutieren. Die Zeit eilt. In zwei Stunden beginnt der Weststrom und bringt noch mehr Eis hierher. Wir müssen also schnell reagieren. Entscheidung: Wir versuchen eine Stunde lang eine Durchfahrt zu finden – und wenn das nicht gelingt, dann eben Rückzug. Dicht unter Land, oft nur mit fünf Metern Abstand zu den Felsen, schlüpfen wir von Wasserloch zu Wasserloch. Dabei schieben wir Eisplatten beiseite, um überhaupt vorwärts zu kommen. Es rumpelt und kracht am Rumpf. Aber da: Backbord liegt Hepburn Point. Endlich runden wir das Kap. Hier in der Bucht, in die zwei kleine Flüsse münden, hat das warme Schmelzwasser das Eis weggetaut. Zuerst erkunden wir die Bucht und finden auf der Nordseite eine Untiefe. „Hier ankern wir!" rufe ich vom Mast. Ganz knapp neben der Untiefe. Wenn das Packeis nämlich in die Bucht treibt, dann stranden da wenigstens die tiefgehenden, schweren Brocken. Heute weiß ich: eben diese Untiefe hat das Schiff gerettet. Denn folgendes ereignete sich an diesem Tag: Langsam dreht der Wind auf Nord und später auf Nordwest. Innerhalb von dreißig Minuten ist die eisfreie Bucht mit Packeis aus der Franklinstraße blockiert. Mit Achterleinen an Land ausgebracht, winschen wir Asma, die hinter der Untiefe liegt, mit dem Kiel noch höher auf den felsigen Grund. Das „gestrandete" Schiff bringt nun viele Vorteile. Das schwere Packeis landet vor uns auf den Untiefen. Die Brocken sind mehr als zwei Meter dick und erreichen die Asma nicht mit ihren 180 cm Tiefgang. Zu uns kommen „nur noch" die blauen Eisbrocken mit einem geringeren Tiefgang. Sie schaben und kratzen am Rumpf. Mit der Axt schlage ich die scharfen Kanten ab, wenn ich das Gefühl bekomme, gleich bohren sie sich durch das Aluminium. Nachts wird der Druck stärker und schiebt Asma weiter über die Felsen. Ein sehr zweifelhaftes Gefühl: Sechs Millimeter, so stark sind die Aluplatten am Rumpf, trennen uns von Eis und kaltem Wasser. Zum ersten Mal bereiten wir uns ernsthaft für den Notfall vor – wenn wir das Schiff verlassen müssen. Die Notcontainer und wasserdichten Säcke liegen griffbereit an Deck. Vollgepackt mit 200 Schuß Munition für die Winchester, Kleidung, Nahrung, Waffe, allerlei Utensilien.

Endlich aber – wir schreiben den 24. August – endlich Südostwind! Das Eis um uns herum beginnt sich zu lösen. Unsere Asma liegt wie ein kranker Wal auf die Felsen geschoben. Nun müssen wir schnell reagieren, bevor das Eis verschwindet. Michelle bleibt an Bord. Ich rudere, schleppe und ziehe das Dingi auf den Eisplatten entlang. Endlich gelingt es mir, den Anker auszubringen. Das Geschirr verhakt sich gut an der Scholle. Prima! Ermuntert durch diesen Erfolg, bin ich sofort auf anderen Eisflächen unterwegs. Mit aller Kraft drehe ich zwei Schrauben in die tonnenschweren Eisbrocken und verbinde sie mit einem selbstgebauten Flaschenzug aus Blöcken und Liros-Tauwerk. Ich bete geradezu, daß der Wind zulegen möge: Stürmen soll es! Gott, mache Wind! Und es half: Nachmittags bläst eine steife Brise Richtung Buchtausgang. Das ganze Packeisfeld geht auf Reise. Und jetzt wirken die mächtigen Eisbrocken, an denen wir mit unseren Leinen hängen, die uns zuerst auf die Felsen geschoben haben, wie „Schlepper". Danke! Schnelle Reaktion: Maschine an und Michelle holt mit der elektrischen Ankerwinde die Kette ein. Ich kurbele über die Winden den Flaschenzug, dessen Tauwerk an die Eisschrauben gesteckt ist. Die Naturgewalt schiebt das Packeis immer kräftiger gegen unsere „Schlepper". Zentimeter um Zentimeter winsche ich weiter, Michelle holt Kettenglied um Kettenglied dichter. Ganz langsam kratzt Asmas Alukiel über die Felslandschaft unter Wasser. Und dann, wie von einem Katapult gespannt, springen wir schlagartig über Steine und Eis vorwärts. Schnell schalte ich in den Rückwärtsgang. Trotzdem knallt Asma mit Wucht gegen das voraus liegende Eis. Aber dann: Wir schwimmen! Wir strahlen!

61

BELLOTSTRASSE BIS BERINGSTRASSE
9360 Seemeilen

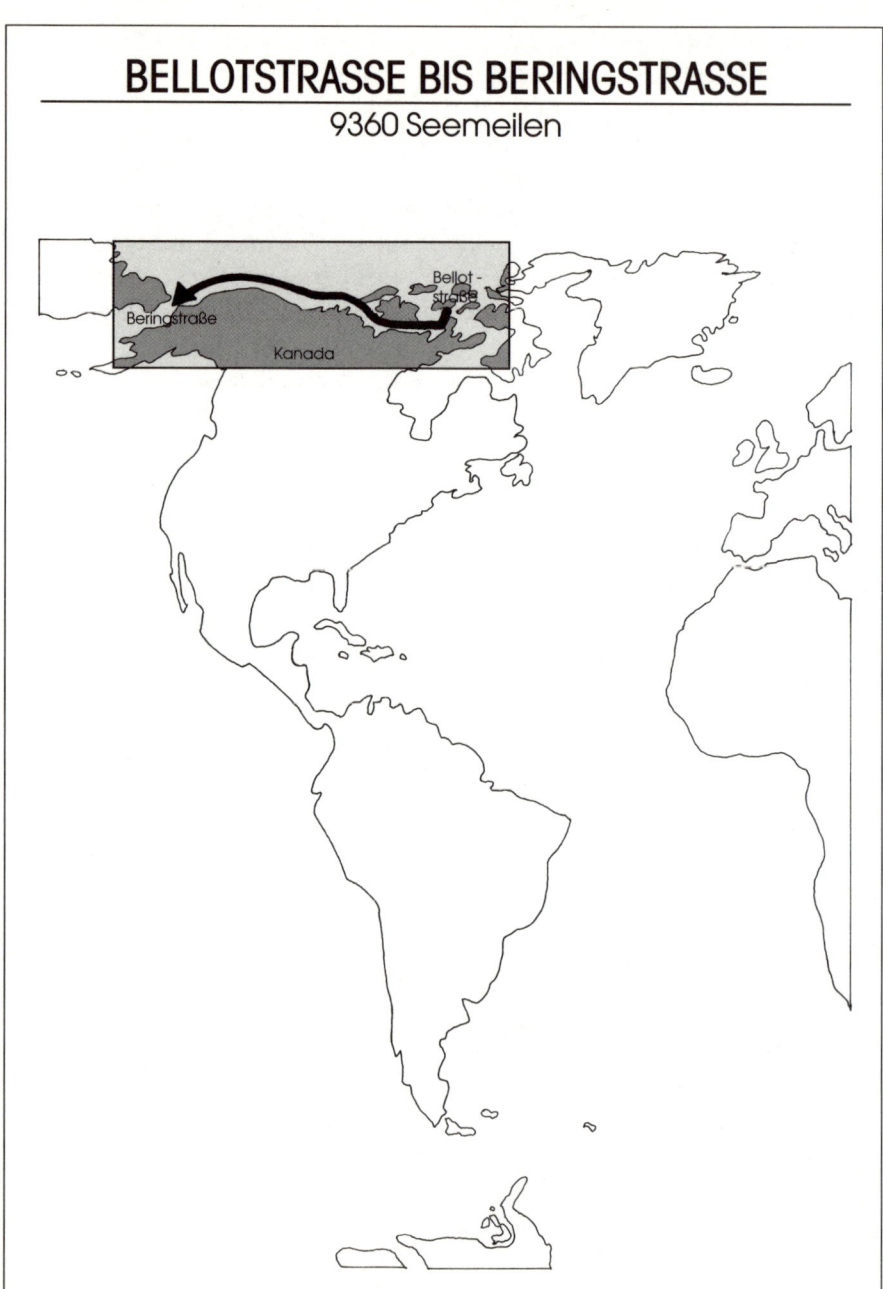

Gefangen im Packeis

Draußen in der Franklinstraße geht nichts mehr: Fest und zugefroren ist die Eisdecke. Aber zwischen der Gibson-Insel und der Halbinsel Boothia verläuft der Goldsmith-Kanal. Das ist unsere Chance, doch leicht haben wir es hier auch nicht. Für die 35 Seemeilen durch den Goldsmith-Kanal brauchen wir drei Tage. Undurchdringliches Eis blockiert unseren Kurs. Das 150 Seemeilen breite Eisfeld übt einen unvorstellbaren Druck aus. Bis weit auf die Küste hat diese Kraft das Eis geschoben. Wir werden buchstäblich wieder „eingepackt", können uns schließlich keinen Zentimeter mehr bewegen. Abends aber öffnet endlich Hochwasser die unendliche Schollenlandschaft. Wir zwängen uns durch die Rinnen und finden in einer namenlosen Bucht einen schützenden Ankerplatz. Wie steht es so richtig im kanadischen Arktis-Seehandbuch? „Die Franklin- und James-Ross-Straße beginnen im September zuzufrieren und sind Anfang Oktober durch eine feste Eisdecke geschlossen." Für uns ist der Vorhang für dieses Jahr gefallen, wir schreiben den 19. August 1990. Die Walfänger, die früher in der Beaufortsee jagten, wußten: Wer nicht am 1. September Point Barrow rundet, der bleibt in der Arktis. Und dieses Kap ist von uns 1600 Seemeilen entfernt. Also gut: Die Natur hat uns bezwungen. Auch das ist schön, einfach zu erfahren, daß wir Menschen nicht alles beherrschen. Nun heißt es aber, hier irgendwo zu überwintern. Dafür haben wir alles an Bord: Verpflegung für mehr als 18 Monate, Heizmaterial, Kleidung und eine Ausrüstung, mit der wir auch an Land

63

campieren könnten, falls das Schiff vom Eis zerstört wird. Daß uns die Natur in die Schranken weist, überrascht uns nicht – wir hatten von Anfang an mindestens eine Überwinterung eingeplant.

Mit dem Beiboot erkunde ich das Labyrinth von Inseln und Buchten. Schließlich finde ich einen geeigneten Winterplatz. Eng und schmal ist die Bucht. Am Ende hat sie einen Knick von 90 Grad, der hoffentlich verhindert, daß Packeis hereintreiben kann. Schlammiger Grund garantiert guten Halt für die Anker. Die Wassertiefe ist optimal. Sieben Meter sind tief genug, damit sich im Winter das Eis nicht bis zum Boden durchfriert. Durchschnittlich bildet sich hier eine Eisdecke von 2–3 Metern Dicke. Aber, wie gesagt: „Mini-Eisberge" können hier nicht landen. Zwei kleine Flüsse münden in die Bucht. Im Frühjahr, wenn die Schneeschmelze beginnt, sorgt das warme Schmelzwasser frühzeitig für Tauwetter. Dann ist das Ufer übersät von Moosen und Steinen. Und es gibt ausreichend Baumaterial für die kleine Hütte, die wir an Land bauen wollen. Hier wollen wir auch die Ausrüstung und den Proviant lagern – sicher in kleinen Containern verschlossen. Dann gilt es, den Hütteneingang mit Steinen zu verbarrikadieren, damit die Eisbären keine Futterparty feiern können. Die Anhöhen um den Ankerplatz sind flach, ein ganz wichtiger Aspekt. Denn im Winter, bei Schneesturm, können sich dann an Lee keine enormen Schneewehen bilden, die die Yacht förmlich zupakken.

Ich fahre zurück zur ASMA, die umgeben von treibendem Packeis vor Anker liegt. Mühevoll komme ich mit meinem Beiboot durch das Eis. Wir besprechen unseren Plan – und entdecken dann mit dem Fernglas Eisbären am Ufer: Tolpatschig spielt dort der Nachwuchs. Die Mutter schaut den Jungen zu. Nur 300 Meter trennen uns von diesen „Überlebenskünstlern" der Arktis. Die älteren Tiere wirken träge, sind es aber nicht. Blitzschnell können sie eine mehr als drei Zentner schwere Bartrobbe aus ihrem Atemloch im Eis heraus erbeuten – und beim Laufen bringen sie es auf Tempo 40. Sie sind perfekte Taucher – bis zu 10 Meter tief – aber auch Perfektionisten der kalten Küche: aus einem kleinen Krebs pulen sie geduldig das Fleisch heraus. Sie wandern über 1000 km und haben einen ungeheueren Orientierungssinn – jedes Jahr suchen sie wieder die gleichen Plätze auf. Eisbären sind unsere ständigen Begleiter auf diesem Teil der Reise. Wir lieben sie. Sie vielleicht auch uns? Wenn wir an Eisschollen

64

**Rote Segel im eisblauen Norden:
der Beginn eines großen
Abenteuers.**

Gruß an Grönlands Gletscher.

Eine Begegnung der ungewöhn-
lichen Art: Kajakfahrer im
eisigen Meer (oben).

Gastfreundliche Eskimos
plaudern mit Michelle (unten).

ASMA unter Segel auf 70 Grad
Nord. Für so ein Foto klettert
man gern einen Berg hinauf
(oben).

Wichtiges Datum: 24.9.1990 –
Freudenschrei beim Ansteuern
der Beringstraße (Mitte).

Durch das Eis.
Wo ist der Mast? (unten)

Ein Wegbereiter: der Eisbrecher
MARTHA L. BLACK durchquert
die weiße Wildnis.

Zwischenstation: Dutch Harbor auf den Aleuten.

Auch so etwas ist vorgekommen: Eine riesige Welle hat unsere Reling eingedrückt.

Der Totempfahl: leider fast schon ein Denkmal zur Erinnerung an Kanadas Indianer.

Quirliges Leben in
San Francisco – und
Michelle mittendrin.

Die Golden Gate
Bridge im Abend-
licht.

festmachten, kamen sie oft angeschwommen und hangelten sich neugierig zu uns heran. Wenn wir am Eis festgemacht hatten, verschlossen wir daher immer unsere Luken, die gottlob aus besonders starkem, bruchsicherem Glas gefertigt sind – beim Bau der Yacht kannten wir das Eisbärenproblem von Beschreibungen her sehr wohl. Im Sommer, wenn das Eis aufgebrochen ist und die Robben überall atmen können, haben die Eisbären fast keine Fangchance. Deshalb sind sie hungrig und unberechenbar. Trotzdem wirken sie nicht aggressiv – aber sicherheitshalber war dennoch bei jedem Landgang die Winchester unser ständiger Begleiter. Schlichtes Seemannsgarn ist allerdings die Behauptung, mit einem solchen Gewehr kann man „Schreckschüsse" abfeuern, um den Eisbären Angst zu machen. Der Knall stört die Pelztiere überhaupt nicht, – im Gegenteil, er weckt vertrauliche Neugierde. Knallen, Krachen, ohrenbetäubendes Donnern und lautes Quietschen – all das sind die Eisbären nämlich durchaus gewöhnt. Sie kennen das – wenn Gletscher „kalben" und Packeis sich aufeinandertürmt. Vergleicht man damit die Lautstärke eines Winchesterschusses, dann ist der Knall einer Patrone fast ein Flüstern.

Nur eine Seemeile trennt uns vom Ufer der Gibson-Insel. Morgen, so vernehmen wir aus dem Wetterbericht, soll es mit 5 Windstärken aus Südost wehen. Gute Botschaft: Das lockert das Eis und wir werden bestimmt den Winterankerplatz erreichen. Doch anderntags versuche ich die Wetterstation in Resolute vergeblich zu erreichen. Kein Zeichen, nichts mehr zu hören. Kein Mensch meldet sich auf der Frequenz der Küstenwache. Aber dann – eine altbekannte Stimme von früheren Funkverbindungen. Es ist Wim vom Eisbrecher Martha L. Black. Ich erkläre unsere Situation. Nur 90 Seemeilen von uns schwimmt Wim also mit dem Eisbrecher, und fragt: „Braucht ihr Hilfe?" Ich bin gerührt und funke zurück: „Nein, Wim wir haben keinen Seenotfall. Wir planen hier zu überwintern. Im Moment ist der Eisdruck auf dem Rumpf heftig, aber, ich glaube, nicht gefährlich." Doch Wim kennt die Macht des Eises und verspricht Stand-by zu bleiben. Am nächsten Morgen sitzen wir immer noch fest. Wim meldet sich wieder und erklärt diplomatisch: wenn der Eisbrecher uns helfen soll, müssen wir Hilfe beantragen, quasi ganz offiziell. Er sagt: „Das mußt du wissen, du führst das Schiff. Anderseits, Clark, gibt es hier Eisbrecher, die Schiffen helfen. Egal welche Größe, sie sind hier für alle da. Und das ist normal, in der Arktis kann kein Frachter ohne

Eisbrecher operieren. Warum hast du bloß so einen Stolz?" – Hat er recht? In meinem Kopf fliegen die Gedanken durcheinander. Ich berate mich mit Michelle. Selbst wenn wir von hier weiterkommen – vor uns liegen über 2000 Seemeilen Nordwest-Passage bis zur Beringstraße. Heftig knackt das Eis am Rumpf. Michelle argumentiert für die Annahme der Hilfe. Wir hätten die Chance, eventuell Gjøa Haven zu erreichen und dort mit den Eskimos zu überwintern. Ja, was nun? Wieder zum Funkgerät: „Wim, irgendwo komme ich mir idiotisch vor. Eisbrecher sind wohl kaum in der Arktis unterwegs, um Yachten zu helfen…" Wim funkt zurück: „Deine Situation ist nicht rosig. Kein Mensch will, daß ihr dort überwintert. Ich muß als Küstenwachen-Funker diplomatisch sein – aber wenn ihr offiziell Hilfe anfordert, dann können wir kommen."

Nebenbei sind wir übrigens plötzlich Nebenfiguren der großen Politik. Denn politisch vertritt Kanada den Anspruch, die Nordwest-Passage gehöre zum Territorium des Landes. Seit Jahren gibt es Streitigkeiten mit den USA, die wiederum behaupten, der arktische Seeweg sei internationales Gewässer. Aus diesem Grunde zeigt Kanada seine ständige Präsenz durch Eisbrecher in der Nordwest-Passage, um seinen Anspruch zu rechtfertigen. In diesem Jahr hat kein Schiff die Nordwest-Passage bewältigt. Seit Menschengedenken waren es nur fünf Yachten und 39 andere Schiffe.

Das Packeis nimmt uns jetzt in die Zangen. Das Alu quietscht gegen das Eis. Der Rumpf der Asma wird leicht herausgedrückt, schließlich einfach angehoben. Bleiben oder nicht bleiben? In meinem Kopf überschlagen sich die Gedanken. Es kracht wieder gegen den Rumpf. „Okay, Wim, wir brauchen Hilfe und sind auf der Position 71 Grad 44 Minuten Nord. Und 95 Grad 31 Minuten West. Mitten im Packeis" melde ich mich wieder. Aus dem Lautsprecher schallt es lässig: „Mach dir keine Sorgen, wir kennen die Arktis und die Spielregeln."

Am nächsten Morgen schiebt sich, wie ein Messer durch die Buttercremetorte, der rote Eisbrecher durch das Eis. Das Eis um uns herum hat sich gelockert. Wir verholen uns in eine Bucht. Neben uns ankert die Martha L. Black. Mit dem Helikopter erkunden wir gemeinsam die Umgebung. Kaum gelandet, erfahre ich vom Kapitän Mellis, es sei unmöglich, daß wir ihnen folgen. Das Packeisfeld hat einen ungewöhnlich starken Druck. Langsames Fahren ist für den Eisbrecher nicht möglich – einfach zu gefährlich. Auch so ein Schiff hat seine Grenzen. Bei Marschfahrt schleudert die Schraube soviel Eis in das Kielwasser, daß unser Schiff zerstört würde, wenn wir direkt dahinter fahren. Wir diskutieren andere Möglichkeiten. Nachmittags schiebt sich vom gegenüberliegenden Ufer Packeis herauf. Einige Sensoren, die am kräftigen Stahlrumpf des Eisbrechers den Druck messen, geben Alarm. Es wird nun nicht nur brenzlig für uns, sondern auch für den Eisbrecher. Kapitän Mellis ahnt die Gefahr: „Paß auf, wir müssen hier alle raus. Hier ist verdammt hartes Eis unterwegs, und wir sind nur ein 2-Fuß-(ca. 60 cm)-Eisbrecher. Die einzige Möglichkeit: Ich versuche, euch mit dem Kran auf das Deck zu stellen." Und dann geht's los. Haken, Holzbretter, Balken, Leinen, Taue werden herbeigetragen. Zwei starke Stahlseile umklammern den Rumpf der Asma. Alles quietscht, ächzt, stöhnt unter der Last – Menschen wie Material. Vorsichtig hebt der Kran an und stellt Asma an Deck. Die Böcke sind noch gar nicht richtig unter dem Rumpf befestigt, da prescht der Eisbrecher auch schon los. Höchste Zeit! Die Zeit an Bord vergeht schnell. Wir essen mit dem Kapitän zusammen. Fast so wie am „Captain's Table" bei einer Kreuzfahrt: Uns werden Cocktails serviert. Michelle genießt danach die Badewanne. Ich repariere Kleinigkeiten. Weniger als hundert Seemeilen später quietschen die Winden des Kranes: Asma schwimmt wieder im Wasser. Die Crew reicht uns ein Paket und winkt an der Reling. Michelle umarmt zum Abschied den Kapitän. Glänzende Augen hier wie dort, und er sagt: „Vor euch ist eine Menge Arktis, ihr habt noch 2000 Seemeilen vor dem Bug. Meine Glückwünsche gehen mit euch." Laut schallt die Schiffssirene.

Der rotweiße Blister zieht die Asma entlang der Küste von King William Island. 1846 schloß das Packeis hier im Norden Franklin und seine Leute ein, jenen Franklin, nach dem diese Passage benannt wurde. Das Eis zermalmte die Schiffe. Keiner von der Besatzung überlebte. Vor 90 Jahren segelte hier Amundsen vorbei und entdeckte den guten Naturhafen, den er nach seinem Schiff benannte: Gjøa Haven. Hier liegen wir nun vor Anker. Wir gehen an Land. In diesem Nest finde ich endlich einen Zahnarzt, der mir eine Plombe erneuert. Das dauert! Nicht, daß der Mann sein Handwerk nicht versteht – nein, er fragt mich nach dem wohin und woher aus. Ich nuschele mit der Klemme zwischen den Zähnen meine Story herunter. Der Doktor beruhigt mich: Alle seine Patienten reden so undeutlich, aber er kann das verstehen. Die Behandlung kostet keinen Pfennig!

Auf der Straße treffen wir Ed, 58 Jahre alt, Manager vom Supermarkt. Er versucht, sein Kaufzentrum, eine Holzhütte, gerade wieder in Gang zu bringen: „Eskimos sind beharrlich. Als ich auftauchte, war dieser Laden bankrott. Das ist doch toll, Mann! Meine Eskimos haben das Ding geführt wie einen Iglu, alles, was reinkam, mitsamt meiner Knete, ging am gleichen Tag wieder raus."

Ed deckt den Tisch im 10-Betten-Hotel, das er nebenher führt. Und er tafelt auf! Puddingberge, Fisch, Fleisch, Sahne und eingeflogene Kartoffeln. Uns gehen fast die Augen über. Ich will mehr über den Einfluß der westlichen Zivilisation hier wissen. „Zivilisation" und Eskimos? Ed schluckt schnell die dritte Puddingladung herunter, und fährt fort: „Das geht okay, wenn sie wollen. Im Supermarkt läuft das gut, weil die verstehen, um was es jetzt geht. Aber das muß man denen erst auch erklären. Eskimos haben eine andere Mentalität als wir. Nur eins sage ich dir, die machen das auch ohne uns eines Tages gut, hoffentlich bald, denn ich träume schon wieder von Hawaii…"

David, ein Eskimo, der englisch spricht, bringt uns zu Judes Ullulaq, Kanadas bekanntestem Skulpturenkünstler, der Specksteine „schnitzt". Judes erzählt: „Oft plagen mich meine Gefühle, ja, eventuell sind es unsere Geister, die mir sagen, in die Wildnis zu gehen und dort die Freiheit meines Ichs zu finden. In der Weite der Arktis – hier, schau zum Fenster heraus: dort draußen wird unser Geist geformt. Dort entstehen meine Ideen für neue Figuren."

Gjøa Haven ist eine Siedlung mit festen Häusern, Elektrizität, Schotterstraßen, Autos – eine Pionierstadt. Hier ist das traditionelle Eskimoleben nicht mehr so sichtbar wie in Grönland. Als ich nach den Traditionen frage, antwortet Judes: „Die sind weg, weggenommen von dem weißen Mann. Husch, wie ein Eiswind davon! Aber das hat auch Gutes. Heute leben wir im warmen Haus und haben ausreichend zu essen. Und wir sehen mit dem Satellitenfernsehen in die weite Welt. Nur müssen wir darauf achten, daß sich unser Familienverband nicht auflöst, den brauchen wir, der ist unser Zentrum. Und ich sage meinen Söhnen, wie sie jagen sollen, bringe ihnen das Fischen bei, lehre sie, die Natur und nicht nur Videos zu verstehen."

Auf dem Rückweg zum Hafen lacht David: „Also vor Judes wollte ich das nicht sagen, aber das ist ein witziger Typ. Stell dir vor, da kam doch vor Jahren ein Beamter vom Finanzamt aus Yellowknife und wollte von Judes Steuergelder haben, die er, obwohl er mehr als 500 000 Doller verdient hatte, nicht bezahlte. Natürlich war Judes tagelang nicht auffindbar, und der Beamte reiste mit leeren Taschen zurück in sein Büro." Michelle fragt neugierig nach dem Versteck von Judes. David: „Der war mit dem Motorschlitten draußen auf dem Eis verschwunden. Er hatte sich irgendwo einen Iglu gebaut und seinen 12-V-Fernseher an der Motorbatterie angeschlossen."

Schwacher Nebel, Nieselregen, die GPS-Position hat uns 12 Seemeilen in das Landesinnere versetzt, danach müßten wir jetzt auf den Schotterbergen im Landesinnern „segeln". Vor uns die Simpsonstraße – heute ist der 6. 9. 90, und, mit Verlaub, ein Misttag. Überall, bis in die Knochen sitzt die Feuchtigkeit. Mit dem Strom machen wir 9 Knoten. Vor uns Inseln, Riffe, Felsen und Untiefen. Ich zähle auf der Seekarte alle zusammen: es sind 89 Hindernisse auf 26 Seemeilen. Wir müssen koppeln, der GPS ist unbrauchbar. Peilen mit dem Radar. Oft haben wir nur 120 cm Wasser unter dem Kiel. Am Rumpf kratzen kleine Eisbrocken vorbei. Gespannt schauen wir in die Nebelsuppe. Umfahren Growler. Nur schleppend, sehr langsam, bewegt sich der Kompaß. Aber er funktioniert wieder, das wenigstens beruhigt. Wir sind angespannt, konzentrieren uns, um bloß keinen Fehler zu machen. Weit und breit kein Schiff, kein Mensch. Eisigkalt sind meine Hände. Meine Finger versagen ihren Dienst: ich kann das Echolot nicht mehr justieren. Eine nicht sehr appetitliche, aber zweckmäßige Lösung: Ich uriniere mir auf die Finger, fühle endlich wieder die Fingerspitzen, kann das Echolot justieren. Michelle trägt jede Peilung in die Karte ein und atmet nach vier Stunden auf: „Du, wir sind durch!" Die Kellerfahrt des Baro endet vorerst bei 986 Hektopascal – am 6. 9. 1990. Es pfeift mit 30 Knoten aus Südwest. In Zickzack-Kursen umfahren wir die letzten Riffe der Storis Passage. Drehen bei und können nach 48 Stunden gemeinsamer Wache endlich wieder schlafen.

Drei Stunden später erhellt das erste Tageslicht die Nacht. Wir setzen Segel. Vorwindkurs. Tief unter dem Mond jagen die Wolken dahin. Die Nächte werden länger – pechschwarze Stunden in der Arktis.

Zum Glück aber kein Eis. Hat Island liegt achteraus, wir steuern in den Queen Maud-Golf. Es kachelt weiter. Gischt fliegt über das Deck und gefriert zu Eis – überall, an der Reling, auf dem Deck und in den Wanten. Nachmittags dreht der Wind auf NNW mit mehr als 30 Knoten. Das Baro steht im Keller: 989 Hektopascal. Die nördlichen Winde bringen noch mehr Kälte, unser Thermometer zeigt minus 8 °C. Das Ziel Cambridge Bay, also genau gegenan, und das bei diesem Sauwetter, können wir buchstäblich in den Wind schreiben. Aber nicht das Gegenan ist das größte Problem, sondern die ständige Eisbildung am Schiff. Stündlich klopfen wir mit dem Gummihammer das Eis von Rigg und Segel. Und werden dabei von der Gischt „geduscht" – kalt und salzig. Auf der Karte entdecken wir schließlich die Anderson Bay, eine Bucht, die guten Schutz verspricht. Mehrmals versuchen wir dort zu ankern – doch vergeblich, der Anker hält nicht. Dicht unter Land entdecke ich unter Wasser zwischen den Klippen eine Durchfahrt. Michelle hat Mühe, ASMAS Rumpf gegen den Wind zu halten, es bläst oft mit 50 Knoten. Langsam nähern wir uns der Passage, und schnell und nicht sehr seemännisch lasse ich dort den Anker fallen. Stecke 70 Meter Kette – und wir liegen sicher am Haken.

Endlich wieder schlafen – nonstop 12 Stunden. Das war überhaupt unser ärgster Gegner auf dieser Reise: der Schlafmangel. Aber das wußten wir vorher. Bei einer nur zweiköpfigen Crew auf einer solchen Reise ist ständiger Einsatz gefragt. Die Drei-Stunden-Wache, die wir in der Regel absolvierten, hätte zwar unter normalen Umständen ausreichend Ruhe gebracht. Nur waren die Normalumstände eben sehr selten. Verschlafen koche ich den Morgenkaffee. Heize nebenher den Ofen. Michelle, noch im Daunenschlafsack verpackt, gibt ihre Bestellung auf: „Clark, bitte heute einen großen Pott und Mozart." Ich schiebe die Kassette in den Rekorder. Draußen pfeift es wie verrückt. Schnee bedeckt das Schiff. Mozart und Kaffee, denke ich, sind jetzt besser als Weitermachen. Wir frühstücken Spiegeleier, Speck und Brot. Dann, wie immer bei Pausen, checke ich das Schiff durch. Es ist Nachmittag, und es schneit nicht mehr. Ich kontrolliere das Rigg, fette die Winden und die Ankerwinde. Schnell vergeht der Tag. Wir verkriechen uns früh in die Kojen. Schlafen auf Vorrat tut uns gut.

Am 9. September weht es mit 35 Knoten Starkwind aus West. Hagelschauer und Schnee wechseln sich ab. Natürlich würden wir am liebsten hierbleiben, aber jetzt – der Winter naht – zählt jede See-meile. Unter Sturmbeseglung liegen wir hart am Wind – mit Kurs Richtung Cambridge Bay. Dieser Golf ist nur 20 Seemeilen breit, es baut sich darin aber keine grobe See auf. AsMA stampft gegenan, und zehn Stunden später segeln wir mit aufgefierten Schoten Richtung Ost in den Hafen von Cambridge ein.

Ein ödes Nest mit einer Pier empfängt uns – nicht sehr anheimelnd. Vielleicht empfinden wir diesen Ort aber auch nur deshalb als so trist, weil wir vollkommen ausgelaugt sind. Hier füllen wir jedenfalls unse-re Dieseltanks auf und zusätzlich einige Kanister als Reserve. Jetzt im September, wo uns täglich schon der Winter überraschen könnte, müssen wir ständig an Alternativen für eine Überwinterung denken. Nur in kleinen Etappen wird die Weiterreise geplant. Unsere Taktik: wenn wir in der Karte einen sicheren Ankerplatz erkennen, passie-ren wir den nur, wenn wir uns eine Chance ausrechnen, danach den nächsten Ankerplatz auf der Karte zu erreichen. Wir wollen uns nur noch in Packeisfelder von maximal sechs Zehnteln, also 60% Eisbe-deckung bewegen, denn aus denen kommen wir wieder heraus. Kein höheres Risiko eingehen – wenn wir nämlich jetzt im Eis festsitzen, ist das die Endstation.

Sofort machen wir die Leinen los und gehen Richtung Dease-Stra-ße. Es ist saukalt. Weißer Schnee bedeckt die Yacht. Die Viktoriainsel liegt querab und wir empfangen einen Seewetterbericht: Schweres Packeis von der Polkappe – selbst für Eisbrecher undurchdringlich – bewegt sich langsam auf Baillie Island zu. Hoffentlich riegelt uns das Eis nicht ab, denke ich. Aber der Wind aus Nord hilft uns phanta-stisch. 20 Knoten Wind, wir segeln Rumpfgeschwindigkeit.

11. September: Nur minus 3 °C. Mit den Fallen haben wir ständig Probleme. Dort, wo Draht und Tauwerk zusammengespleißt sind, bil-den sich Eisklumpen. Die Erklärung dafür ist einfach: Das Tauwerk nimmt bei dem kalten Wind die Kälte nicht so auf wie das Drahtseil. Der Schnee am Tauwerk schmilzt und das Schmelzwasser fließt her-unter, bis es das Drahtseil erreicht. Dort friert es. Immer, wenn wir von der Sturmfock zum normalen Vorsegel wechseln oder umge-kehrt, muß ich die Mastleiter herauf und mit dem Gummihammer den Eisklumpen abschlagen, damit das Fall durch die Scheiben in den Mast läuft. Auch das, wie vieles auf dieser Reise, wird zur Routi-ne, zum normalen Alltag.

Traumhafte Farben am arktischen Himmel: Violett, rot, gelb, ein wunderschöner Sonnenaufgang. Kein Eis, nicht ein Krümel ist zu sehen – zum erstenmal auf dieser Reise. Wir ändern den Wachrhythmus, schlafen jetzt jeweils vier Stunden, um uns zu erholen. Unser Autopilot arbeitet wieder ordentlich – es ist eine Erholung, nicht mehr an der Pinne stehen zu müssen. Wir passieren Edinburgh Island. Das Baro steigt auf 1019 Hektopascal. Warm strahlt die Sonne, das Eis an Deck schmilzt. Aus den Bord-Boxen hören wir die Rolling Stones. Schwache 10 Knoten schieben uns dahin. Ich montiere den Schornstein auf und heize kräftig ein. Körperpflege und Entspannung: Wir duschen, waschen uns die strähnigen Haare, tanzen nackt im warmen Schiff. Immer noch kein Eis! Ich schlürfe Kaffee. Michelle, frisch eingecremt, trinkt Tee. Die letzten Tage und die neue Wachordnung haben uns gut getan. Auch die Wettervorhersage stimmt uns optimistisch: SW-Winde bis Süd in den nächsten Tagen. Hier auf dem Präsentierteller der Naturgewalten bestimmt alles nur der Wind, seine Richtung allein ist entscheidend für unseren Alltag. Schließt sich vor unserer Ankunft in Baillie Island das Eis, dann bedeutet das mindestens ein Jahr Wartezeit. Am 12. 9. streikt wieder, wie so oft, der GPS. Ich hole also den Sextanten heraus und richte mich nach der Sonne. Flaches Land, kaum sichtbar, umgibt uns.

Am nächsten Tag bequemt sich dann der GPS wieder zu einem Fix. Wir segeln durch die Dolphin- und Union-Straße. Hier sind die Eisverhältnisse ganz anders. Die weißen Felder sind eng zusammengepackt. Dazwischen aber immer wieder freier Seeraum ohne jeglichen Eiskrümel. Hervorragende Etmale haben wir nun: 145 bis 152 Seemeilen. Wir brauchen diese „Meilenfresserei" aber auch dringend. Hier entscheiden oft Meter. Endlich empfangen wir wieder Christoph Vogelsang von Intermar. Er bemüht sich mit Eiskarten und Wetterberichten. Seine Vorhersagen stimmen uns optimistisch: auch er redet von Winden aus dem südlichen Quadranten. Ein stationäres Tief steht über der Beaufortsee – welch ein Glück, die südöstlichen Winde schieben nicht nur das Eis nach Norden, sie bringen auch warme Luft vom Land. 12 °C plus – wir fühlen uns wie im Hochsommer. Aber eine Schiffsmeldung macht uns nachdenklich: Bei Baillie Island ist das schwere blaue Eis nur 6 Seemeilen von der Küste entfernt. Dort entscheidet das Nadelöhr zwischen Eis und Land alles. Cape Parry runden wir am 13. September. Leichte Winde aus Südost – immer noch die beste Windrichtung für uns. Wir kommen jetzt schnell voran. Doch in der Nacht müssen wir beidrehen. Es ist stockdunkel. Kein Windhauch weht. In der Ferne hören wir das Mahlen des Packeises. Irgendwo dort liegt die Eismauer und erst morgen, wenn wir bei Tageslicht sehen können, wissen wir, ob es ein Durchkommen gibt. Nachts driften Eisbrocken an uns vorbei. Wir erahnen sie nur, hören das Knirschen und Knacken, das vom Schmelzvorgang hervorgerufen wird. Warm ist die Morgenluft. Rot leuchtet der Horizont und jetzt erkennen wir das Packeisfeld deutlich: Meterhohe Burgen, richtige Märchenschlösser, Skulpturen, eine ganze, frostig-glitzernde Kunstgalerie schwimmt dort. Tiefblau ist das Eis, uraltes Eis von der Polkappe. Vom Cockpit aus wirkt es undurchdringlich. Das ist das Eis, das auf Baillie Island zuwandert, erkenne ich, als ich die Maststufen heraufklettere, um über die hohe, weiße Wand schauen zu können. Von hier oben aber ist die Lage gar nicht so aussichtslos. Ich erkenne Öffnungen im Eis. Michelle motort die Asma durch die bizarren Gebilde hindurch. Ich gebe den Kurs an. Sie wiederholt von unten meine Handzeichen, damit es keine Mißverständnisse gibt.

Stundenlang geht es so durch das steinharte Eis, immer am Rande des unwiderruflichen Scheiterns unserer Expedition. Später haben wir dann nur noch vereinzelte Eisbrocken vor uns und ich steige zurück auf das Deck, koche Kaffee.

Michelle erkennt in der Ferne Baillie Island. Was für ein Gefühl, eine magische Landmarke zu erkennen! Mir stehen die Tränen in den Augen. Wir umarmen und küssen uns. Das Packeis reicht von hier bis zur festen Eisdecke zum Nordpol. Was für ein Gefühl, durch jenes Nadelöhr geschlüpft zu sein, das der südliche Wind in den letzten Tagen offengehalten hat! Wie dankbar sind wir in diesem Moment der Natur. Ich schreibe in das Logbuch: „Endlich runden wir das Kap Observation Point auf der Baillie-Insel... Mehr konnten wir 1990 nicht schaffen. Wir sollten damit zufrieden sein." Trotz der bevorstehenden Schneestürme, des Hagels, der Tiefsttemperaturen, die den Winter ankündigen, planen wir noch weiterzukommen.

Wir hoffen Inuvik zu erreichen, einen Hafen im Mackenzie-Delta. Dort gibt es Erholung für Asma, dazu etwas Zivilisation, frischen Proviant – ein idealer Winterplatz. Tiefschwarz ist die Nacht. Asma gleitet im flachen Wasser des großen Deltas mit fünf Knoten dahin. Ich höre mit den Kopfhörern Pink Floyds „Dark Side of the Moon": Warum hört keiner mehr auf die? Warum sind die Menschen zu Hause so träge geworden. Und rennen nur noch dem Geld nach? Auf solche Gedanken kommt man hier.

Ich spüre keine Müdigkeit, im Gegenteil: ich bin richtig aufgedreht. Am Himmel leuchten die Nordlichter der Arktis. Welch ein Schauspiel! Weit über mir diese prachtvollen Farben: Rosa, pastellenes Gelb, übergehend in Grüntöne. Für die Eskimos, die seit Tausenden von Jahren die Nordlichter bewundern und verehren, spiegeln sich dort oben die Seelen ihrer Kinder wider. Später dann kamen die christlichen Missionare und versuchten, ihnen diesen Glauben auszutreiben. Jetzt, wo ich in diesen faszinierend bunten Himmel schaue, möchte ich eher den alten Eskimos glauben. Diese Farben, diese Zeichen – sie haben etwas Überirdisches. Ich wecke Michelle und möchte mit ihr über diese Eindrücke reden, über die fernen, zeitlosen Mythen.

Michelle, die in Australien unter Aborigines, den Ureinwohnern, groß geworden ist, zieht Vergleiche zu deren Vorstellungen und ist überzeugt: „So etwas kann es geben: Kräfte die wir spüren, aber nicht lokalisieren können. Aber willst du nicht lieber schlafen?" Nein, ich will weiter hineinschauen in diese geheimnisvolle Welt.

Stunden später liegt das Nordlicht vor dem Bug, im Westen. Dort liegt Point Barrow, die Beaufortsee, die Beringstraße, das Ende der Nordwest-Passage. Das schönste Nordlicht der ganzen Reise. Schluß mit den Träumen. Ich hole die Schoten dichter und stelle den Autopiloten auf 30 Grad nördlicher. ASMA verläßt den Kurs zum Mackenzie. Das ist Freiheit, grenzenlose Freiheit. Nur ein paar Griffe am Schiff und neue Ziele liegen voraus.

Hinter uns liegt ein kurzer Sturm. Alles ist vorüber. Heute scheint die Sonne. 1021 Hektopascal, warme Luft, leichte Winde. Am Horizont ein Bilderbuchpanorama: die schneeweißen Berge der British Mountains. Kanada liegt achteraus. Wir segeln in den Hoheitsgewässern der USA. Schwach, durch den Dunst ist Herschel Island zu erkennen. Diese Insel bietet den letzten sicheren Hafen bis Point Barrow, das Kap liegt 400 Seemeilen entfernt. Am nächsten Tag spiegelglattes Meer. Wale umkreisen uns, wie an ihren Fontänen zu erkennen ist. Auch sie ziehen, wie wir, aus der Arktis in Richtung auf die warmen Gewässer des Pazifiks. Fern an Backbord flimmern die Berge von Alaska. Wir motoren den ganzen Tag, genießen das eisfreie

82

Wasser. Wieder mal ein deutscher Tag in der Küche: Klöße mit Schweinebraten, selbstgebackener Kuchen. Wir schlafen viel und trinken gemütlich Tee.

Das Wetter ist fast unheimlich gut, wir wissen das. Die Beaufortsee ist nämlich berüchtigt wegen ihrer beständigen Stürme. Michelle sichtet am Nachmittag wieder Eis, und am Abend beginnt der Wetterumschwung. Zuerst haben wir Sprühregen, der schnell am Schiff zu Eis gefriert. Wieder klopfen wir alle zwei Stunden mit den Gummihämmern an Deck und Rigg. Die Fischer in Grönland und Skandinavien nennen diese Eisbildung „Black frost", den „schwarzen Tod". Es ist ein stetig wachsender Eispanzer, der sich um das Schiff klammert. Irgendwann sind dann die Mannschaften erschöpft vom Klopfen, aber das Eis wächst unaufhaltsam weiter – solange, bis das Schiff am Ende zu kopflastig wird und schließlich kentert.

Eine steife Brise gesellt sich zum Regen. Fast beängstigend schnell rauschen wir durch die Nacht. Zum Glück reflektiert der Sternenhimmel so viel Licht, daß wir umhertreibende Eisplatten, oft vielfach größer als unsere Yacht, frühzeitig erkennen können. Wie gut, daß wir in den letzten Tagen soviel geschlafen haben und ausgeruht sind. Vernünftig wäre es, jetzt zu stoppen, beizudrehen, auf das Tageslicht zu warten. Aber was ist schon „Vernunft" hier, in dieser Wüste? Nur wenige Seemeilen an Steuerbord liegt das geschlossene Eisfeld. Nicht nur der Eisbericht bestätigt das, sondern auch wir spüren den geringen Seegang – ein deutliches Zeichen. Backbord liegt das Land mit seiner flachen Küste, die uns keinen Unterschlupf bietet. Wir segeln in der Zange, die sich nun, zum hiesigen Winteranfang, langsam und unaufhaltsam schließt. In einem Monat werden hier die Eskimos jagen, über das Eis laufen. Wir machen weiter. Meile um Meile, Stunde um Stunde. Nur das Vorwärtskommen zählt nun. Kein Eis seit Stunden. Später dreht der Wind, es weht mit Beaufort 8–9. Die Wellen werden höher, jetzt zeigt die Beaufortsee ihr wahres Gesicht. Der Wind pfeift aus Osten, wir segeln nach Nordwesten. Besser kann es eigentlich nicht sein. Asma rauscht durch die hohen Wellen und hat jetzt wohl ihr maximales Geschwindigkeitspotential erreicht. Ich denke an Reffen. Beobachte den Bug, der keinerlei Andeutungen macht, unterschneiden zu wollen. Also lasse ich sie marschieren, wir brauchen die Geschwindigkeit. Jede Seemeile und jede Stunde, die wir früher vor Point Barrow sind, können viel entscheiden. Am 18. September müssen wir nachts beidrehen: Schneetreiben und Sturm. Sicht gleich null. Ruhiges Wasser. Irgendwo im Norden lauert ganz nahe das Eis. Der GPS schweigt seit Tagen. Die Sonne ist nicht sichtbar und wir navigieren mit Koppeln. Zum Schnee gesellt sich am nächsten Tag auch noch Eisregen. Und dann die bisher nicht gekannte Feuchtigkeit, weil die Arktis im Sommer extrem trocken ist wie die Sahara. Das macht dem Schiff zu schaffen und uns auch. Das macht mürbe und müde. Wir trinken heißen Tee mit Honig. Zum Mittagessen und am Abend warme Kraftbrühe.

Der Seegang hat zugenommen, die Wellen sind steiler als gestern, brechen sich oft achterlich tosend. Eigentlich beruhigend, signalisiert es uns doch: Nur dort, wo es freien Seeraum gibt, können sich solche Wellenberge bilden. Was für ein Glück! Ihr hohen Wellen, wie wunderbar ist euer Anblick, ihr Ungetüme, die sich nicht in der Nähe von Packeis bilden. Nachmittag bläst es dann mehr: Ostwind über 35 Knoten. Die Wolkendecke löst sich auf, ich stehe mit dem Sextanten bereit. Da ein Sonnenloch. Messung, Zeit, alles schnell notieren. Michelle beobachtet die Wolken: „Jetzt gleich, mach dich fertig für den zweiten Schuß." Gespannt sitze ich nach der zweiten Messung am Kartentisch. Nochmal rechne ich, nur zur Sicherheit nach – unglaublich, das Ergebnis zeigt klar: 71 Grad 30 Minuten Nord und 155 Grad 05 Minuten West. Jetzt wage ich es auszusprechen: „Chelly, nur noch drei Seemeilen, dann haben wir Point Barrow querab, Barrrrooooww querab!" Wir fallen uns in die Arme, schreien in den Wind vor Freude. Kein Land ist zu sehen, nichts, die diesige Luft macht es unmöglich. Wie gerne würde ich das Kap sehen wollen, die Landmarke, diese magische Marke, die unsere Gemüter wochenlang beschäftigt hat. Michelle serviert Krabbenbrötchen und heiße Schokolade. Was für ein Festmenü! Ich ändere den Kurs, gehe auf Südwest. Noch ist die Gefahr nicht ganz vorbei: Icy Cape, von James Cook auf diesen Namen getauft, war für diesen berühmten Seemann die Wendemarke seiner Polarreise im Jahr 1778. Damals, mit Eis verschlossen, lag das Meer vor Kapitän Cook, und er war überzeugt: Dahinter gibt es kein freies Wasser mehr.

Unsere kleine Bordfeier angesichts des sicheren Zwischenziels wird abrupt gestört. ASMA läuft aus dem Kurs, luvt an, wir schieben Lage wie verrückt. Michelle springt an die Pinne. Kaum liegen wir wieder auf dem Kurs, krieche ich unter das Cockpit in unseren Stau-

raum. Trauriger Anblick: Die hydraulische Anlage unseres Autopiloten ist perdu. Sie hängt am Quadranten. Der Bolzen, mit dem sie befestigt ist, ist abgeschert. Von nun an müssen wir also mit der Hand
steuern. Eine beklemmende Vorstellung bei dem launischen Herbst-
wetter und dem Bewußtsein, daß vor uns noch 1000 Seemeilen bis
zu den Aleuten liegen. Das Wetter ist saukalt, windig und feucht. Wir
wechseln alle zwei Stunden die Wache für den Rudergänger. Die Minustemperaturen sind vorüber, aber dafür nieselt es viel, oder feuch-
ter Nebel umhüllt das Schiff. Diese Zwangslage, mit der Pinne von
Hand steuern zu müssen, macht doch sehr nachdenklich. Dabei erinnere ich mich an Rollo Gebhards erste Yacht, die er mit Gummizügen
an der Pinne steuerte. Machen wir es ihm nach! Aus den Reserve-
säcken für Tauwerk krame ich elastische Leinen und befestige sie auf
der Pinne. Trimme die Segel ordentlich. Und führe die Gummileinen
an Steuer- und Backbord über die achterlichen Winden. Je nach Bedarf: dort, wo mehr Zug benötigt wird, hole ich diese Leinen mit der
Winde dichter. Das funktioniert, ASMA bleibt auf Kurs. Nur wenn der
Wind schwächer oder kräftiger wird, muß ich nachjustieren.

Am 24. 9. 1990 schreibe ich in mein Logbuch: „Nordwestwind
Stärke 9. Barometer 996 Hektopascal. Schnelle Reise, als ob die ASMA
den Pazifik ahne ... Nordwest-Passage finish." Michelle signalisiert,
durch den Nebel sei das Land zu erkennen. Backbord liegt Alaska.
Steuerbord Sibirien. ASMA steuert auf die Beringstraße zu. Für uns
ein großer Augenblick. Ich falle an Deck hochdramatisch auf die
Knie und rufe: „Wir kommen!" Auch Michelle hat tränennasse Augen und ruft: „Wir sind da!" Beide meinen wir das offene Wasser
vor uns. Hundert Tage und mehr als 4000 Seemeilen Nordwest-
Passage liegen achteraus. Abends erreiche ich einen Funkfreund,
der uns gratuliert: „Mensch, große Klasse! Ihr habt es geschafft:
Die erste deutsche Yacht ist durch." Michelle schläft tief im Daunenschlafsack. Und jetzt erst begreife ich: alles liegt hinter uns, ist
vorbei, achteraus. Kein Eis mehr vor dem Bug, keine Eisbären. Andererseits werden mir die lachenden Eskimogesichter fehlen. Das
stimmt mich irgendwie nachdenklich, ja traurig, trotz der über-
standenen Strapazen. Ich schaue achteraus. Da hinten liegt die
Arktis, das Eismeer – und hinter uns das intensive Erlebnis, mit einer Segelyacht durch die gefrorene Wildnis zu segeln.

BERINGSTRASSE BIS ACAPULCO

15160 Seemeilen

Auf nach Amerika

Wortkarg weckt mich Michelle nach ihrer Wache: „Komm aus der Koje!" So streng? Sonst hat sie immer ein paar nette Worte parat. Ich krieche aus meinem warmen Schlafsack und steige in die klammen Klamotten. Wie ist die Lage? Der Mast ächzt, gleichmäßig rollt das Schiff durch das Meer. Michelle zeigt auf den Barographen: Die blaue Linie fällt fast senkrecht nach unten. Die Routine vor dem Sturm beginnt: Michelle kocht Suppe und füllt sie in die Thermosflaschen. Danach sichert sie alles unter Deck ab, schließt die zusätzlichen Riegel an den Schapptüren und zurrt lose Gegenstände fest. Ich kontrolliere Deck und Rigg, nehme den Spinnakerbaum, den ich hochgezogen am Mast fahre, vom Mast und lasche ihn an die Reling auf das Deck. Käme es ganz schlimm, hieße das eventuell eine Durchkenterung mit Mastverlust. Mit dem separat gelaschten Spibaum haben wir die Chance, ihn für ein Notrigg zu verwenden. Danach prüfe ich die Sturmfock. Immer, wenn Schwerwetter anrollt, gehen wir davon aus, daß die Yacht im Ernstfall kopfüber gehen könnte. Alles wird gesichert, selbst Musikkassetten und Bücher. Die Talfahrt des Barometers ist noch nicht zu Ende, obwohl es schon auf 978 Hektopascal steht. Die Beringsee ist die berüchtigte Wetterküche der stürmischen Tiefs, die später auf Alaskas und Kanadas Küsten treffen. Was mir jetzt am wenigsten gefällt: Uns trennen in diesem Meer vom Grund nur 30–50 m Wassertiefe. Beständig bläst der Wind aus Nord mit acht bis neun Windstärken. Das Groß, komplett geborgen, sichere ich noch mit extra starken Leinen. Aber mir ist klar, daß uns noch mehr erwartet. Weiter rutscht das Baro nach unten auf 971 Hektopascal. Längst steht die Sturmfock und sie zieht uns nach Süden, der Wind kommt von Norden. Idealer kann es nicht sein. Gischt, Sprühregen und enorm hohe Wellenberge überholen uns.

Plötzlich läuft Asma aus dem Vorwindkurs. Bevor ich die Pinne erreiche, luvt das Schiff an und schiebt enorme Lage. Wassermassen überschütten die Yacht. Ich stehe im Wasser. Wasser! Überall ist Wasser. Sekunden später packt uns ein Brecher – nun auf Halbwindkurs – und drückt die Yacht um neunzig Grad aus diesem Kurs, auf Vorwindkurs zurück.

Schnell klemme ich mir die Pinne zwischen die Beine und steuere. Dann kommt Michelle aus dem Deckshaus und übernimmt. Oh Schreck: Die Halterung des Autopiloten, die wir schon einmal reparierten, ist wieder gebrochen – schlaff hängt die Hydraulikanlage am Quadranten, abgeschert von den enormen Kräften auf das Ruder.

Zugegeben, wir fahren viel Segelfläche, aber das ist meine Sturmtaktik. Ich bin davon überzeugt: Je schneller meine Yacht bei Schwerwetter vor dem Sturm abläuft, desto sicherer für uns. Bisher gab es nur Vorteile: Die schweren Seen treffen nicht mit voller Wucht den Rumpf, weil er ja mit der Geschwindigkeit und mit den Wellen schwimmt. Das Schiff bleibt steuerfähig, und ich kann gefährliche Seen ordentlich mit 15–20 Grad von achtern nehmen. Aktivität bei Sturm gefällt mir, ich mag es, mit Wind und Elementen schnell voranzukommen. Fahrt bei Schwerwetter stabilisiert die Yacht. Bevor wir vor dem Sturm ablaufen, machen wir uns erst mal ein Bild, welche Zugbahn das Tief hat. Das ist wichtig, denn Ablaufen bedeutet meistens mit 15–20 Grad vor dem Wind. Es ist entscheidend, ob man in einem Sturm auf Steuer- oder auf Backbordbug läuft. Denn es ist immer der Kurs zu finden, der die Yacht am schnellsten aus dem Sturmtief bringt – sonst segelt man mit dem Tief, und das Wetter dauert länger als nötig. Jede Taktik im Meer ist eben ein Kompromiß – und das erfahre ich in der kommenden Nacht sehr deutlich. Dröhnendes Getöse und dann ein fürchterlicher Schlag reißen mich aus dem Schlaf. Töpfe und Tassen fliegen direkt in meine Koje. Für Sekunden verwandeln sich die Seitenwände der Yacht zum Fußboden und zur Decke, und die Decke und der Fußboden zu Seitenwänden. Asma ist auf die Seite gelegt worden! Sofort stürze ich in Richtung Cockpit, zu Michelle ins Deckshaus. Mit dem beginnenden Tageslicht sehe ich den ersten Schaden: Die Seereling (ein geschweißtes 25-mm-Alurohr) wurde in Höhe des Cockpits stark verbogen. Grauschwarze tiefe Wolken jagen über der Asma. Bleigrau ist das Meer, und die Wellen sind mit langen Schaumkronen verziert. Die Nadel des Handwindmessers zittert bei Bft 10. Michelle serviert mir aus der Thermosflasche erst einmal eine warme Suppe und heißen Kaffee und kommentiert: „Wir sind schon bei 969" – und meint Hektopascal.

Fetzige, aber in dieser Situation doch sehr unpassende Radiogeräusche kommen aus dem Deckshaus. An Backbord verschwindet in einem Wellental gerade ein Fischdampfer. Nur der Antennenmast ist noch zu sehen. Eine Berg- und Talfahrt bis zur nächsten Welle.

Vorsichtig öffnete Michelle das Luk und schreit heraus: „Die melden 11 m hohen Seegang und Sturm Stärke 11, der noch zunehmen soll auf 12." Noch einmal durchdenke ich meine Sturmtaktik und bin nun doch etwas unsicher, ob alles richtig ist. Denn jetzt rauschen wir mit acht Knoten von den Wellenbergen herunter, oft schneller. Und es soll noch dicker kommen! Michelle kommt in das Cockpit und wir besprechen das bevorstehende Manöver. Eigentlich weiß jeder, was zu tun ist. Doch trotzdem: unsere Erfahrungen zeigten bisher, daß müde, ausgelaugte und übernächtigte Menschen zu Fehlern neigen. Meter für Meter krieche ich zum inneren Vorstag, an dem die rote Sturmfock hängt. Ich berge das Tuch, das wild um sich schlägt. Brecher überholen das Schiff. Endlich ist das Reff in dem Segel. Fall durchsetzen, Wellen beobachten, Leinen aufschießen, alles geht wie am Schnürchen.

Kaum bin ich wieder im Cockpit, spüre ich, daß die Yacht jetzt noch härter von den Seen getroffen wird. Und nicht nur das. Wenn wir im Wellental versinken und die Wellenberge um uns herum für etwas Windschatten sorgen, schwimmen wir instabil. Wir sind uns sofort einig: Ausreffen. Eisig kalt sind meine Hände. Millimeter für Millimeter öffne ich die Knoten der Reffbändsel. Wieder schlägt das Tuch wild umher, bevor ich das Fell erneut durchsetze.

Die ASMA läuft jetzt wesentlich besser. Und ich beobachte: Obwohl der Wind zugenommen hat, sind die Seen länger und nicht mehr so brutal steil. Wind und Wellen haben ihre Harmonie gefunden. Keine Kreuzseen, keine Gegenströmung, alles geht in eine Richtung. Und wir mittendrin in der faszinierenden Kraft der mächtigen Natur. Sie macht zwar ängstlich, doch Angst drückt den Respekt aus vor einer Macht – sei es Wind oder Wasser –, die wir Menschen zum Glück nicht bändigen können. Wir müssen uns beugen.

Zwölf Stunden später steigt das Baro. Ich verschwinde in die Koje, Michelle übernimmt die Wache. Ausgestreckt liege ich im Bett, kann aber nicht einschlafen. Das Wasser der Beringsee gurgelt an der Bordwand entlang. Hier trifft sich alles: Die Zugbahnen der Vögel von Asien und Amerika. Die Wale auf ihren langen Reisen zwischen Arktis und Pazifik. Was für ein Meer! Jährlich tummeln sich hier 4500 Grönlandwale, 300 000 Walrosse, 200 000 Seehunde, über 15 000 Weißwale und eine Million Ringelrobben. Die Fische sowieso, und an den Meeresküsten nisten jedes Jahr 26 Millionen Zugvögel – weiß der Teufel, wer die mal gezählt hat.

Stundenlang habe ich jetzt geschlafen. Alles ist feucht und klamm unter Deck. Michelle hat die Pinne festgelascht und heizt den Petroleumkocher vor. „Spiegeleier und Toast?" sagt die Chefköchin. „Du hast Nerven! Wie ist das Wetter?" antworte ich. „Kräftiger Wind, aber alles okay" sagt sie und schlägt die Eier in die Pfanne.

Nach dem Frühstück wird mir klar: Bald müssen wir Dutch Harbor auf den Aleuten, ansteuern. Das war eigentlich nie geplant, wir wollten direkt bis nach Kanada durchsegeln. Jetzt aber liegen einige Reparaturen an, die ich vor der Passage durch den Nordpazifik erledigen will. „Michelle, wir liegen 20 Seemeilen vor Dutch Harbor. Bloß kann ich auf meiner Seekarte nicht erkennen, in welcher Bucht der Hafen liegt." Michelle entgegnet ironisch: „Soso – der große Seemann Clark Stede!" Mir bleibt nichts übrig, als dichter unter die Küste zu gehen. Das Wetter hat sich beruhigt. Eine sanfte Brise schiebt uns voran. Wo ist Land? Weder ein Haus, noch ein Tank oder eine Antenne sind zu erkennen, die fast jeden Hafen markieren.

Die Rettung kommt von achtern: Ein polnischer Fischdampfer. Über UKW-Funk erkläre ich dem Kapitän das Dilemma. Der grinst sich bestimmt eins, meldet dann über Funk: „...Wir laufen Dutch Harbor an und vermindern die Geschwindigkeit auf sechs Knoten, dann könnt ihr uns folgen."

Am Schwimmsteg, im inneren Hafen, vertäuen wir die ASMA. Das grüne Gras der baumlosen Insel wirkt fast paradiesisch. Wir pellen uns die salzige und stinkende Kleidung vom Körper. Nach der Dusche landen wir in der Kneipe. Herbe Fachgespräche ergeben sich da! Urige Typen, langhaarig, mit Bärten und rauhen Händen, stehen mit uns am Tresen. „Ach, der fuckin' Motor wollte nicht anspringen. Der mother-fucker hatte fuckin' Wasser im Abscheider... Fuck, die fuckin' mail ist so langsam... Fuck you, das Wetter bleibt..." Rauhe Seemannssprache. Sie bestellen uns immer wieder noch ein Bier. Jeder will diesen merkwürdigen Seglern, die bei einem solchen „fuckend" Wetter in diesem „fuckend" Boot the „Fuckend-Harbor" erreicht haben, auch eins spendieren. Neben uns Don, Forscher und Kapitän mit seinen Männern, und er kommandiert ihnen: „Wir laufen heute eine Stunde später aus – die kommen von der Arktis, geradeaus durch die Waschküche!" Er meint die Beringsee.

„Hoffentlich kommt ihr noch nach Kanada in diesem Jahr" mahnt uns ein Fischer am Steg. Es ist spät, verdammt spät für den Nordpazifik. Jetzt im Oktober treffen oft orkanartige Stürme die Aleuten-Inseln. Daß es hier keine Bäume gibt, dafür hat der Fischer eine Erklärung: „Die Winde fegen alles weg." Aber wir wollen weiter. Mir ist klar: Ein weit ausgedehntes Tief, das die Aleuten trifft, ist andererseits die beste Chance, auf beständige Windrichtungen aus dem westlichen Quadranten hoffen zu können.

Begeistert komme ich nach zehn Tagen Wartezeit mit der Wetterfaxkarte vom Hafenmeister zu Michelle: „Ein 700 Seemeilen breites Sturmtief ist morgen hier. Wir lassen das Zentrum passieren und setzen uns auf die Rückseite." Wir kaufen unseren Proviant, füllen die Wassertanks. Nachmittags kommt endlich per Luftfracht die bestellte Monitor-Windfahnen-Selbststeueranlage. Für die Montage muß ich die entsprechenden Schrauben organisieren. Im Marineladen finde ich die gesuchten V 2 A-Bolzen tatsächlich und möchte bezahlen. Doch der Besitzer wehrt ab: „Wenn einer um diese Jahreszeit segelt und aus der Arktis kommt, dem kann ich die Schrauben auch schenken." Fischer bringen uns Kabel und eine Bohrmaschine an den Steg, andere tragen Lampen und eine Trennscheibe herbei. Bis Mitternacht arbeite ich an der Befestigung der Halterung. Dann endlich glänzt die Anlage, made in USA, am Heck der ASMA. Die ganze Nacht über schütteln dann Sturmböen das Schiff. Am Steg schieben wir Lage wie verrückt und schlafen in den Kojen mit Leesegeln. Es pfeift und singt im ganzen Hafen. Alle Schiffe im Hafen haben zusätzliche Festmacher ausgebracht. Aber früh am Morgen öffnet sich der Himmel und die Sonne scheint. Das Zentrum des Tiefs passiert langsam die Insel. Nachmittags weht es mit sechs und wir laufen aus.

Tief hängen jetzt die Wolken über dem Meer. Tag für Tag schieben uns mal mit sechs, dann acht und wieder fünf Windstärken von

Westen nach Osten – mit einer Schwimmleine, an deren Ende ein phosphatweißer Schwimmkörper hängt. Das andere Ende der Leine ist am Bolzen eines starken Schnappschäkels befestigt. Er ist das Bindeglied zwischen der Steuerleine der Windfahnen-Selbststeueranlage und der Justierkette, die auf der Pinne belegt ist. Eine reine Sicherheitsmaßnahme, denn sollte einer von uns über Bord gehen und die nachgezogene Leine zu fassen bekommen, würde folgendes passieren: Durch den Widerstand an der Schleppleine öffnet sich der Schnappschäkel. Die Steuerleinen, die zur Pinne führen, kuppeln sich dadurch aus und die Selbststeueranlage zeigt auf die Pinne und dem Ruder keine Wirkung mehr. Naturgemäß luvt das Schiff an, läuft aus dem Kurs und treibt.

Der achte Tag im Nordpazifik ist grausam: kein Wind. Hier treffen die hohen Seen aus Westen mit der nordsetzenden Strömung zusammen. Wir rollen geradezu wie wahnsinnig. Seen aus allen Richtungen. Wir motoren, aber nichts kann das Schiff stabilisieren. Wasser kommt über. Nachts kachelt es zum Glück wieder los. Sieben Windstärken aus Süden. Nach neun Tagen wissen wir endlich: Vor uns liegt Kanada. Nebel und Regen verdecken die kanadische Landmasse. Vorsichtig, mit Hilfe des Radars, schleichen wir nach Naden Harbour, einer kleinen Bucht der Queen-Charlotte-Inseln. Eintausendfünfhundert Seemeilen von den Aleuten liegen hinter uns. Hier „entsalzen" wir endlich wieder einmal unsere Körper, waschen im kalten Dauerregen die Kleidung. Warm strahlt unser Kohleofen im Salon und Michelle kocht ein dreigängiges Menü. Kerzen flimmern, und wieder einmal klingt Mozarts Musik durch das Schiff. Salzburger Klänge im hohen Norden. Gemütlich essen wir nach langer Zeit wieder am Tisch. Das sind Kleinigkeiten, die man wieder zu schätzen lernt – auch das ist für mich so schön am Fahrtensegeln.

Mittags lüftet sich der Nebelvorhang – und vor uns, an Land, liegt ein phantastischer Ausblick: Grüne Tannenwälder, aus dem Vogelgezwitscher zu hören ist. Im Hintergrund schneebedeckte Berge. Seit sechs Monaten haben wir keine Bäume mehr gesehen!

Dreihundert Seemeilen schlängeln wir uns mit der ASMA durch das Labyrinth von Kanälen und Inseln – durch die „Inside Passage". Fast zum Anfassen passieren wir die Inseln. Delphine begleiten uns, Seevögel folgen dem Schiff. Es regnet, dann scheint wieder die Sonne, Minuten später verdeckt dann der Nebel die 2000 Meter hohen Berge von British Columbia. Nichts hier ist beständig. „Dort ist ein Bär" ruft Michelle, und einige Seemeilen weiter meldet sie eine andere zoologische Entdeckung: „Acht Rehe grasen dort."

Drei Stunden später machen wir in einer menschenleeren Bucht am Steg fest. Kein Mensch, kein Haus, nur dichter Wald. Heißes Wasser aus einer Thermalquelle! Im Abendlicht flimmern unsere Kerzen am Brunnenrand. Wir baden, essen, schmiegen uns aneinander und genießen diesen Abend.

Eugene, ein Indianer, wird unser nächster Führer sein. Eugene zeigt auf die Lachse im Wildbach. Wir setzen uns gemeinsam in das weiche Moos. „Die Ankunft des Lachses im Frühjahr bedeutet Leben. Blumen blühen, der Schnee schmilzt, die Jagd und das Fischen beginnt", erzählt uns der schwarzhaarige Mann. Ist er nun Kanadier oder Indianer? Indianerromantik ist heute eben anders als auf der Kinoleinwand. Die letzten, die von der westlichen Zivilisation verschont geblieben sind, leben hier in kleinen Dörfern. Sie jagen und fischen. Und weil das Einkommen nicht ausreicht, müssen sie Sozialhilfe beantragen. Eugene trägt es mit Souveränität: „Egal, was die Menschen machen, welche Kulturen sie durchleben – wir sind nur ein Glied in der Kette auf diesem Planeten." Wie weise.

Vancouver Island: Die kanadische Insel mitten im Herzen von British Columbia, gegenüber von Vancouver, wird unser Quartier für den Winter 1990/1991. Umgeben von dichten Nadelwäldern, Schären und kleineren Inseln liegen wir mit Asma vertäut am Steg der Marina Canoe Cove. Pause! Zeit zum Arbeiten. Wir überholen das Schiff und reparieren allerlei Kleinigkeiten. Und wir schaffen uns ein Stück Zivilisation an: einen Laptop, auf dem Michelle ihre Reise-Manuskripte schreibt. Und ich schreibe an meinem ersten Buch: „Packeis, Sturm und rote Segel", im Delius Klasing-Verlag.

Der kanadische Winter, hier übrigens fast ohne Schnee (von wegen „Winter in Kanada"), vergeht für uns wie im Fluge.

Kaum blühen die ersten Weidenkätzchen, bereiten wir uns ein richtig schönes Osterfest und suchen in allen Ecken der Asma nach den versteckten Eiern. – Aber dann: Wieder Zeit zum Aufbrechen über die endlose Weiten des Pazifischen Ozeans.

Im Pazifik nach Süden

Fern im Süden, mehr als 5000 Seemeilen entfernt, liegt das Ziel unserer nächsten Etappe, der Äquator. Wir planen die Weiterreise. Studieren Windkarten. Errechnen Distanzen. Wir träumen in unserer Phantasiewelt, was uns dort alles erwarten könnte. Später dann, in den warmen Frühlingswochen, bereiten wir die Yacht für die große Reise gen Süden vor: Wir prüfen das Rigg, den Motor, die ganze Technik, packen, lackieren und schleifen, ölen und schmieren den Mechanismus der Yacht. Aber es sind nur kleinere Mängel zu beheben dank der Qualität unserer Ausrüstung. Kein ernsthafter Schaden seit der Abfahrt in Deutschland. Und welch ein Zufall: Mitten in diesen Arbeitstagen bekommen wir Besuch von deutschen Fahrtenseglern. „Wir sind Seevagabunden, lieben die Weite und die Natur", sagt Ursula Klee bei einem Glas Tee an Bord. Friedel, ihr Mann, fügt hinzu: „Aber es sind andere Zeiten, wenn auf der Yacht nur noch Elektronik und Technik regieren!"

Mit ihrer 9,20 m langen Yacht VAGANT haben sie schon Sensationelles vollbracht. Aber daß sie die Welt umrundeten, Kap Hoorn im Norden sahen, oder gar hier in Kanada durchgekentert sind, das hört man nur nebenbei. Für die Klees ist die Einheit von Wasser und Schiff geradezu eine Philosophie. Schön, sie hier zu treffen – Fahrtensegler, für die ein Schiff mehr ist als nur ein Wohnmobil unter Segeln. Sie gehören nicht zu der Spezies, die nur mit Mikrowellenherd, Tiefkühltruhe und Waschmaschine samt Meerwasserentsalzungsanlage leben kann; und unbedingt dazu gehört natürlich Fernsehen: ein ganzer

Haushalt an Bord, wie daheim. Dazu kommt das Backup, die mächtige und umfangreiche elektronische Ausrüstung und allerlei Luxus, den man zum Bedienen einer Yacht auch noch braucht. Sind dann diese „schwimmenden Häuser" auf See, müssen die Routen oft so gelegt werden, damit man im nächsten großen Hafen jederzeit auch die richtigen Ersatzteile findet für die kompliziert ausgelegte Yachttechnik. Die Fortsetzung unserer Konsumgesellschaft auf dem Meer. Die Bootsindustrie hilft dabei kräftig mit. Aber erst unterwegs, im harten Einsatz, weiß man dann, wie gut oder schlecht die Ausrüstung ist.

Mitte April 1991 machen wir in Kanada die Leinen los – Ziel Äquator. Frühjahrswetter im Nordpazifik: Starkwind, hohe Seen, nichts ist gefährlich, alles nur kalt und naß in den ersten drei Tagen. Die Windkarten dieser Region signalisieren von Apri bis Juni hauptsächlich Winde aus Nord bis West, meist Stärke vier bis fünf. Kritisch kann es hier an der Westküste werden, wenn die Pazifiktiefs nicht Alaska treffen, sondern sich nach Süden verlagern.

Der vierte Tag: Warm scheint die Sonne, und der Wind weht beständig mit 3 Windstärken. Asma wird von dem Spinnaker nach Süden gezogen. Ich schreibe am 18. 4. 91 in mein Logbuch: „Sehr leichter Wind. Warmer Tag. Seit wir Deutschland verlassen haben, war das der beste Trip mit Asma. Schon fünf Tage nach unserer Abfahrt von Kanada segeln wir mit leichen Winden unter der Golden Gate-Brücke durch. Wir sind in San Francisco!

Hochhäuser und historische Architektur bunt durcheinander. Dikke Straßenkreuzer, daneben Bettler. Hier beginnt das Kontrastprogramm USA. Zu Fuß streifen wir durch die Stadt: Endlich einmal wandern statt segeln! Abseits vom Touristenrummel, im Stadtteil Presidio, entdecken wir den romantischen Teil von San Francisco. Hier gibt es tatsächlich noch Hippies, die Blumenkinder von einst. Buntbemalte Häuserfassaden, Straßencafés, alternative Läden, lachende Gesichter. Jack, der Straßenkehrer, den wir zu einer Tasse Kaffee einladen, erzählt: „Die Songs und die Träume sind geblieben – aber jetzt regiert der Dollar in den Staaten."

Mit der Cable Car, der berühmten Straßenbahn, erklimmen wir die steilen Straßen. Wir besuchen die Fisherman's-Wharf, mit alten Frachtenseglern, die zu Museumsschiffen umfunktioniert wurden. Dann in den Golden Gate-Park: Blühende Natur – ein besonderes Erlebnis nach so langer Zeit auf See. Ausgestreckt liegen wir auf der

Die USA erleben wir als Kontrastprogramm: Armut und Reichtum, Lebensfreude und Ausgelassenheit wie dieser Musikant in San Francisco.

grünen Wiese, umgeben von bunten Blumenbeeten. Was für ein kalifornischer Frühling nach dem kanadischen Winter und der Reise durch die Arktis!

Auf unserem Liegeplatz haben wir ständig Besucher an Bord, oder werden zu neuen Freunden eingeladen. Alles ist „easy", ganz unkompliziert. Hans Bernwall, der Hersteller unserer Monitor-Windfahnen-Selbststeueranlage, diskutiert mit uns den ganzen Abend in seinem Haus über diese Technik. Wir sind uns einig: Diese Anlage ist der wichtigste „Mann" an Bord einer Fahrtenyacht – oft wird das unterschätzt. Unsere Monitor steuert ASMA ab 2 Knoten Fahrt durch das Wasser. (Später in der Karibik machten wir eine noch bessere Erfahrung: Mit der großen Kevlar-Windfahne war die Anlage schon bei einem Knoten Fahrt einsetzbar.) Bei sehr leichten Winden und bei Maschinenfahrt hat unsere „Moni" stets Urlaub. Dann benutzen wir den hydraulischen Autopiloten Robertson. Denn auf so einer langen Passage – wir sind ja nur zu zweit – segelt die Wache einhand, weil die Freiwache oft schläft oder mit anderen Dingen beschäftigt ist.

96

Gemeinsam mit Freund Hans fahren wir in den Supermarkt „Price-club", ein Billigparadies für Fahrtensegler. Eine merkwürdige Atmosphäre: Gestapelte Kisten, volle Kartons, Menschenmassen wie im Schlußverkauf. Schieben und Drängeln gehört genauso zum Einkauf, wie ein „sorry" fürs Anstoßen. Endlich haben wir die benötigten Vorräte beisammen, verteilt auf Einkaufswagen. Nirgendwo bis zum Kap Hoorn werden wir je wieder so spottbillig und doch erstklassig einkaufen können.

Vier Seemeilen gegenüber der Stadtmetropole, in Sausalito, liegt unsere Yacht vor Anker. Hier, neben den Hausbooten, wo die alternativen „Freaks" wohnen, fühlen wir uns so richtig wohl. Aber San Francisco ist eigentlich nur ein technischer Stopp, die letzte große Chance zum „Nachrüsten", bevor wir mit Südkurs nach Zentral- und Südamerika segeln. Wir lernen andere Fahrtensegler kennen, echte Originale. „Von der Arktis brauche ich keine Karte, aber zeig mal die von Gibraltar" scherzt Bill. Hunderte von Seekarten sind am Hafen ausgebreitet. Segler aus allen Nationen suchen nach Passendem. Ein richtiger Karten-Flohmarkt. „Chartparty" (Kartenparty) nennen die Amerikaner das. Das Prinzip ist einfach: Entweder man tauscht Kar-

**Drei Seemeilen von San Francisco entfernt ankern wir
in Sausalito, einem kleinen Ort, der für Segler alles bietet:
Proviant, Seekarten, Ausrüstung, Diesel, Wasser – und Atmosphäre.**

ten gegen Karte, oder man leiht sich eine aus. Und was mit der Leihkarte passiert, erklärt uns Larry, auch er ein uriger Typ: Man geht zu einer Kopieranstalt, und schon kriegt die Karte „Junge". Freilich: bei so einer „Neugeburt" fehlen die Farben, doch mit Buntstiften lassen sich Untiefen, Riffe und wichtige Tonnen per Hand markieren – allemal billiger, als eine neue Seekarte zu kaufen.

Die zehn Tage in San Francisco vergehen wie im Fluge. Kräftig zieht der Wind Asma wieder unter der „Golden Gate" durch. Sanft rollt die Dünung des Pazifiks. Traumwetter, gute Winde. Drei Tage später erleben wir ein anderes Amerika, in San Diego. Im „San Diego Yachtclub", dessen Gäste wir sind, treffen wir Dennis Conner und bestaunen sein Schiff und den bunten Rummel um den America's Cup – den Geldrummel vor allem. Zehn Millionen Sponsorendollar – so schätzen die Männer am Clubtresen – reichen nicht aus, um Regatten dieser Art und Preisklasse gewinnen zu können. Wir staunen und denken daran, daß wir mit ganzen 600 Dollar pro Monat – ohne Yachtbaukosten – den amerikanischen Kontinent umrunden wollen.

Im Clubhaus bei „Downwind Marina" treffen wir hier auf viel Seglervolk. Hier gibt es eine Fahrtensegler-Zentrale. Die Yachties aus aller Welt erhalten hier Post, Pakete und Funksprüche. Wir holen unsere Faxe ab, eine neue Videokamera aus Deutschland und einen Berg von Post. Hier gibt es auch immer die neuesten Wetterberichte bis hinunter nach Costa Rica. Segler tauschen ihre Infos aus und manche telefonieren nach Hause. Gerty, die an der Kasse sitzt, sagt: „Ihr geht nonstop nach Acapulco? Da hab ich zwei Wasserpumpendichtungen für Leute dort, die könnt ihr mitnehmen. Das geht schneller als mit der Post, und dort unten sparen sie den Zoll." Machen wir, versprochen.

Zum ersten Mal auf unserer Reise ist das Wasser tiefblau. Unsere Winterkleidung liegt in den Staufächern verpackt. Es ist heiß, fast unerträglich heiß, selbst im Adams- und Evakostüm. Asma wird vom Spinnaker gezogen, nach Süden, in Richtung Mexiko. Wir sind jetzt in Eile. Kaum vorstellbar auf so einem langen Törn, aber Fahrtensegeln bedeutet eben auch, möglichst exakt die Zeitpläne einhalten. Das System der Winde und der Jahreszeiten zwingt uns dazu. Jetzt hat schon der Mai begonnen, und im Juni beginnt hier im Pazifik die Hurrikansaison. Deshalb segeln wir nun durch bis Acapulco. Ein langer Schlag.

Auf Fischfang

Seit vier Tagen läuft Asma unter Blistergenua und Groß. Es weht aus Norden, wir steuern Südkurs. Tropisches Wasser ist erreicht, und endlich beißen auch die Fische wieder. Das Fischen ist übrigens nicht so kompliziert, wie es oft in der Werbung der Angelhersteller dargestellt wird. Man braucht weder eine spezielle „Uniform" noch unbedingt eine teure Spezialrute. So eine Hochsee-Ausrüstung kostet oft mehr als 2000 Mark – für soviel Geld könnte man den Fisch unterwegs auch gleich kaufen... Rotes Spinnakertuch, in 20 cm lange Streifen geschnitten und um den Haken gebunden, das reicht als Köder. Dazu kommt noch die Imitation eines Tintenfisches. Sie ist billig zu haben, denn überall auf der Welt findet man Gummihandschuhe. Bekanntlich haben diese zehn Finger, und jeder Finger, an den Enden eingeschnitten, ergibt einen Köder. Diese Gummifinger binde ich mit um den Haken. Ich verwende keine Bleigewichte, damit mein „Köderfisch" sozusagen „surft", wie ein fliegender Fisch. Das System funktioniert bei durchschnittlicher Fahrt recht gut, speziell bei Thunfischen, Doraden und Makrelen. Bläst es kräftiger und die Yacht läuft schneller, verbessere ich die Methode. Und zwar mit einem ebenfalls sehr einfachen Trick – mit Hilfe der Petroleumlampe. Denn die hat einen Strumpf, der an einer keramischen Halterung gebunden ist. Und diese Halterung, man glaubt es kaum, ist ideal zum Fischen! Sie hat nämlich viele Löcher und durch das mittlere Loch ziehe ich das Stahlvorfach. Dahinter wird der Haken befestigt. Um den Keramikkörper binde ich Spinnakertuch oder Hühnerfedern.

Im Wasser ist der Köder leicht zu erkennen, denn durch die Fahrtgeschwindigkeit rauscht das Wasser durch die kleinen Löcher und erzeugt dahinter einen Schwarm von Wasserbläschen. Das sieht genauso aus, wie wenn der bekannte Fliegende Fisch durch die Wogen schießt. Rund 50 m Leine schleppe ich achtern hinterher, an einer flexiblen Angel.

„Dort sind Delphine" rufe ich zu Michelle. Die aalt sich gerade auf dem Deck und springt auf: „Du, die jagen ja wie verrückt." Einige springen spiralenartig in die Luft und klatschen dann wieder laut auf das Wasser auf, um den Fischschwarm in die gewünschte Richtung zu treiben. Hunderte von Delpinen sind es, die so an der Wasseroberfläche jagen – nach Thunfischen. Sofort hole ich die Segel dichter und ändere den Kurs: es geht nun direkt durch den Thunfisch-Schwarm. Das Wasser brodelt und spritzt. Alles ist in Bewegung. Michelle klammert sich am Heckkorb fest: „Der zweiten Angel gebe ich nur 20 Meter." Ratsch! kommt es vom Heck. Der erste Fisch hat gebissen. Gleich danach geht der nächste an die zweite Angel.

Wir holen die Fische in das Cockpit und bringen noch eine Angel aus, an der auch bald wieder ein Thunfisch hängt. Drei Stück – das ist genug. Unsere ASMA verwandelt sich an Deck nun zum Fischverarbeitungsdampfer. Einen Teil trocknen wir gleich in der Sonne und salzen es – solcher Trockenfisch ist gut für Suppen zu verwenden. Der andere Teil, Trockenfisch für Fischgulasch oder Curryfisch, muß anders behandelt werden, das habe ich in Asien gelernt. Man nehme einen großen Topf, fülle ihn zunächst halb mit reinem Meerwasser und gieße dann eine Mischung aus Meerwasser und Essig auf. Darin legt man den Fisch für mindestens 12 Stunden ein und hängt ihn danach zum Trocknen auf. „Die schönen Stücke kommen in den Kühlschrank" sagt Michelle und packt sie in Plastikdosen.

Vor dem Bug, noch weit weg, kreuzt nun ein Frachter unseren Kurs. Dessen Mannschaft wundert sich sichtlich über unsere Segelyacht, wie der Wachhabende über Funk mitteilt: „Hören Sie mich? Mensch, wir haben lange gegrübelt am Radar, was für ein Objekt ihr seid!" „Das ist die ASMA", funke ich zurück. „Sieht doch jeder!" Und: „In ein paar Stunden haben wir Pause, dann sind wir in Acapulco." Antwort, macho-mäßig: „Ach, Acapulco, Junge, dort werden die Weiber immer älter, der Schnaps teurer und die Straßen immer staubiger. Merke dir das. Over and out, back to 16."

Von scharfem Essen
und heißen Bussen

Weißer Sandstrand und grüne Palmengärten säumen die Bucht. Dahinter türmen sich Hotels – die Kulisse von Acapulco. Neuneinhalb Tage dauerte unsere Reise von San Diego hierher und welch ein Kontrast: Nach der friedlichen Stille des Meeres zucken wir jetzt fast bei jedem Geräusch zusammen, vor allem beim Hupen der Autos am Hafen. Wir bergen den Spinnaker und stauen das Tuch in den Segelsack. ASMA fährt langsam unter Groß in die Bucht. Michelle erkennt weit hinten die Masten anderer Yachten und ruft: „He, Clark, wir müssen mehr nach Backbord." Nach der Kursänderung gibt es erst einmal einen „Hafenkaffee" aus der Pantry. „Das war eine Superreise und ein Superwetter", so kommentiert Michelle die letzte Etappe. Bald rasselt die Kette durch die Ankerwinde und Michelle motort rückwärts. An der Bordwand zieht sich ein junger Mexikaner aus seinem kleinen Kanu hoch: „He, Mister, brauchst du Wasser, Diesel oder einen Supermarkt?" Nirgends auf der Welt stört es mich, wenn Einheimische zum Boot kommen, um ihren Service anzubieten. Ganz im Gegenteil: die Jungs haben viel zu erzählen und sind immer sehr hilfsbereit. Gerne verdienen sie sich etwas dazu. Und Menschen in ihrem eigenen Land zu unterstützen, ihnen etwas von unserem „Wohlstandskuchen" abzugeben, auch das ist für uns ein wichtiger Teil des Reisens.

Der Hafenjunge hat schnell seine Standardsätze abgespult, und ich sage bedauernd: „Heute brauchen wir erst einmal nichts, nur später einen Tip für ein billiges Restaurant, wo auch dein Vater essen geht, nicht die Touristen." Schnell erklärt er mir einige Adressen und sagt: „Kapitän, das ist aber langweilig – nur essen. Du solltest mal unser Gras probieren und die Frauen. Für deine Mutti finden wir in dieser Zeit entweder einen guten Film im Kino oder eine Stadtrundfahrt im Touristenbus. Wenn das nicht geht: ins Museum!" Ich schmunzele, lehne dankend ab und biete ihm einen Saft an. Dann steigt der Mexikaner wieder in sein Kanu, zwinkert mir zu, rudert weiter und ruft mir zu: „Mich nennt man Pepe, eventuell haben Sie morgen Appetit, Mister?"

Spanische Musik kommt aus den Lautsprechern am Hafen, Gewürzdüfte erfüllen die Straßen, in denen sich die Menschen drängeln, rund um die Buden und Läden. Mir gefällt der Straßenrummel hier. Unter bunt funkelnden Lampen finden wir in einer Seitengasse Pepes Restaurant-Empfehlung. „Comida Corrida" heiße das Zauberwort für preiswertes Essen, so hatte er mir erklärt. Wir bestellen also „Dos Comida Corrida" – zweimal das Tagesgericht. Zuerst serviert man uns knuspriges, scharfgewürztes Gebäck und dazu „Salsa", eine scharfe Soße. Dann folgen eine Suppe, die Hauptspeise mit Fisch und Fleisch, garniert mit gebackener Banane, schwarzen Bohnen und Reis. Zuletzt der Nachtisch: Obst und Fruchtsaft. „Was für eine Erholung für unser Budget" sagt Michelle, als ich für unser Abendmenü zusammen umgerechnet sechs Mark bezahle.

Die ASMA liegt unterdessen gut und sicher. Unterwegs mit einer Yacht zu sein, bedeutet endloses Aufpassen, wenn es an Land geht. Nicht nur das Wetter an den Ankerplätzen zwingt dazu, sondern auch die steigende Kriminalität. Was Wunder auch: In der Dritten Welt stellt so eine Yacht natürlich einen für uns kaum vorstellbaren Reichtum dar. Die Menschen hier schuften mühevoll für den Tageslohn von selten mehr als 6 DM. Allein das Klauen einer Schot oder meiner Pütz wäre hier schon ein enormes Geschäft. Andererseits drückt man den „Schwarzen Peter" auch wieder zu schnell den Einheimischen in die Hand. Auf vollen Ankerplätzen gibt es nämlich Indizien dafür, daß einige Blauwasserkapitäne sich ein Zubrot verdienen – mit dem Verkauf von Yachtausrüstungen, die ihnen nicht gehören. Da erinnere ich mich an Australien: Neben mir lag eine französische Yacht, offenbar mit einer feinen Familie an Bord. Bei einer Razzia aber zogen die uniformierten Australier nicht weniger als acht gestohlene Schlauchboote aus dem Rumpf. Und in San Diego trieb wegen Maschinenschadens eine Yacht mit voller Fahrt auf die Mole zu.

Der Besitzer hatte aber nicht nur wegen dem Loch im Schiff großes Pech: Als die Hafenbehörde mit einem Kran das Schiff geborgen hatte, gab es einiges Erstaunen angesichts der Ladung: Sechs gebrauchte Radargeräte, drei GPS, vier Amateurradios sowie unzählige Blöcke und Schäkel – ein schwimmender Supermarkt mit Diebesgut. Und hier in Acapulco erzählt man sich unter den Yachties die Stories von zwei Schiffen, die im Becken der Küstenwache beschlagnahmt an den Moorings hängen: Der eine wollte bei Nacht eine andere Yacht aus dem Hafen stehlen. Leider war er aber so blöd und fuhr sich die Leine seines „Schleppkahns" in die eigene Schraube. Vom anderen Skipper wiederum weiß man daß er Außenborder sammelte, um sie dann in Costa Rica zu verkaufen. Bei seinem letzten Job hatte er allerdings Pech. Der Besitzer entdeckte den Mann beim Abschrauben des Außenborders, sprang vom Heck in das angebundene Dingi und ertränkte den Dieb fast – er war ein Schwergewichts-Ringer.

Allerlei Besonderheiten gibt es hier auch im Straßenverkehr. Das Busfahren zum Beispiel gleicht einem Formel-Eins-Rennen. Wir rasen dahin – mal mit 80, mal 100 Sachen. Nicht die Verkehrsregeln sind entscheidend, sondern die Größe des Fahrzeuges: Der Stärkere hat Vorfahrt. Entgegenkommende Autos müssen sich am äußersten Straßenrand entlang hangeln, damit unser Bus in Ruhe das Überholmanöver beenden kann. Und dann will sich unser Fahrer auch noch mit einem Kollegen messen. Als wir den Bus überholen wollen, schert der Gegner nach links aus. Das steigert natürlich die Kampfeslust unseres Chauffeurs. Und Michelle und ich erleben ein besonderes Schauspiel: Zuerst brettern wir mit Tempo 100 einen Meter hinter dem anderen Bus hinterher. Unser Fahrer treibt den anderen in eine Kurve, den es daraufhin fast aus derselben trägt. Nun bremst unser Fahrer den Bus leicht, schneidet scharf die Kurve innen und gibt den Berg herunter Vollgas. Jetzt überholen wir den Bus ganz langsam an seiner rechten Seite. Vor uns, aus dem Tal, kriecht eine Schlange von LKWs den Kampfhähnen bergauf entgegen. Der Bus links von uns kann weder auf die rechte Straßenseite – wo wir ja jetzt sind und gerade überholen – noch in die LKW-Kolonne rauschen und bremst ab, um sich schließlich hinter unseren Bus einzufädeln. Niederlage! Wer glaubt, die Fahrgäste hätte dies alles sehr aufgeregt, der irrt sich: Lauter Beifall und Anfeuerungsrufe belohnen unseren Geisterfahrer für das Überholmanöver.

Magische Masken verwenden heute noch die Indianer,
die Nachfahren der Azteken, in der Sierra von Mexiko.

Nur der Bus-Unerfahrene Manuel betet neben mir zu allen Göttern, weiß im Gesicht, die braune Hautfarbe scheint weg zu sein. Mit großen Augen starrt er mich an und fragt: „Reist ihr immer so, mit solchen Bussen?" Ich schüttele den Kopf. Wir reisen ja gewöhnlich mit der Yacht. Und er auf Maultieren, er wohnt in der Steppe. Wir trafen diesen Malkünstler und unseren vorübergehenden Begleiter in Acapulco. Manuel bildete den Anziehungspunkt eines Souvenirladens: In bunter Indianertracht verzierte er mit Farbe und Pinsel einheimische Keramiken. Wir trafen uns später mehrmals bei einer Runde Soda, und Manuels Geschichten über die Sitten und Gebräuche der Indianer nahmen nie ein Ende. Der Sechzigjährige erklärte mir zum Beispiel, warum die Azteken heute noch die rote Farbe für ihre Zeremonien bevorzugen: „Sie ist ein Symbol für Blut. Und bei uns sind Blutopfer von Tieren wichtig, um den Geist der Götter zu ernähren."

Wir fanden Vertrauen zueinander. Manuel gehört zu den wenigen Indianern, die noch zur alten Religion und ihren Mythen stehen, unbeeinflußt von den Missionierungsversuchen des Abendlandes.

An einem anderen Tag gehe ich mit Manuel zu einem Kitschladen mit Karnevalsmasken. Ich hatte gehört, daß die Indianer im Landesinnern teilweise heute noch echte Masken tragen bei ihren magischen Festen. Manuel bestätigt das: „Ich komme von dem letzten Stamm, der noch solche Masken schnitzt. Dort, in meinem Dorf habe ich schon als kleiner Junge das Malen gelernt. Das ist aber weit in den Bergen. Ich kann euch begleiten und alles zeigen."

Wir müssen in einen anderen Bus wechseln, steigen aus und warten stundenlang in dieser Bruthitze unter einem Baum. Manuel organisiert frische Pampelmusen und findet trostreiche Worte: „Keine Sorge, der Bus kommt immer einmal am Tag." Nachmittags rollt endlich ein Gefährt auf uns zu, der krasse Gegensatz zu dem, was wir gewöhnlich Omnibus zu nennen pflegen. Wir taufen ihn „Hühnerbus". Eingezwängt zwischen Kisten, Säcken und besagten Hühnern geht die Reise weiter. Über Stock und Stein mit 20 km/h auf der Schotterpiste. Ächzend windet sich das Gefährt bergab, bergauf durch die öde und trockene Savanne. Wir halten fast an jedem Baum. Entladen, beladen, neue Passagiere, neue Hühner und Kisten, die auf das Dach gepackt werden. Neben mir schält eine Frau eine Orange. Stück für Stück wird sie zerteilt. Jeder, auch wir, bekommt ein Stück gereicht aus ihren von der Arbeit zerfurchten Händen. Mein Mund ist staubtrocken, und ich nehme das Geschenk dankbar entgegen. Die Menschen auf meinen Reisen sind für mich das Wichtigste. Und überall lerne ich soviel. Hier, wo das Leben nach unseren Maßstäben „primitiv" ist, hier erfahren wir die wahren Werte der Menschlichkeit.

Weiter, weiter geht die Fahrt, unsere Gesichter sind schon ganz verstaubt. Immer wieder quietschen die Bremsen, die Staubfahne nebelt den Bus ein. Nur mit Mühe lassen sich nun durchs Fenster einige weißgetünchte Lehmhütten erkennen. „Wir sind da, das ist San Franzisco" freut sich Manuel. „San Franzisco"? Es heißt wirklich so. Hier ist er zu Hause. Und nun auch wir, für zwei Tage. Kaum steht er auf der Straße, wird er überschwenglich begrüßt. Freundliche Gesichter mustern uns neugierig, man schüttelt uns die Hände, freut sich – natürlich auch, weil wir mit Manuel kommen.

Abends essen wir in seinem Haus schwarze Bohnen und Tortillas. Hundegeheul und Mulischreie durchdringen die Nacht. Mit dem ersten Hahnenschrei – was wörtlich zu nehmen ist – wachen wir auf. Manuel steht schon bereit, uns das Frühstück zu servieren. Was gibt es? Natürlich Bohnen und Tortillas.

Hübsche Kinder, die mit Wasserkrügen beladene Esel führen, kreuzen unseren Weg durch das Dorf. Überall rauchen die Kochfeuer aus den Häusern, und langsam färbt der Sonnenaufgang das Dorf rotgelb. Barfüßige Bauern begegnen uns, die gemeinsam kleine Holzpflüge transportieren. Christopher, ein indianischer Schnitzer, winkt uns zu seiner Hütte.

Wir ducken uns am Hauseingang und kriechen in den Innenraum. Dort hocken Männer auf dem Lehmboden. Einige schnitzen, andere bemalen faszinierende Holzmasken in traditionellen Mustern. Da wächst zum Beispiel aus einem menschlich wirkenden Gesicht anstatt einer Nase eine Schlange heraus. Solche Schlangenbilder, erfahren wir, symbolisieren magische List und Schnelligkeit. Andere Masken sind mit Fischen verziert – dort, wo sonst der Mund im Gesicht sitzt, ist ein Fischmaul dargestellt. Manuel erzählt vom althergebrachten „Tanz des Fisches": „Diese Tänze finden jedes Jahr statt und sind lebenswichtig für uns." Das Fischsymbol soll nämlich bei dieser Zeremonie die Regengötter um Wasser bitten. „Viel Wasser", so erzählt Manuel weiter, „ist natürlich wichtig. Denn wenn der Fluß voll ist, können sich die Fische vielfach vermehren. Und die Leute im Dorf haben Wasser für die Gärten."

Zwischen den Lehmhütten und riesigen Kakteen fegt der heiße Wind. Staub und Schweiß vermischen sich auf unserer Haut. Abends, am Flußufer, schrubben wir uns im kühlen Wasser ab. Michelle und die Indianerinnen behalten auch im Wasser ihre Kleider an – eine alte, strenge Sitte. Nebenan baden die Männer, wie ich in der Badehose. Hinterher setze ich mich an das Ufer. Neben mir gesellt sich Pedro dazu, ein Freund von Manuel, und fragt: „Wie gefällt es euch bei uns?" Ich reiche Pedro die Wasserflasche und sage: „Gut, und alle Leute sind so freundlich zu uns." Pedro zeigt mir die kleine Dose, die an einem Lederband um seinen Hals hängt, und fragt: „Hast du so etwas auch?" Nein, natürlich nicht. Was ist denn da drin? Pedro lacht mich an und erzählt: „Das trage ich seit dreißig Jahren. Es ist Medizin von unserem Medizinmann." Vertraulich rückt er an mich heran. „Wir, Manuel und ich, die Alten, aber auch einige junge Leute, wir wissen: in dieser Welt umgibt uns mehr, als wir sehen können. Nimm nur die Tigermasken. Sie werden beim ‚Tigertanz' getragen. Du mußt wissen, der Tiger verkörpert die böse Seele, das ist die, die Krankheiten verbreitet. Und im Tanz wird der Tiger gestraft." Pedro lacht wieder und klatscht in die Hände: „Siehst du, auch der weiße Mann kennt nicht alles – auch nicht das Rezept für ein ewiges Leben."

ACAPULCO BIS GOLFITO (COSTA RICA)
16550 Seemeilen

Südwärts, südwärts

Vollgebunkert mit Diesel, Wasser und Proviant verlassen wir Acapulco Anfang Juni. Ein viel zu rascher Abschied von diesem Land.

Unter Segeln trägt uns Asma ganze vier Stunden Richtung Süden – und dann sitzen wir in einer Flaute fest. Der Pazifik als aalglatter Ententeich. Grund zum Ärgern. Zwei Wettersituationen stören mich beim Segeln: Nebel und Flaute.

Flaute. Wir treiben. Nachmittags höre ich den Wetterbericht. Das Wort „Wind" kommt darin nicht einmal vor. Sanft weht eine leichte Brise und wir schleichen mit 1–2 Knoten dahin. Heiß und feucht ist die Luft, die Yacht auch, wir ebenso. Michelle spannt auf dem Vorschiff unseres Flushdeckers das Sonnensegel auf und wir begeben uns notgedrungen auf die „Bordterrasse", um zu faulenzen. Ist aber langweilig auf die Dauer. Die Tage ziehen sich dahin, nur ab und zu unterbrochen durch ein winzig kleines Lüftchen.

Wir beschäftigen uns mit Arbeiten am Schiff, schreiben Tagebuchnotizen. Die feuchte Hitze macht uns weiterhin schwer zu schaffen. Nachts schlafen wir nur auf Deck – nackt. Tagsüber gibt es ein kleines Problem: wir trauen dem Trinkwasser aus Acapulco nicht so recht und kochen es lieber täglich ab. Das heiße Wasser füllen wir in eine große Tonflasche.

Schon vor Tausenden von Jahren haben die Menschen das Prinzip der Verdunstungskälte gekannt und genutzt. Unser Tonkrug ist am Heckkorb befestigt, den wir ständig mit lauwarmem Meerwasser übergießen. Das bißchen Wind reicht dann aus, um das Wasser abzukühlen. Nachts, wenn das abgekochte Trinkwasser am kühlsten ist, füllen wir dann die Trinkwasserflaschen auf, die im Kühlschrank verstaut werden. Kühlen an Bord ist übrigens kein Problem: Sonne und Wind sorgen dafür. Solargeneratoren und der Windgenerator liefern ausreichend 12-V-Strom, um den elektrischen Kompressorkühlschrank in Gang zu halten.

Apropos „Wind": Von hier nach Süden erstreckt sich der Golfo de Tehuantepec, die Geburtsstätte vieler Hurrikane, die dann in den Pazifik wandern und manchmal parallel nordwärts die mexikanische Küste hochlaufen, zur Baja California. Der Gedanke macht mich unruhig, während wir hier mehr oder weniger dahindümpeln. Ganz glatt ist die Linie des Barographen, genauso ist das Meer. Ruhig wie im Hafen schwimmt die ASMA einher. Wir besprechen unsere Situation und sind uns einig: Hier, am „Geburtsort" der Hurrikans weiter herumzutreiben, wäre glatter Wahnsinn. Also schnurrt nun der Bukh-Diesel durch das kristallklare Meer. Vier Tage lang schiebt er ASMA voran. Und weiter kein Lüftchen, kein Hauch, nur die ewig erdrückende Hitze, Tag und Nacht.

Faszinierend ist die unberührte Natur in Costa Rica.

Viele Fartensegler wählen die Route entlang der Küste, unter Landschutz, falls der hier bekannte Papagayo-Sturm losfegt. Wir aber entscheiden uns für den direkten Kurs nonstop nach Costa Rica. Unsere Taktik dazu: Sollte eine tropische Depression – der Beginn eines Hurrikans – entstehen, haben wir genügend freien Seeraum. In Landnähe ist das zu riskant, und erst in Guatemala und später in Nicaragua werden uns Häfen sicheren Schutz bieten.

Und auf dieser Etappe, hier draußen im Pazifik, wo ich auf Wind hoffte, bleibt Segeln fast nur ein Traum. Acht Tage nach unserer Abfahrt von Mexiko erreichen wir Costa Rica. Satter Dschungel, traumhafte Strände, in den Bäumen schreien Papageien, und Pelikane schwimmen im Wasser. Unser erster Ankerplatz, er heißt Playa de Cocos, ist überaus idyllisch. Wir baden, entspannen uns, beobachten die Tiere und sind fasziniert von der Natur.

Costa Rica ist eigentlich eher untypisch für Lateinamerika, was seine gesellschaftlichen Strukturen betrifft: Im Land geben nicht wenige Reiche den Ton an, statt dessen dominiert die Mittelklasse. Es gibt eine Demokratie, und wirtschaftlich geht es aufwärts – ziemlich atypisch für diese Breiten. Und schon 1949 erklärte die Regierung der restlichen Welt ein für allemal den Frieden und schaffte die Armee dann ab.

Tropenregen prasselt nun jeden Tag auf unser Deck. Im Juni beginnt die Regenzeit, und wir sind mittendrin. Das ist aber auch praktisch, denn wir kennen endlich mal keine Wasserprobleme. Mit Regenwasser füllen wir unsere Tanks und können ausgiebig unsere Kleidung waschen. Das anschließende Spülen der Wäsche ist gar nicht nötig: Rollt eine Gewitterfront heran, hängen wir schnell die Wäsche auf, und die Sachen sind in Minuten durchgespült. Sollte man eigentlich mal filmen und als Fernsehreklame für die „neue Frische" an Persil, Ariel & Co. verkaufen.

Wir richten uns, was ich selten mache (weil ich gerne selbst Dinge entdecke), nach einem Hinweis aus dem Seehandbuch. Das beschreibt die Culebra Bucht als den sichersten und bestgeschützten Ankerplatz an der Pazifikküste des Landes. Die kleine Bucht hat verschiedene Strände mit eigenen Attraktionen. Im Südosten mündet ein kleiner Fluß in die Bucht. Dort, mitten im Dschungel, steht – kein Witz! – ein Wasserhahn, aus dem reines Quellwasser fließt. Aber Michelle scheut nach erstem Kontakt nunmehr diesen Ort – denn beim letzten Waschtag wanderte eine fette Schlange über ihre Kleider, die am Boden lagen.

Bei Hochwasser fahren wir in den kleinen Fluß und fangen im Mangrovensumpf schmackhafte Krabben. Im Nordwesten unserer Ankerbucht erstreckt sich eine offene Buschlandschaft. Dorthin fahren wir, um durch die unberührte Natur zu wandern. Doch der Höhepunkt aller Attraktionen ist der Weststrand. Hier schreit, lebt und spielt die große Gemeinde der hiesigen Affen in den Bäumen. Wir sitzen oft im Schatten der Palmen, und die Affen haben sich an uns gewöhnt. Einige nähern sich neugierig bis auf eine ganz kurze Entfernung. Bei einem Ausflug mit der Kamera erfahre ich noch mehr von der Schlauheit der Tiere. Ich lasse meine Kameratasche am Baum hängen und will fotografieren. Kaum bin ich weit genug von meiner Ausrüstung entfernt, beginnt ein Affen-Expertenteam die gesamte Tasche zu untersuchen. Nur laute Schreie meinerseits verhindern, daß die wertvollen Objektive als Spielzeug in den Büschen landen.

Amtlicher Papierkram wie überall auf der Welt: „Zuerst bitte das Formular ausfüllen, dann die Crewliste, anschließend die eine Ausfertigung für mich und die andere für den Zoll", erklärt mir routinemäßig der Hafenmeister von Playa de Cocos. Eine halbe Stunde später kommen die Stempel auf die Formulare. Ich bekomme meine „Zarpe", das Einklarierungsdokument, mit den Worten „Gute Reise und bitte im nächsten Hafenamt wieder melden, dann gibt es eine neue Zarpe". So ist das nun mal: hier rennt man von Hafenmeister zu Hafenmeister, um überall wieder eine neue Zarpe zu bekommen. Und sage noch einer, nur wir Deutschen hätten die Bürokratie erfunden!

Am besten ist es, gleich den am weitesten gelegenen Hafen, in unserem Fall Golfito, als Zielhafen anzugeben. Damit erspart man sich viel Papierkrieg auf den Zwischenstationen.

Isla de Tortuga, die Schildkröten-Insel. Südseeatmosphäre empfängt uns hier: schneeweißer Sandstrand, blauer Himmel, Palmen und türkisfarbenes Wasser, ein Bild wie auf einer Kitschpostkarte. Wir treffen George, einen Fischer. „Mit dem Fischfang geht es gerade noch so, man kann davon leben" erzählt er uns bei einem Besuch an Bord. Natürlich seien aber die Meere auch schon hier überfischt. Und George schimpft: „Die brutalsten sind die Japaner. Die fangen alles und legen endlose Treibnetze aus. Dann klingt es fast wie ein Witz,

wenn wir hier keine Schildkröten fangen dürfen, und hundert See-
meilen vor der Küste verfangen die sich im Treibnetz und sterben." George markiert uns dann in den Seekarten einige gute Ankerplätze und schwärmt: „Zwei Dinge müßt ihr sehen: Den Regenwald und die Schatzinsel Cocos – sonst kennt ihr mein Land nicht." Wir disponie-
ren entsprechend um.

Ein Katzensprung von Tortuga, nur zwei Stunden unter Segel, und wir fahren über die Barre in den Fluß, an dem Punta Arenas liegt. Hier ankern Yachten aus allen Ländern. Wir legen uns neben die Flot-
te und ankern auf 5 m Wassertiefe. Der Club „Puntamar" am Ufer ist der Fahrtenseglertreff. „Club" ist zuviel gesagt: Man trifft sich in einer baufälligen Holzhalle. In der einen Ecke rattert eine verrostete Waschmaschine, und in der anderen ist die Bar, ein Chaos aus Flaschen, Gläsern, Dosen und Eisbehältern. Zu dieser urigen Atmosphä-
re passen auch die meisten Typen, die hier anzutreffen sind. Jeder hat seine eigene Philosophie des Yachtlebens. Garry und Martha zum Beispiel, die hier Kunstgewerbeartikel kaufen und sie später auf den Flohmärkten in Kalifornien weiter verscherbeln. „Der ist ja verrückt, der Garry", sagt Martha über ihren Partner: „Beim letzten Trip hatten wir so viele bunte Vögel aus Balsaholz geladen, daß wir im Salon auf den Kartons schlafen mußten." Garry schüttelt den Kopf: „Das war nicht verrückt – diese Tropenvögel waren in San Francisco der Ren-
ner und haben viel Geld gebracht." Diesmal sind sie fast bis unter die Decke mit Webarbeiten beladen, und wieder wird es eng.

Dann sind da Garth und Mary, die von San Diego mit einem schlichten Holzkutter unterwegs sind: sie haben die Nase voll von der modernen Technik auf den Yachten. „Jeden Tag geht was anderes ka-
putt", schimpft Garth, „ewig ist man nur am Reparieren." Am lieb-
sten würde er den amerikanischen Herstellern mal persönlich einen Besuch abstatten. Mary ergänzt: „Ich bin inzwischen Spezialistin für Werkzeuge aller Art, kenne alle Größen von Schraubenschlüsseln, aber kaum gemütliche Ankerplätze. Ständig ist man hinter irgend-
welchen Ersatzteilen her. Segeln haben wir uns anders vorgestellt."

Jean und Valerie kommen aus Frankreich. Sie sind Inhaber einer schwimmenden Bäckerei und verkaufen an die Segler Brot und Kuchen. „Französisches Weißbrot und Rosinenkuchen gehen immer. Und wenn die Leute gesättigt sind, dann gehen wir ankerauf und segeln zum nächsten Markt, zum nächsten Fahrtenseglertreff", erzählt

Valerie. Für ihre erste Weltumseglung brauchten sie damals 11 Jahre. Und fanden danach in Frankreich heraus, daß sie nicht mehr an Land leben wollten. Kurzerhand wurde die Vorpiek komplett umgebaut. Ein schwerer Backofen und eine Teigknetmaschine wurden installiert, die vom Bordgenerator mit Strom versorgt werden. Die ansonsten einfach ausgerüstete Stahlketsch bereitet den beiden wenig Probleme. Jean erzählt: „Also, in 11 Jahren um die Welt ist verdammt schnell. Diesmal lassen wir uns mehr Zeit, weil die Bäckerei Geld bringt und wir nicht so hetzen müssen."

Kurt, ein deutscher Einhandsegler, ist Küchenmeister und kocht sich sozusagen um die Welt. Meistens ankert er seine Yacht irgendwo an einem sicheren Platz und verdingt sich auf Charteryachten als Koch. Costa Rica findet er hübsch, nur die Frauen sind ihm zu zurückhaltend...

Dann haben wir da Harald und Gerty aus Österreich. Sie sind von ihrer Reise fasziniert. „Eine total neue Welt für mich" schwärmt Gerty. „Überall neue Kulturen und Menschen, das ist wie ein spannender Schulunterricht – man lernt ständig dazu." Harald

**In Costa Rica trafen wir immer wieder
auf diese flinken Echsen.**

mit seiner optimistischen Einstellung zum Leben erzählt: „Zu Hause wirst du durch die Medienwelt verdummt. Unterwegs lernst du erst mal, was Leben auch noch bedeuten kann."

Abends stürmt es wie verrückt am Ankerplatz. Kalter Wind treibt vor einer Gewitterfront her und verwandelt den Ankerplatz im Nu in ein mittleres Chaos. Unser eigener 27-Kilo-CQR-Anker mit seiner 75-Meter-Kette hält zwar. Doch einige Yachten driften den Fluß hinunter. Margret und John trifft es am härtesten. Ein Blitz jagt in das Rigg ihres Katamarans, der keine Erdung hat, und brennt regelrecht zwei Püttings aus dem Rumpf. Garths Zementyacht wird ebenfalls heftig vom Blitz getroffen; die gesamte Bordelektrik verschmort.

Am anderen Tag verholen wir uns flußaufwärts an zwei Moorings des Costa Rica-Yachtclubs. Wir lassen die Asma alleine und reisen mit dem Bus durch das Land. Zuerst bleiben wir in Herida, einer Rinderzüchterstadt mit einer wunderschönen alten Kirche. Für nur acht Mark finden wir ein Hotelzimmer. Die Einrichtung ist dementsprechend rustikal: Zwei Betten und ein Stuhl – und acht Nägel in der Wand dienen als „Kleiderschrank".

Die Busreise am nächsten Tag ist so langsam, daß man unterwegs die vielzitierten Blumen pflücken könnte. Im ersten Gang geht es bergauf. Das Klima ist erfrischend kühl. Wir passieren bunte Blumengärten, Apfelbäume, kleine Gehöfte und Tannenwäldchen. Unterwegs nimmt der Busfahrer mal Post mit, mal die Brotzeit für einen Hirten und später Käseschachteln für den Kaufladen oben am Berg. In diesem Land hat man Zeit. Alles ist „morgen", eine Armbanduhr ist überflüssig. Die Menschen sind freundlich, hilfsbereit und richtig begeistert, wenn wir versuchen, auf spanisch zu radebrechen.

Der Bus hält an, und der Fahrer sagt uns: „Zum Regenwald müßt ihr hier raus und dem Feldweg folgen. Es sind ein paar Stunden Fußmarsch." Also los. Hier oben, auf 2200 m Höhe, kommt man sich fast vor wie im Allgäu: Kühe weiden auf der Wiese, dahinter Tannenwälder. Mit unseren Rucksäcken steigen wir auf 2890 Meter hoch zum „Braulio Carrillo"-Nationalpark. Im Rangerhaus begrüßt uns der Direktor herzlich. Bei einem Kaffee erzählt er uns, daß es hier im Regenwald 2000 Jahre alte Bäume gibt. „In Europa solltet ihr nicht einen Meter Teakholz verwenden, das würde die tropischen Wälder retten", fügt er hinzu.

Stunden später, nach einem Fußmarsch durch schlammiges Gelände, stehen wir im dichten Wald. Regentropfen fallen von den Blättern. Silbern glänzen die Pflanzen im grünen Dickicht, wenn die Sonne durch die Bäume scheint. Orchideen hängen an den Ästen herunter, exotische Vögel geben ein Konzert. Solche Eindrücke machen ehrfürchtig, denen kann ich mich nicht verschließen. Ich denke an uns Menschen als die einzigen Ausbeuter der Natur, die nicht begreifen wollen, daß alles erschöpflich ist. Und mir fallen auch die Segelyachten mit Teakdecks ein.

Ein paar Tage später: Wieder auf See. Die Wälder bleiben hinter uns, in der Ferne liegen die Berge Costa Ricas. Langsam, mit leichten Winden, segeln wir die Küste entlang. Lange Dünung kommt von Backbord. Wir rollen sachte, aber der Winddruck im Groß reicht nicht aus, damit der Baum bei halbem Wind stehen bleibt. Ich setze den Holepunkt des Baumniederholers auf die am Deck aufgeschweißten Augen um und hole dicht. Selbst das reicht noch nicht aus – mit Hilfe der Bullentalje sichere ich den Baum daher noch zusätzlich. Das Segeln in den Tropen ist in Küstennähe meist mühselig: Ablandige Winde in der Nacht, auflandige am Tag. Dazwischen Phasen ohne oder nur mit wenig Wind.

Hier in Costa Rica das gleiche. Wie gut, daß nur mein Freund Wilfried zu Hause riet: „Der Mast muß höher sein als geplant. Du brauchst Segelfläche." Unsere Erfahrungen zeigten dann, daß sogar die Amwind-Segelfläche mit $120\,m^2$ nicht immer ausreichend ist. Man schlägt sich meistens mit zuwenig Wind herum, als mit zuviel. Viele Riggs sind zu klein und zu schwer.

Letzter Festlandstopp in Costa Rica ist Golfito, ein ehemaliger Bananenhafen, der jetzt mit Yachten vollbelegt ist. Die meisten, die hier im „Wartebecken" liegen, bleiben bis zum Ende der Hurrikansaison (Juni–November) und fahren dann durch den Panamakanal in die Karibik. Im „Dschungelclub" trifft sich im Schatten der Bäume die Fahrtenseglerszene. Papageien und Stereomusik sorgen für eine sehr gemischte Geräuschkulisse. Barbara und Whitey Helton, die selbst ein Jahrzehnt durch die Welt gesegelt sind, blieben eines Tages hier hängen und haben diesen paradiesischen Club gebaut, sogar mit eigenem Sender: Früh am Morgen hören wir über UKW-Funk die Dschungelclub-Welle. Whitey legt los und nimmt Bestellungen der Skipper auf: Brot, Eier, Diesel, Benzin und Wasser. Danach informiert er darüber, was heute „on sale" ist, das spezielle Tagesgericht für 3 Dollar zum Beispiel, inclusive Drink.

Mit unserem Beiboot tuckern wir über die Bucht zum Ort Golfito. Einfache Holzhäuser – viele direkt auf Pfählen in das Wasser gebaut – inmitten einer grünen Landschaft. Mit dem Bus fahren wir in das Zentrum. Der Markt bietet alles, was man in den Tropen finden kann. Festpreise kennt man nicht. Michelle setzt das Gesicht einer uninteressierten Käuferin auf, die nur mal schauen will. Und sie lauscht über die Schultern der einheimischen Frauen, die hier einkaufen, um zu sehen, wieviel sie bezahlen. Nach dieser „Preisanalyse" wird dann eingekauft. Der Korb ist schon bis obenhin vollgepackt mit Obst, Gemüse, Brot und einem ganzen Huhn, als mich Michelle bittet: „Nimm noch die Bananen dort mit." Der Verkäufer legt mir gleich eine ganze Riesenstaude auf den Rücken. Unter dem Gewicht sage ich ächzend zu Michelle: „Du spinnst ja – so viele Bananen!" „Dafür kosten sie bloß etwas mehr als ein Dollar", antwortet sie. Also schleppe ich weiter an der günstigen Gelegenheit. In einer gähnend leeren Bar nehmen wir einen kühlen Drink. Der Wirt heißt José und witzelt: „Macht ihr einen Bananenhandel auf?" Später erzählt er vom Kampf gegen den amerikanischen Bananen-Giganten: „Die United Fruit Company wollte uns auf die Knie zwingen. Diese Monopolisten haben die Leute hier ausgebeutet bis auf die Unterhosen. Und als die Arbeiter mehr verlangten, stießen sie auf Granit. Die waren es gewöhnt, die Mächtigen zu sein. Aber die Menschen hier haben gelernt, sie lassen sich nicht mehr ausnutzen. Sie sind in den Streik getreten. Dann haben die Amis begriffen, daß die kleinen Dummen nicht mehr für Sklavengelder arbeiten. Und die Company verschwand für immer."

Später treffen wir Jack, einen Kapitän, der über 30 Jahre zur See gefahren ist – nebenbei als sein eigener Maschinist. Sein erstes Schiff fuhr erst acht Jahre übers Meer, stand dann 15 Jahre am Strand und als es völlig verrostet war, setzte er ein anderes daneben – einen alten Trawler, umfunktioniert zum „Shipwreck-Hotel". So ist der heute 64jährige Amerikaner, an der rauhen Nordküste Amerikas groß geworden, zum Hotelier geworden, zusammen mit seiner Frau. Ein beschauliches Dasein nach einem wildbewegten Leben. Sieben Gäste können sie aufnehmen in ihrem „Schiffswrack-Hotel".

GOLFITO (COSTA RICA) NACH VALDIVIA (CHILE)
20800 Seemeilen

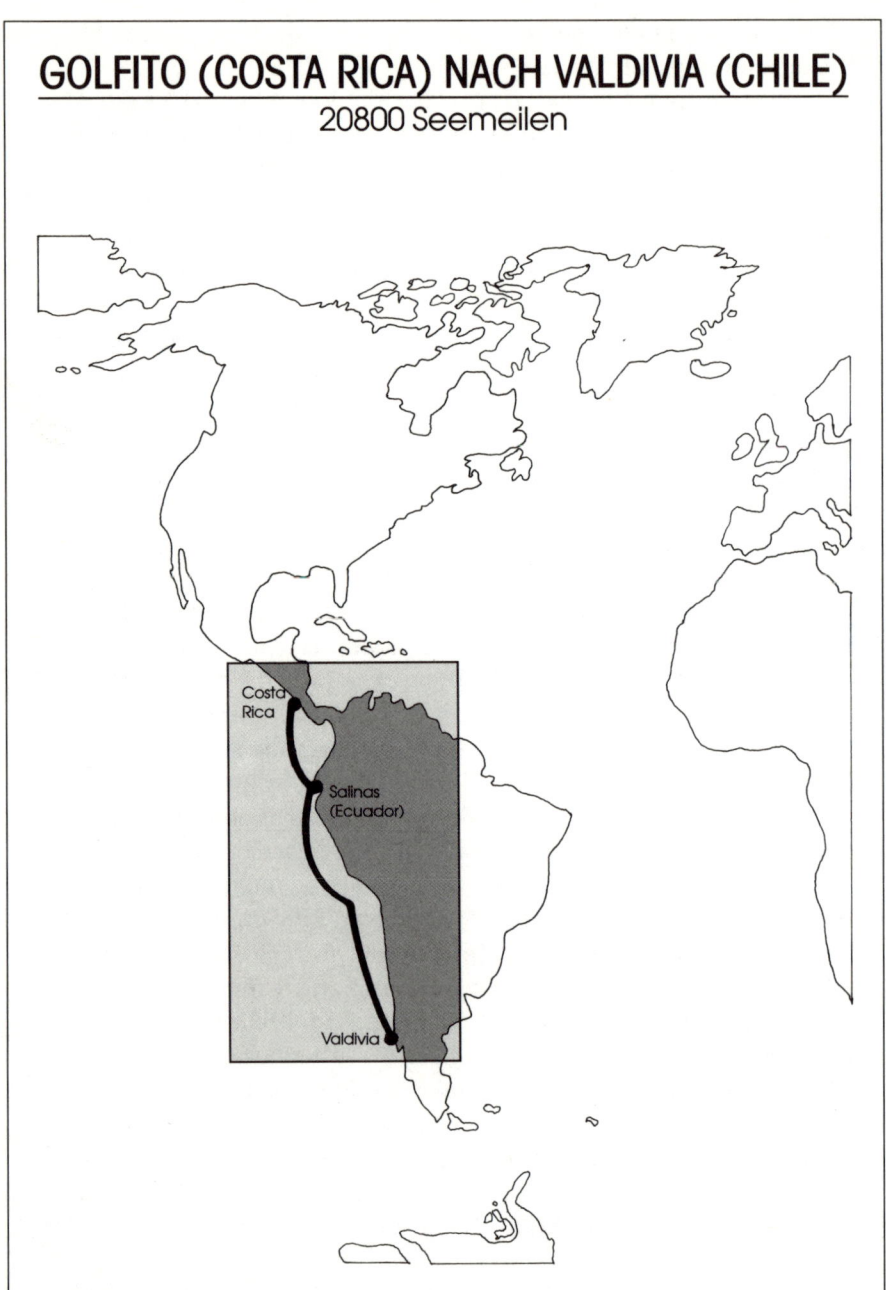

Die Schatzsuche

Vierzig Seemeilen von der Küste Costa Ricas entfernt bläst endlich der Wind beständig in die Segel. Der Bug teilt das blaue Wasser, und am Heck ziehen wir eine weiße Fahne mit Tausenden von Luftblasen hinterher. Heute stimmt einfach alles: der Wind, die sanft geformten Passatwolken, die herrlich warme Sonne. ASMA rauscht dahin, mal mit 6, mal mit 7,5 Knoten, unserem nächsten Ziel entgegen, der Schatzinsel Cocos.

Ein wunderschöner Tag, Zeit zum Nachdenken über die zurückliegenden Monate. Wenn man so eine extreme Reise unternimmt, tut man das in erster Linie für sich persönlich, um sich einen großen Traum zu erfüllen. So wie bei Rüdiger Nehberg, der seine Abenteuer aber stets mit einem ideellen Anliegen verband, indem er zum Beispiel für die Indianer Brasiliens sein Leben einsetzte. Ein anderer Freund, Klaus Denart, durchquerte mit Rüdiger zu Fuß die Denikil-Wüste im afrikanischen Eritrea. Ich denke auch an Reiner Neuber, der mit Schlittenhunden durch das Grönlandeis zog oder an Rolf und Debrah, die mit ihrer Yacht NORTHERN LIGHTS in der Antarktis überwinterten. Alle haben sich einen Traum erfüllt – so wie wir es jetzt versuchen. Mit genügend Energie kann jeder so eine Reise wagen. Er muß sich dann aber außer auf Bewunderer auch auf Neider gefaßt machen. So las ich in einem Artikel über unsere Reise durch die Nordwest-Passage, daß ich nach Ansicht des Seglerverbands mit solchen Reisen nur Geld verdienen wolle. Daß wir in der Tat Fotos und Artikel verkaufen, um so einen Törn finanzieren zu können, ist alles andere als ein Geheimnis. Andererseits fand ich es ziemlich apart, daß gleichzeitig der damalige Verbandspräsident in der Verbandszeitschrift Werbung für eine Kreditkarte machte. Auch so kann man sein Geld verdienen!

Natürlich ist mein Image in „Fachkreisen" nicht so besonders: Der hat ja nicht mal einen Verbands-Segelschein! Ein Autodidakt – wo gibt's denn sowas? Dem Hochseesegler Wilfried Erdmann ging es übrigens ähnlich. Seine Nonstop-Reise um die Welt ist für mich die hervorragendste seemännische Leistung eines deutschen Seglers. Den Schlimbach-Preis durfte er dafür trotzdem nicht erhalten, weil er kein „richtiger" Segler sei.

Michelle und ich sind zwei ganz normale Menschen, aber wir sagen uns immer: „Where is no risk, there is no beauty" – wo es kein Risiko gibt, da ist keine Schönheit. Und ein Leben ohne Risiko wäre für mich langweilig. Und was ist dies doch für ein wunderschönes Abenteuer – durch die extremsten Klimazonen der Welt zu segeln und um den amerikanischen Kontinent, um dort Menschen, Kulturen und Landschaften zu begegnen. Und, wie gesagt: Dazu braucht man nicht einmal eine Segelschule zu besuchen. Ich lernte für mich – und verschlang geradezu Bücher von erfahrenen Skippern. Für mich waren und bleiben Bernard Moitessier, David Lewis, H. W. Tilmann und auch Tristan Jones nicht nur Pioniere, sondern auch Idole, die jeweils auf ihre Weise die Herausforderung extremer Reisen annahmen. Auf meiner ersten langen Reise – dem Einhandtörn auf der „Sindbad-Route" vom Sultanat Oman nach China – war ich nach der Durchquerung des Englischen Kanals noch damit beschäftigt, mit dem Sextanten meine ersten Messungen auf See zu praktizieren. Auch die Navigation hatte ich aus Fachbüchern gelernt. Immer wieder sagte ich mir: jede Erfahrung mußt du allein machen und lernen, entsprechend zu reagieren. Damit will ich meinen Lesern auch Mut machen: Nicht alles muß tausendfach abgesichert, versichert und bis in das Detail erlernt sein. Fahrtensegeln ist immer ein Kompromiß und lebt stets von neuen Improvisationen.

Und auch daran denke ich an diesem Tag: Auf solchen Reisen spürt der Mensch seine eigene Unwichtigkeit. Wir sind nur kleiner Bestandteil der Natur. Wenn man das begreift, dann achtet man auch mehr auf das, was das Leben hier so schön macht, und man achtet die Meere mit ihren Gewalten und die Kräfte des Windes.

Indianer zeigen ihre Kunst: phan-
tasievolle Masken.

Wichtig als Klimaspender: der
Regenwald in Costa Rica.

Ernährungsfrage unterwegs: Wie
zerschlägt man fachgerecht eine
Kokosnuß? (oben)

ASMA als Ansichtskarten-Motiv:
vor Anker in Costa Rica (unten).

Die Einsamkeit des Hochlandes: Indianer mit Lama.

An Land war er das beste Transportmittel: der Omnibus, hier in Ecuador, hoch in den Anden.

Ein indianischer Weber mit dem Brot des Landes, dem Mais (rechte Seite).

ASMA vor den Gletschern Patagoniens.

Schnee an Deck: wir sind in der Antarktis.

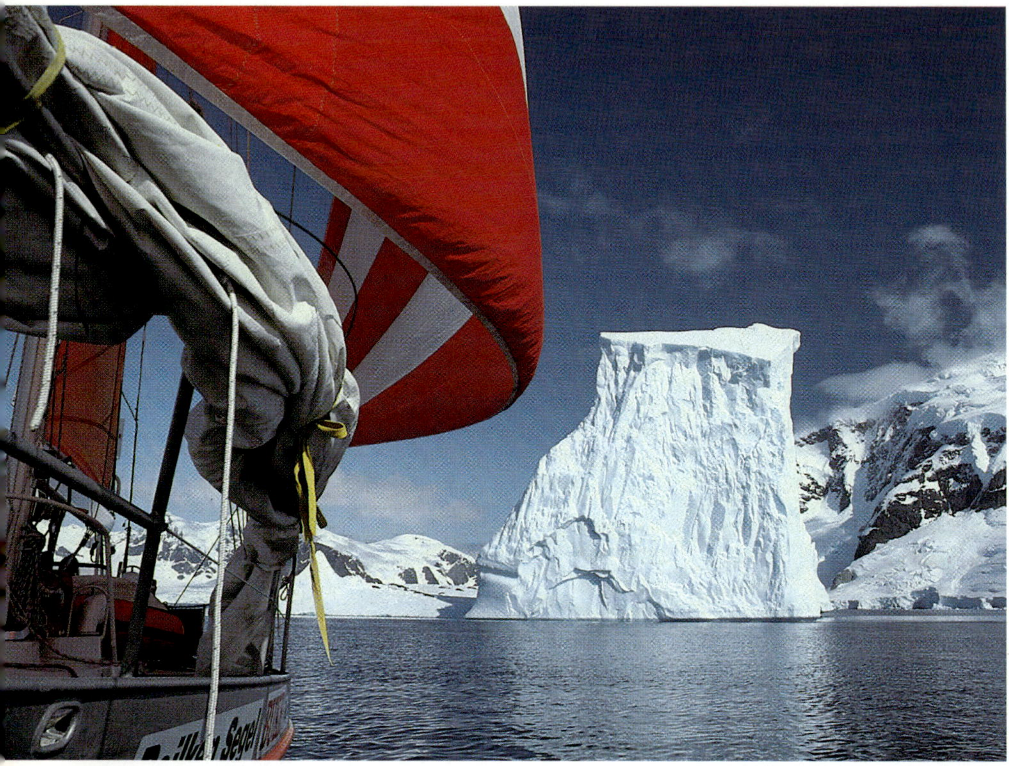
Segel

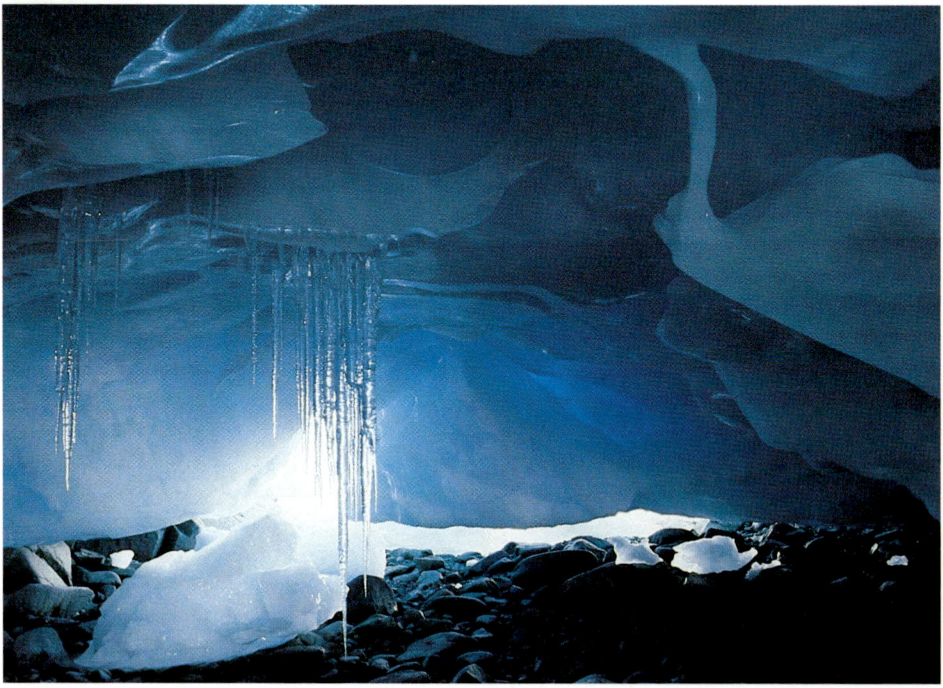

Wenn ein Sturm über mich hinwegfegt oder eine faszinierende Landschaft vor mir liegt, schraubt mich die Natur auf mein wirkliches, bescheidenes Maß zurück. Das ist schön!

ASMA ist jetzt seit Costa Rica 80 Stunden unterwegs. Knapp 290 Seemeilen trennen uns inzwischen vom Festland. Voraus liegt die sattgrüne Insel Cocos. Ich tausche den großen Klüver gegen die High-Aspect-Fock aus, damit wir unter Land einfacher manövrieren können. Neben dem Rumpf schwimmen Delphine, die später, als wir die 200-m-Tiefenlinie erreichen, abtauchen und verschwinden. Langsam nähern wir uns dem Ufer mit dem undurchdringlich wirkenden Dschungel. Kaum ist das Segel geborgen, klettere ich hinauf in den Mast und setze mich auf die erste Sailing, von wo ich deutlich die Korallenköpfe erkenne. Lange suchen wir nach einem geeigneten Ankerplatz. Schließlich erkenne ich einen großen hellen Flecken auf dem Grund – schneeweißer Sand. Dort lassen wir unseren Anker fallen, in der Bahia Chatham. Kein besonders guter Ankerplatz, und die Bucht ist weit offen. Dafür erwartet uns an Land pure Natur, mehr als 300 Vogelarten leben hier. Und dann dieser Mythos von den goldenen Schätzen auf Cocos! Vielleicht laufen wir jetzt schon auf verbuddelten Edelsteinen herum? Wir folgen gebückt einem kleinen Bach, springen von Felsbrocken zu Felsbrocken und finden schließlich versteckt im Wald einen rauschenden Wasserfall. Hier packt Michelle die mitgebrachten Sandwiches und die Kaffeekanne aus. Vögel singen, zauberhafte Schmetterlinge fliegen an uns vorbei. Nach dem Essen baden wir im kühlen Wasser und finden an den Felswänden überall alte Inschriften: Daten, Schiffsnamen und Namen von Seeleuten sind hier verewigt. Alle waren sie hinter dem legendären Schatz her – dem „Lima-Schatz".

Und dies ist seine Geschichte: Anfang des 19. Jahrhunderts brodelte es überall in Südamerika. Revolutionäre versuchten die spanische Herrschaft abzuschütteln. Aus Chile kommend, drang José de San Martín mit seiner Freiheitsarmee nach Peru ein. Die Tage der spanischen Krone waren dort gezählt. In diesen Augusttagen des Jahres 1821 begann nun die Legende von der geheimnisumwitterten Reise eines angeblich 50 Tonnen schweren Schatzes. Heimlich trafen sich damals die Getreuen des spanischen Königs mit den Priestern der Kirche Limas. Das Gold, das die Eroberer einst den Indianern geraubt hatten, war nun in Gefahr, ebenso wie die Schätze des Königs.

Blister vor Eis:

Stilleben aus der Antarktis (oben)

Blick in die kalte Zauberwelt –

in eine geheimnisvolle Eishöhle (unten).

In jener Nacht beschloß die Krisen-Konferenz, die Pretiosen und das Gold sofort vor den nahenden Rebellen in Sicherheit zu bringen. Nur wohin? Ein Versteck in der Stadt war zu unsicher, und es lag kein spanisches Schiff im Hafen. Man beschloß daher, zuerst das Gold aus der Stadt zum Hafen zu bringen. Am gleichen Tag begleiteten schwerbewaffnete Soldaten gut getarnte Ochsen- und Pferdekarren durch die Stadt. Gleichzeitig wurde das Gold der Altäre, Türme und Kuppeln aus den 50 Kirchen der Stadt entfernt. Karren für Karren fuhr hinunter zum Seehafen Callo. Die Rebellen waren nur noch 200 km von der Stadt entfernt. Da zeigten sich am Horizont weiße Segel: Ein Schiff näherte sich dem Hafen. Die Spanier schickten einen Boten an Bord und baten den englischen Kapitän Thompson, an Land zu kommen. Dort erfuhr er, daß ein Schatz schleunigst außer Landes geschafft werden müsse. Noch in der kommenden Nacht sollten die Truhen auf das Schiff gebracht werden. Der Kapitän willigte ein und bekam die Anordnung, die nächsten Wochen vor der Küste zu kreuzen und auf weitere Anweisungen zu warten – bis zum Sieg über die Rebellen. Zur Sicherheit und zur Bewachung der Ladung kamen Soldaten und Geistliche an Bord. Verschlüsselt schrieb damals der Engländer in sein Logbuch: „Unmengen von Glanzlichtern den ganzen Tag geladen…"

In einer dunklen Augustnacht 1821 verließ das Schiff den Hafen. Kaum waren die Lichter der Stadt am Horizont verschwunden, verlor der Kapitän die Kontrolle über seine Mannschaft. Denn die waren vom Goldfieber gepackt, verwandelten sich in Piraten und warfen erst einmal alle Spanier über Bord. Thompson begriff: Nur ein Mitmachen könnte sein eigenes Leben retten. Gemeinsam berieten Mannschaft und Kapitän die Weiterreise. Um nach England via Kap Hoorn zu kommen, hatten sie nicht genügend Proviant an Bord, und außerdem fürchteten sie die spanische Marine. Die Reise durch den Pazifik wiederum erschien allen zu gefährlich – es gab nur ungenaue Karten mit etlichen weißen Flecken.

Ein Vorschlag, der allen genial erschien, kam schließlich vom Kapitän: Kurs auf Cocos, einer kleinen Insel 300 Seemeilen vom Festland entfernt. Dort sollte der Schatz zunächst versteckt werden. Nach einem Jahr im Pazifik könnte das Schiff dann mit genügend Proviant und Wasser wiederkommen, den Schatz bergen und nach England segeln.

Die MARY DEAR kam mit den Passatwinden schnell zur Isla Cocos und ankerte in einer der Buchten. Elf Beibootladungen, so gestand später der Kapitän vor einem spanischen Gericht, waren nötig, um den Lima-Schatz an Land zu schaffen. Kaum war der Schatz vergraben, trieb der Goldrausch die Mannschaft zu einem Fehler: Das Schiff segelte nach Costa Rica, um dort frischen Proviant aufzutreiben. Auf dem Wege dorthin lief es geradewegs in die Arme der spanischen Kriegsmarine. Alle Matrosen endeten am Galgen – nur der Bootsmann und der Kapitän wurden vom Strang verschont. In Ketten gelegt reisten sie unter Bewachung von spanischen Soldaten zurück zur Insel, um das Goldversteck zu offenbaren. An Land vermaßen die beiden Engländer mit Kompaß und Karte zunächst stundenlang das Gelände, um Zeit zu gewinnen. In einem günstigen Moment verschwanden sie blitzartig im Dschungel. Die Suchaktionen der Spanier waren vergebens.

Danach verlaufen sich die Spuren. Einigen Berichten zufolge starb der Bootsmann in Mittelamerika und der Kapitän kehrte mit leeren Taschen nach England zurück. Andere Erzählungen wollen wissen, daß Banditen das Geheimnis aus den Männern pressen wollten und sie zu Tode folterten. Das Rätsel, wo die beiden Männer geblieben sind, ist genauso ungelöst wie die Frage nach dem Versteck des Schatzes. Experten schätzen ihn heute auf einen Wert zwischen 12 und 60 Millionen US-Dollar.

Mittlerweile haben über 200 Expeditionen die ganze Insel umgepflügt – und nichts gefunden. Wir leider auch nicht – keiner ist mit dem Fuß zufällig gegen einen Goldklumpen gestoßen.

Wir verlassen die geheimnisvolle Insel. Nahe dem Äquator, mitten im Pazifik, hat jetzt der typische Südwest-Passat richtig zugepackt. Hinter uns liegen die goldenen Träume und voraus nun Ecuador. Hier, inmitten der tropischen Hitze, trifft der kalte Humboldtstrom auf die warme Luft. Resultat: dichter Nebel hüllt uns ein und begleitet uns. Wie schon gehabt: Wir werden nun wieder die gleiche Palette von extremem Klima und Wetter durchsegeln, bevor wir Kap Hoorn erreichen. Amerika zu umsegeln, das ist wirklich ein Härtetest für Schiff und Ausrüstung, und auch für uns. Meine Augen wandern hoch zum Rigg. Bei jeder Welle, die ASMA zerteilt, ächzt und stöhnt dort alles. Für mich ist es manchmal fast unbegreiflich, was unser Material so alles aushält.

Beständig bläst es mit 5 bis 6 Windstärken. Wir müssen mehr Höhe laufen. Aus der Backskiste hole ich eine Schot und führe sie durch den Genuablock an Deck und über den Umlenkblock auf die zweite Winde. Dann führe ich die Schot zwischen die Unter- und Oberwanten und schäkele sie in das Schothorn des Vorsegels. Während ich diese Kevlarschot dichter hole, fiere ich die bisher benutzte Genuaschot. Zentimeter für Zentimeter hole ich das Segel dichter, das jetzt zwischen den Wanten hereingezogen wird. Sofort laufen wir 10 Grad mehr an Höhe. Ich trimme die Segel und justiere die Windfahnen-Selbststeueranlage. Jetzt reagiert die Windfahne wie sie es soll, und bei jeder geringsten Winddrehung läuft die Yacht den optimalsten Kurs hoch am Wind. Auch hier erweist sich die Selbststeueranlage wieder als praktisch und unentbehrlich.

„Hoch am Wind", so belächelte mich einst ein Segler in deutschen Breiten, „fährt kein Blauwassersegler über lange Strecken. Zwei Passatsegel sind wichtig, die einen über die Meere ziehen." Diese Standardstory, wohl ein Wunschdenken eines jeden Seglers, hört man öfters, und keiner weiß so recht, woher sie kommt. Bestimmt ist das noch ein Überbleibsel aus den Pionierzeiten des Blauwassersegelns, als funktionstüchtige Windfahnen-Selbststeueranlagen noch nicht bekannt waren. Damals behalf man sich mit zwei gleich großen Passatsegeln, um die Yacht auf Vorwindkurs selbststeuerfähig zu machen. Unterwegs traf ich viele, die unzufrieden aus den Passatwindzonen kamen und auf Winde aus anderen Richtungen trafen als in den Windkarten – den Pilot Charts – angegeben waren. Einheimische, Küstenbewohner und Fischer, mit denen wir sprachen, erklärten uns überall rund um Amerika: Windsysteme und ihre Richtungen sind veränderlich und setzen auch öfters zu ganz anderen Jahreszeiten ein als gewohnt. Hoch am Wind zu segeln, das bedeutet für mich bestimmt nicht endlose Freude und Komfort. Wer mag schon wochenlang gegenan knüppeln? Trotzdem habe ich ein Motiv, Amwind-Kurse zu segeln, denn das bringt mich in das „Abseits", heraus aus den normalen „Milkruns", wie die Amerikaner sagen, den „Autobahnen" der Yachten auf den Ozeanen, wo heute schon ganze Flottillen schwimmen.

Noch einmal hole ich die Schoten dichter und denke: Mensch, Hans Beilken, wenn du jetzt dein Segel sehen würdest! Dieser hilfreiche Norddeutsche hatte damals 1989 alle meine Polyanttücher dreifach vernäht und die High-Aspect-Fock besonders verstärkt. Wie sagte er dabei doch so richtig? „Ich kenne das, da draußen wird das Material herangenommen bis zur Grenze, wo eigentlich schon die Fetzen fliegen müßten."

Wenn wir auf eine hohe Welle treffen, hallen manchmal die Schläge durch den ganzen Rumpf, als würden wir Treibgut zerteilen. Trotzdem schläft Michelle tief. Eigentlich ist es mein Törn, jetzt Frühstück zu machen. Doch die Sicht um uns herum ist schlecht, vielleicht eine halbe Seemeile – alles neblig und diesig. Nur ab und zu blinzelt die Sonne durch den nebligen Watteteppich, der über dem Ozean liegt. Ich rufe Michelle und schläfrig antwortet sie: „Ich komme!" Doch Minuten vergehen, und immer noch kein Lebenszeichen unter Deck. Nochmal rufe ich herunter – zurück kommt nur die gleiche Antwort von ihren müden Lippen: „Ich komme." Meinen Kaffee selbst zu kochen, dazu kann ich mich nicht entschließen, denn ich muß im Cockpit bleiben – die Sicht ist miserabel. Nach erneutem Drängen kommt Michelle doch schließlich hoch, mosert, aber setzt dann doch das Wasser auf. Eins der kleinen, überflüssigen Mini-Psychodramen, die bei so einer Reise natürlich nicht ausbleiben können. Das hat auch handfeste Ursachen: Auf der ganzen Reise haben wir bei uns beobachtet, wie empfindlich unsere Gemüter bei Schlafmangel werden. Die Erfahrung zeigte, daß der Drei-Stunden-Rhythmus beim Wachwechsel für uns das beste ist. Denn dadurch hatte jeder von uns zwei Freiwachen in der Nacht. Genau in dieser Zeit verlangt der Körper aber nach viel Schlaf. Insgesamt reichten uns meist 6 Stunden am Tag. Vormittags schliefen wir fast nie und holten dafür manchmal nachmittags etwas Schlaf nach. Ich übernahm immer die Wache von 3 bis 6 Uhr und machte Frühstück. Mittagessen war zwischen 12 und 13 Uhr und das Abendbrot gab es immer vor meiner Freiwache, die um 18 Uhr begann. Wir achteten fast peinlich genau darauf, diese Regelmäßigkeiten einzuhalten, damit sich unser Organismus an den Zeitrhythmus und an die Routine gewöhnt.

Ecuador – Im Land der Anden und Lamas

Aus dem Dunst taucht vor dem Bug Salinas an der Küste Ecuadors hervor, eine Art Manhattan im Kleinformat. Ein Badeort mit allem Drum und Dran, insgesamt ziemlich häßlich. Im Gegensatz zu dieser Betonkulisse steht die Gastfreundschaft des Yachtclubs, wo wir wie alte Freunde aufgenommen werden. Xavier zeigt uns die ganze Anlage, bis wir an der Bar enden – und dort schließlich nach unzähligen Gläsern fast verenden.

Zwischendurch mal wieder ein Wort über ASMA: Unsere Yacht ist für uns zugleich Fortbewegungsmittel, Büro und Insel unserer Lebensphilosophie. Ein Zuhause, das einen grandiosen Vorteil hat: der „Vorgarten" verändert sich ständig. Hier, wo wir neben dem Club auf 5 m Wassertiefe auf Sandgrund ankern, treffen wir zum Beispiel auf Helga und Henry von der Yacht WASA. Die hat, man sieht es ihr an, schon viel mitgemacht: Eine komplette Weltumseglung, einen Hurrikan inbegriffen und zwar ganz nahe an seinem Zentrum. Mir gefallen Helga und Henry. Bescheiden, nur mit dem Wichtigsten ausgerüstet, folgen auch sie ihren Träumen: „Und wir kommen nie ans Ziel! Wenn ich keine Träume mehr habe, dann fühle ich mich ohne Leben", sagt Henry, der Schwede. Er ähnelt mir wohl sehr, auch im Hang zur gelegentlichen Improvisation. Die aber hat er wiederum fast zur Perfektion entwickelt – und da hat er seine Vorbilder: „Auf den Reisen unterwegs siehst du ständig, wie Einheimische mit wenigen Mitteln großartige Dinge vollbringen. Daraus habe ich in den letzten elf Jahren gelernt – und dann wird Segeln billig." Seine Begleiterin, Helga aus

Deutschland, ist eine Spürnase in Sachen Preisvergleich, und sie verrät sogleich die „Schnäppchen", die hier zu machen sind: Obstkonserven hier, Kaffee dort, und in der kleinen Bude an der Straße verkaufen sie 3 kg Trockenmilch für fünf Mark.

Wir einigen uns darauf, gegenseitig auf die Yachten aufzupassen. Für eine Woche verabschieden sich die beiden in das Andenland. Wir machen die WASA längsseits an der ASMA fest und übernehmen „Kiki", ihren Bordhund, „verrückte Banane" bedeutet der Name. Der schwarze Vierbeiner ist eine Recyclemaschine – er frißt praktisch alles und nagt an allem herum. Kaum sind wir am Strand, springt Kiki ins Wasser und folgt uns hinterher. Kein einfacher Job, dieses Energiebündel im Auge zu behalten. Wir sind recht froh, als eine Woche später Henry und Helga zurückkommen und wir nun selbst eine Landreise machen können.

Dabei begegnen wir Carlos de Tore, einem 67jährigen Indianer. Er ist ein bewundernswerter Philosoph: „Im Blut des Menschen spiegelt sich die Kraft der Natur. Andersrum hat die Erde die Kraft, weil sie mit dem Geist der Natur getränkt ist", sagt Carlos. Dabei hebt er einige Maiskolben aus einem Korb und bindet sie bündelweise zusammen. Danach kommen sie unter das Dach zum Trocknen, als wichti-

Mais – die Hauptnahrungsquelle der Indianer.

ger Vorrat für schlechte Erntezeiten. Der Indianer, bekleidet mit weißer Hose und Hemd, schiebt seinen Sombrero in den Nacken, schöpft Wasser aus dem Tontopf und reicht uns eine Tasse. In der schattigen Ecke des Innenhofes spinnt seine Frau die Wolle. Diese beiden Alten im Dorf sind die letzten, die es verstehen, die traditionellen Ponchos zu weben.

Kräftig bläst Carlos Frau in die glimmenden Holzscheite und entfacht das Feuer an der offenen Kochstelle. Sie kocht Tee und backt nebenher Maisfladen. Wir sitzen in einem Haus aus Lehmmauern. Ein Strohdach schützt vor Sonne und Regen. Im Innenhof lehnen an der Wand die mit Mais gefüllten Tonkrüge, daneben stehen zwei Webstühle und der Backofen. Die Stallungen sind – genau wie man das von alten Inkazeichnungen kennt – in den Berghang hineingegraben, der eine Seitenwand des Hofes bildet. Wir sitzen auf Matten. Nachdem wir den Tee und die Maisfladen genossen haben, folgen wir Carlos zum Innenhof. Kräftig schlägt der Indianer mit dem Bambuskamm auf das Gewebe das im Webstuhl hängt, damit die Fäden dicht aufeinander liegen.

Es war Fernando, ein Brothändler in Salinas, wo Asma jetzt vor Anker liegt, der uns den Tip gegeben hatte, hierher in die Berge nach Quinchuqui zu fahren. Carlos unterbricht seine Arbeit und schaut mir in die Augen: „Wenn dich der Wind hierher getragen hat (er meint die Segelreise nach Ecuador, von der wir erzählt haben), dann hast du verstanden: Nur die Kraft der Natur kann Dinge bewegen. Und daran haben wir immer geglaubt. An die Kraft unserer Umgebung, nicht an die eigene, nein, an das, was von außen kommt, was uns überhaupt hilft, Luft zu holen – wir glauben an die Erde." Nach dem Abendessen – Maisfladen und Bohnen – lehnt sich Carlos in seinen Holzstuhl zurück und spricht weiter: „Imbabura, die Berge, die uns umgeben, in ihnen lebt die Kraft der Götter. Natürlich müssen wir auch ihnen zu essen und trinken geben und bringen Milch und Mais zu ihnen."

Mondhell leuchtet die Nacht. In den umliegenden Lehmhäusern brennen Kerzen und Petroleumlampen. Wir gehen langsam durch das Dorf. Kinder huschen an uns vorbei. Mulis schreien aus den Stallungen. Irgendwo spielt ein Junge auf der Panflöte. „Was wird wohl unser ‚Basiscamp' machen?" fragt Michelle. „Das liegt bestimmt sicher in Salinas" antworte ich zurück. Gemeint ist Asma. Für uns ist die Yacht das Basislager, von dem aus wir in das Landesinnere reisen. Denn Segeln bedeutet für uns nicht, immer nur auf dem Wasser zu leben. Im Gegenteil, die Ausflüge an Land sind der eigentliche Reiz beim Erleben und Erlernen unserer Welt. Natürlich genießen wir auch die Reisen über das Wasser: Segeln ist eine schöne Alternative, mit dem Wind um die Welt zu reisen. Es ist auch die billigste Form, jahrelang viel zu sehen und unterwegs zu sein. Wäre Ballonfliegen preisgünstiger und käme man auch damit überall hin – wahrscheinlich würde uns das auch gefallen. Wir passen nun mal in keine der üblichen Segler-Schubladen, tragen keine Seemannsmützen und haben kein Geschirr an Bord, das mit Ankern und Schiffen verziert ist. Segeln bleibt für mich aber eine wunderschöne Form des Reisens und Erlebens – und um Menschen zu treffen.

Es gibt dabei für mich keine festen Konzepte und Rezepte. Es zählt nur eines: die Reise mit sich selbst – sie muß beginnen, man muß loskommen, und dann erlebt man etwas. Wenn das Vertrauen zu sich selbst da ist, dann fährt man mit seiner Seele den Träumen nach und freut sich über jede Stunde auf dem Meer, egal ob Nordsee oder Atlantik. Michelle und ich, uns zieht es an jeder Zwischenstation in das Landesinnere, ständig treibt uns die Neugierde zu den Kulturen und Menschen.

Wir sitzen im Bus, vollgepackt mit Passagieren, Kisten und Koffern. Die Reisegemeinschaft wird aus einem Lautsprecher mit Sambamusik vollgedröhnt. Am Fenster gleiten die verschiedenartigsten Landschaften vorbei: Flüsse, Steppen, Dschungel, Wälder und Berge. Am Ende der Tagesfahrt windet sich der Bus auf Serpentinen die Anden hinauf. Jetzt schnauft der Motor – fast könnte man meinen, er lechzt nach Sauerstoff. Auch wir atmen tief durch: jetzt, auf 3500 m Höhe, ist die Luft schon arg dünn. Eine auch sonst atemberaubende Fahrt, denn oft liegen die Täler beängstigend tief unter uns. Schließlich quietschen die Busbremsen an diesem Tag zum letzten Mal. Wir haben unser Ziel erreicht, Latacunga. Schneebedeckt grüßt hinter der Stadt der Vulkan Cotopaxi. Wir gehen, bepackt mit unseren Rucksäcken, auf der Suche nach einer Pension über Kopfsteinpflaster, passieren alte Häuser und Kaufläden im spanischen Baustil. In einer Seitengasse entdecken wir in einem alten spanischen Herrenhaus eine Unterkunft – fünf Mark das Doppelbett. Alles ist sauber, die Atmosphäre freundlich, der Raum mit Blumen geschmückt. Durchgerüttelt von der Busfahrt schlafen wir schnell ein.

Gegenüber, auf der parkähnlichen, mit Palmen bepflanzten Plaza, finden wir am nächsten Morgen einen Bäckerladen und frühstücken dort leckeren Kuchen. Dazu gibt es Kaffee – und das Folgende klingt wie ein schlechter Witz, hier im Kaffeeland Ecuador: Aus Erfahrung habe ich stets meine alte italienische Espressomaschine im Rucksack, denn überall wird hier fast nur Pulverkaffee serviert. Espresso in Ecuador, auf dem Herd des Cafébesitzers. Wir teilen mit Romano unseren Morgenkaffee und er sagt verwundert: „So schmeckt Kaffee auch? Komisch, das habe ich bisher nicht erlebt." Ich erkläre ihm: „Das ist euer Kaffee, keiner aus Deutschland. Das ist Kaffee made in Ecuador, gemahlen und in der Espressomaschine gekocht." Neugierig kostet er nochmal Kaffee aus seiner Tasse, und antwortet ungläubig: „Du Spaßvogel! So etwas gibt es nicht bei uns! Das ist deutscher Kaffee!" Und läßt sich nicht vom Gegenteil überzeugen.

Dann erzählt uns Romano, der Halbindianer, von den Menschen in den Anden und wie sie leben. Und er empfiehlt uns, wohin wir unbedingt fahren sollten – weit hoch auf 4000 Meter Höhe zu einem Nest namens Zumbahua. Dort sei am Samstag Markt.

Es ist grausig früh. Kein Tageslicht am Himmel, die Uhr zeigt vier Uhr morgens. Schlaftrunken, bepackt mit unseren Rucksäcken, bewegen wir uns zur Busstation. Pünktlich, kaum zu glauben in Südamerika, rattert der klapprige Bus los. Ächzend unter der Last von Indianern, Händlern, Hühnern, Säcken und mit einem voll bepackten Dachgepäckträger schleicht er fast im Zeitlupentempo über einen hohen Paß. Tiefe Täler mit grünen Feldern ziehen unter uns vorbei. Später – man hat inzwischen das Gefühl, wir fahren auf das Dach der Welt – sehen wir nur noch weite Grassteppen und Berggipfel. Kein Mensch, kein Haus ist zu sehen, und genau hier in der Einsamkeit stoppt der Bus. Mit dem Finger deutet der Fahrer auf einen schmalen Pfad: „Dort geht es lang!" Sacht weht der Morgenwind, in ihm wiegt sich der Grasteppich der Andensteppe. Es ist kalt. Wir filmen die faszinierende Landschaft. Unbemerkt, wie hergezaubert, steht plötzlich eine ganze Familie vor uns. Sie staunen genau wie wir. Der Vater hat sich gegen die eisige morgendliche Kälte mit dem Poncho gewappnet. Er läßt die Familie und die Lamas stehen und kommt zu uns hinüber: „Wohin geht ihr?" Ich zerbreche mir fast die Zunge, um das Wort „Zumbahua" – den Markt – halbwegs korrekt auf indianisch auszusprechen. Erst nach verschiedenen Aussprachevarianten und unterschiedlichen Betonungen versteht Pedro (so heißt er): „Ach, Chumzbahuua!“ Und er bedeutet uns, daß wir fast den gleichen Weg hätten und sie uns begleiten können. Erfreut folgen wir der kleinen Lamakarawane. Der Sohn spielt auf der Panflöte.

Unterwegs hält unsere kleine Gruppe am Haus der Familie an. Eine einfache, einsame, kleine Welt – als ob die Zeit stehengeblieben wäre. Auch neben dieser Lehmhütte sind wie zu den Zeiten der Inkas die Stallungen in den Berg eingegraben. Das schützt die Tiere vor der eisigen Kälte des Winters und den kalten Nächten des Sommers. Tagsüber wiederum werden die Ställe so vor der brütendheißen Hitze bewahrt. Pedro erklärt: „Unser Leben ist einfach. Wir ernähren uns von Maisfladen und etwas Gemüse. Ein paarmal im Jahr gibt es

Indianerkinder arbeiten hart. Diese Mädchen und Jungen sind oft 10 Stunden mit ihren Lamas, bepackt mit Gras, unterwegs.

Fleisch und Früchte. Meine Frau webt, wie meine Großmutter, die gleichen Ornamente in die Tücher. Und ich kümmere mich um die Felder. Die Kinder helfen mir dabei."

Mit Pedro wandern wir über die Terrassenfelder, die fast senkrecht, wie angeklebt, an den Andenhängen liegen. Sie schmücken die Landschaft fast künstlerisch mit ihren grafischen Mustern und klaren Strukturen. Am Feldrand beobachten wir eine Gruppe Frauen und Männer, die mit einfachen Holzhacken die Erde aufgraben und anschließend säen. Pedro: „Heute wie früher säen wir jedes Feld gemeinsam. Jeder hilft hier jedem." Wir setzen uns in das Gras, und mein Gastgeber erzählt weiter: „Für uns ist die Gemeinschaft das Zentrum unseres Lebens. Kaum einer hat mehr als der andere, warum auch, was will er damit. Überlege mal: wenn ich mehr hätte als mein Bruder, und der hat auch genug zum Leben – was mache ich denn mit dem Mehr-Haben?"

Wir nehmen Abschied. In der Ferne steht noch lange Pedros Familie und winkt uns nach. Ich denke an seine Worte, an das „Mehr-Haben-Wollen", an unsere Konsumgesellschaft daheim. Noch einmal drehen wir uns um und winken zurück. Wir wandern nun meist talabwärts.

Und dann liegt das Ziel vor uns, ein geradezu märchenhafter Ausblick bietet sich uns in diesem engen Tal: viele, farbenfroh gekleidete Menschen, wie ein bunter Ameisenhaufen, umgeben von schönen kleinen Häusern. Der Marktplatz von Zumbahua. Nach einer halben Stunde sind wir mittendrin. Der Handelsplatz ist vollgestopft mit Webarbeiten, Tontöpfen, Brennholz, Tieren, Gemüse, Mais, Kleidung – ja, und auch mit Kitsch aus Taiwan. So ganz abgeschieden von der Zivilisation ist man in dieser Hinsicht eben auch hier nicht immer.

Es wimmelt von Menschen – und von Hüten. Niemand zu sehen, der nicht den typischen Filzhut trägt. Diese Liebe zum Hut geht weit zurück in die spanische Kolonialzeit des Landes. Damals trugen nur die „Herren des Landes", die Spanier, einen Hut. Den Indianern, den eigentlichen Hausherren der Anden, war das Tragen von Hüten verboten. Später, nach der Unabhängigkeit Ecuadors von Spanien, wurde die Hutmode für die Indianer zum Symbol der Freiheit: Jetzt durften auch sie einen Hut tragen, und sie waren stolz darauf. Seit dieser Zeit also gehört der Hut zur typischen Indianertracht. Dazu gehört der schön gewebte Poncho.

140

Mitten in den Anden auf 3800 m Höhe erleben wir den Markt in Zumbahua, wo Indianer Ware gegen Ware tauschen und nur selten Geld verwenden.

Der Hut als Ausdruck für Unabhängigkeit und Freiheit, der Poncho als Zeugnis für uralte Webkunst – beides Zeichen einer stolzen und unbändigen Indianerkultur.

141

Wir sitzen mitten im Marktgewühl auf der wackligen Holzbank einer Garküche. Der Rauch, der vom offenen Kochfeuer herüber weht, drückt uns schier die Tränen aus den Augen. Die Köchin serviert uns dampfende Tortillas und gegrilltes Huhn. Ihre Kleider sind vom Rauch braunschwarz gefärbt, fast wie in der Farbe eines Räucherfisches. Es schmeckt hervorragend. Diese kleinen Garküchen haben viele Vorteile: Die Speisen sind billig, und aus Erfahrung weiß ich, daß das Essen immer frisch zubereitet ist – ein „Gewerbeaufsichtsamt" nach deutscher Art ist hier unbekannt. Denn die Frauen, die hier kochen, machen täglich nur einen kleinen Umsatz – nicht einmal soviel Profit, um mit diesem Geld große Lebensmittelvorräte einzukaufen. Ein Teil der Einnahmen wird also schon am nächsten Tag wieder investiert, um frische Waren einzukaufen, die erneut in die Kochtöpfe wandern. Das Essen wird also immer neu zubereitet und steht nicht tagelang in der Hitze herum.

Mit den Essensgewohnheiten unterwegs an Land sollte man übrigens vorsichtig sein – aber ein allzu „steriles" Verhalten ist nach meinen Beobachtungen auch wieder nicht gut, denn der Körper muß eine Chance bekommen, eine gewisse Immunität gegen Bakterien aufzubauen – wenn man nach Tisch nicht ständig auf der Toilette sitzen will. Vorsicht – notabene – auch vor Eiswürfeln, die so erfrischend aussehen, aber von der Wasserqualität her böse Folgen haben können. Wir trinken an Land nur Wasser aus Mineralwasserflaschen, an Bord aus unserem Vorrat, essen am liebsten auf Märkten in kleinen Garküchen und sind außerdem vorsichtig mit Milchprodukten. Aber überall findet man, wie in Europa, abgepackten Joghurt, Käse, Milch und Butter.

Ecuador – wir können uns von diesem Land kaum trennen. Ein wehmütiger Abschied. Mehrmals verschieben wir unsere Abfahrt, weil die Menschen und Landschaften so eine Faszination ausstrahlen. Ende Oktober aber ist es dann soweit. Vor uns liegen jetzt 2000 Seemeilen bis nach Nordchile. Zuerst kommen wir langsam voran und kreuzen ständig. Das hört sich auch für den Fachkundigen nach viel Arbeit an, ist es aber nicht. Fast auf die Stunde genau, fahren wir zwei Wenden am Tag. Nicht nur der schwache Wind ist an unserem Schneckentempo schuld, sondern auch der Humboldtstrom, der in den ersten Tagen beständig mit rund einem Knoten gegenan setzt. Zwei unterschiedliche Routen führen für den Segler von Ecuador nach Chile. Entweder: Wenn das Pazifikhoch seine übliche Position hat, westlich von den Galapagos auf 95 Grad West zu gehen und dann Südkurs, also im Kreis um das Pazifikhoch zu segeln (die Winde drehen auf Südbreite gegen den Uhrzeigersinn aus dem Hoch). Oder: Entlang der peruanischen Küste zu kreuzen. Wir entscheiden uns für die letzte Variante, weil ASMA hervorragend am Wind segelt. Auf dieser langen Etappe am Wind machen wir die positive Erfahrung, daß der Humboldtstrom nicht immer gegen uns setzt. Nahe der Küste, manchmal 30 Seemeilen davon entfernt, kentert die Strömung öfters und setzt südwärts. Wir folgen stets dem gleichen Ablauf: Nachts segeln wir auf Steuerbordbug und nutzen die Drehung des Südwindes auf Südost, der durch die ablandigen Winde beeinflußt wird. Tagsüber macht sich die Seebrise bemerkbar, der Wind kommt mehr aus Südwest. Dann, meistens gegen 8 Uhr morgens, wenden wir und segeln bis zum Abend auf dem Backbordbug.

Das heiße peruanische Klima bekommen wir hier nicht zu spüren. Ganz im Gegenteil, der Humboldtstrom kühlt alles ab, das Wasser und die Luft, und wir tragen bereits wieder unsere warme Fleecebekleidung. Traumhaft schön und schnell ist dieser Schlag: Beständige Winde zwischen Bft 3 und 4, lange sanfte Wellen, und schon in 13 Tagen liegen die mehr als 2000 Seemeilen auf der Kreuz hinter uns.

Blick aufs Land: „Wie die Sahara", rufe ich Michelle spontan zu, die auf dem Deck sitzt, und genau wie ich, von der Wüstenlandschaft beeindruckt ist, die sich dort abzeichnet. Die Küste ist überzogen mit endlosen Steinwüsten und kahlen Bergen, und jetzt, am Abend, färbt die Sonne alles gelbrot. Tausende Lichter funkeln später vom Land, es ist schon stockdunkel. Dort also liegt Chiles nördlichster Hafen Arica. Wir motoren, denn mit diesem leichten Wind bräuchten wir jetzt noch Stunden, um die letzten sechs Seemeilen zu schaffen. Über UKW melde ich uns beim Hafenmeister an, und wir hören: „Herzlich willkommen in Chile. Ist alles in Ordnung? Braucht Ihr Hilfe oder sonst etwas, dann meldet euch." Dann wird es amtlich, er will alle Daten über uns und die Yacht wissen. Vor der Hafeneinfahrt tuckert uns eine Marinebarkasse entgegen und lotst uns zwischen Fischdampfern hindurch zu einer Festmacheboje. Minuten später sind die Behörden an Bord und wir klarieren ein.

Ein Rostocker in Chile

„Macht die Leinen los und segelt nach Süden" ruft mir am nächsten Tag ein Mann von der Hafenmauer herüber. Jetzt erkenne ich den Offizier der Marine, der uns gestern mit dem Einklarierungstrupp besuchte. „Warum?" schreie ich über das Wasser und höre: „So eine Chance kommt nur einmal im Monat. Ein Norder bläst heute Mittag los", freut sich für uns der Uniformierte. Wir kaufen schnell in der Stadt ein: Gemüse und Obst, und finden – in Chile! – Sachen wie in deutschen Landen: Schwarzbrot, Leberwurst, Kochschinken, Sprotten und Wein. Letzter Akt: Wasser bunkern. Wir machen an der Pier fest. Herrje – dieser verdammte Wasserschlauch, bestimmt 15 cm dick im Durchmesser, paßt nicht in unseren Einfüllstutzen an Deck. Und das jetzt, wo wir schnell weg wollen und das Büro da drüben gleich schließen will. Der Kapitän eines Fischkutters, der hinter uns an der Pier liegt, beobachtet meinen verzweifelten Versuch, wenigstens einen Teil des Wassers in den Tank zu füllen. Er winkt und kommt mit einem dünneren Schlauch herüber. Schnell sind unsere 800-Liter-Wassertanks gefüllt. Danach bunkern wir zollfreien Diesel.

Der Norder legt los, wir rauschen nach Süden. Drei Tage bläst es aus Nord. Dann Südwest, wir segeln wieder hoch am Wind. Zum Schluß der Reise dreht endlich der Wind auf West, meistens weht es mit fünf Windstärken. Acht Tage nach unserer Abreise von Arica ankern wir in Valparaiso. Schön ist sie, die chilenische Hafenstadt, die vom Aussehen und Klima her auch am Mittelmeer liegen könnte. Überall treffen wir hier auf hilfsbereite Menschen aus aller Welt – auch auf einen von zu Hause: Wolfgang Teubert, einst Schiffskoch und heute Besitzer des „Restaurant Hamburg", ist Anlaufpunkt und Infozentrale für Seeleute. Ein buchstäblicher Hansdampf in allen Gassen, der uns im Hafen aufgabelt und gleich durch die ganze Stadt schleppt. Im Eiltempo – Wolfgang sagt immer: Beeilt euch, ich muß noch Rollmöpse einlegen! – zeigt uns diese gute Seemannsseele alle wichtigen Plätze: Dort, wo man billig einkauft und preiswerte Schiffsausrüstung zu finden ist, wo die Post und die Banken sind und die

Kneipen aller Art. Er deutet zum Beispiel auf zwei Bars und sagt: „Wenn du da mal pinkeln mußt, trinke wenigstens dein Bier vorher aus und laß bloß kein angefangenes Glas auf dem Tresen stehen." Wieso? frage ich den Rostocker. Er rollt mit den Augen und antwortet: „Junge, nur in angefangene Biergläser paßt viel rein, ein Schlafmittelchen zum Beispiel. Und siehe da, der Seemann pennt ein und schon sind die Taschen leer." Na ja, sowas soll's in Deutschland ja auch schon gegeben haben – wie war das damals doch gleich mit den „K.o.-Tropfen" im „Donisl" zu München oder auf St. Pauli? Wolfgang kennt im übrigen Gott und die seefahrende Welt. Hunderte von Erinnerungen an Schiffe hängen an den Wänden seines Restaurants. Wir probieren seine Rollmöpse und Bratkartoffeln. Und zum Abschied drückt er uns eine Tüte in die Hand: „Damit ihr mir nicht verhungert und verdurstet, habe ich da noch Essen eingepackt und selbstgebrannten Schnaps."

So urdeutsch verpflegt, segeln wir weiter. Chile erscheint uns ewig lang – und das ist es auch; man muß ja nur auf die Landkarte gucken: 3000 Seemeilen Küste hat das Land. Achteraus verschwinden allmählich die Hafenlichter von Valparaiso. Neun Tage brauchen wir nun für die 800 Seemeilen nach Valdivia. Das Klima hat sich total verändert. Die T-Shirts verschwinden, die Sandalen werden verpackt, Das Sonnenöl kommt in die Staufächer. Die warmen Breiten liegen nun nördlich von uns, jetzt treffen wir mit dem kühlen Wetter auf die windigen Vierziger.

Wir motoren den Rio Valdivia hinauf – und die Szenerie erinnert uns nun an Bilder, die aus Skandinavien stammen könnten. Dichte Nadelwälder säumen die Flußufer, ab und zu Holzhäuser und dazwischen deutsche Architektur aus Kaisers Zeiten. Vom Fluß zweigeteilt ist die Stadt Valdivia mit ihren schmucken Häusern am Ufer. Wir machen im Hafen fest, direkt vor dem Markt, klarieren ein und spazieren durch die Stadt, die stark von der deutschen Einwandererwelle des letzten Jahrhunderts geprägt ist. Später liegen wir an der Pier des Valdivia-Yachtclubs, dessen Mitglieder uns herzlich aufnehmen. Aber ab jetzt, das wissen wir, tickt für uns die Uhr und jeder Tag ist wichtig. Es ist schon Ende November und der Sommer in den hohen Breiten ist kurz. Für die nächsten Wochen haben wir einen genauen Plan festgelegt. Erst einmal wollen wir unsere ASMA richtig überholen und uns dann vorbereiten – für die Reise zum Ende der Welt, nach Feuerland.

145

VALDIVIA BIS ANTARKTIS
23050 Seemeilen

Nach Feuerland – und wieder dem Eis entgegen

Schwere Dünung nimmt uns auf. Berg und Talfahrten wechseln ab. Nach der langen Pause am ruhigen Flußufer in Valdivia haben wir es nun wieder mit dem launischen Pazifik zu tun. Das bedeutet viel Arbeit – und Essen im großen Stil fällt aus, wir knabbern an Weißbrot und Käse. Achteraus liegt die Küste Chiles. Wir sind wieder unterwegs, mit Südkurs zum Hoorn. Acht Stunden später ist die Stimmung unserer Mägen besser, wir schlürfen heiße Hühnerbrühe mit Reis. ASMA erklimmt die hohen Wellen und gleitet dann in rasanter Talfahrt wieder den Wasserberg hinunter. Immer wieder das gleiche Schauspiel. Michelle hat sich schon in die Koje verkrochen, die Selbststeueranlage hält die Yacht auf Kurs, und ich zerlege mal wieder den Petroleumkocher. Ehrlich: So einen Ofen muß man schon fanatisch lieben, um ihn nicht über Bord zu werfen. Obwohl wir immer ganz lieb zu ihm sind, ihn brav mit Brennstoff versorgen und ständig warten, streikt er gerne und oft, wie zum Trotz. Dann tut er entweder überhaupt nichts oder spuckt große Flammen aus wie ein wildgewordener Dino-Drache. Diesmal sind wieder einmal die schlecht verlöteten Brenner schuld. An denen fummele ich, bei diesem Seegang, wieder herum und tausche sie dann aus. Dabei hatte ich in Valdivia, in einer kleinen Werkstatt, selbst die neuen Brenner mit zusätzlichem Hartlöten verstärkt, damit die Schwachstellen stabiler werden.

Endlich bin ich fertig, hänge den Ofen wieder in seine kardanische Aufhängung und koche mir einen Tee. Draußen ist alles normal.

Gleichmäßige, hohe Dünung, eine frische Brise und keine anderen Schiffe. Aber dieser verdammte Ofen! Ich entschließe mich, ihn trotzdem zu mögen. Denn Gas an Bord – die Alternative – ist ziemlich gefährlich. Außerdem ist es bei extremen Minustemperaturen nicht mehr einsetzbar. Hinzu kommen überdies noch die unterschiedlichsten Flaschenanschlüsse überall auf der Welt – da lernt man allerlei kennen an Nicht-Genormtem. Und auch die langen Wege zu den Füllstationen, regelrechte Irrfahrten durch die Häfen, sprechen gegen Gas.

Wir wechseln wie immer im Drei-Stunden-Rhythmus die Wache. Früh am Morgen, ich beginne gerade meine Wache, verlangsame ich die Fahrt. Wir sind zu schnell und müssen genau mit der richtigen Tide in den berüchtigten Kanal Chacao einlaufen. Zwanzig Stunden nach unserer Abfahrt in Valdivia saugt uns jetzt der Gezeitenstrom mit sechs Knoten in den Kanal Chacao. An uns huschen Wälder, Klippen, kleine Dörfer und ankernde Fischerboote vorbei. Nach zwanzig Seemeilen, in knapp eineinhalb Stunden gesegelt, ist die fast wildwasser-ähnliche Fahrt vorbei. An Steuerbord liegt die Insel Chiloé.

Ständig wechseln nun die wunderbaren Bilder: Grüne Landschaften, kleine Inseln, enge Kanäle und kleine Orte mit bunten Holzkirchen – wir kommen aus dem Staunen nicht mehr heraus. Gegen Winde und Wellen aus allen Himmelsrichtungen geschützt, ankern wir in einem Fjord neben der Insel Mechuque. Hier scheint die Zeit, die Uhr, ja alles stehengeblieben zu sein. Chilliaque heißt dieses Dorf, die windschiefen Holzhäuser stehen auf Pfählen am Uferrand im Wasser. Die Menschen hier leben ausschließlich vom Fischfang.

Zusammen mit Antonio, unserem neuen Freund, sitzen wir im grauen Kies am Ufer und plaudern. Vorsichtig öffnet er mit dem Messer rohe Muscheln, beträufelt sie mit Zitronensaft, und reicht uns diese Delikatessen, die hier etwas Alltägliches sind. Michelle ist skeptisch und hält sich lieber raus. Sie mag rohe Muscheln nicht so gern.

Der Rotwein macht die Runde. Antonio weiß zu berichten: „Meine Familie gräbt die Muscheln bei Niedrigwasser aus dem Meeresboden. Für einen kleinen Sack davon bekommen wir drei Dollar. Das ist nicht viel, reicht aber für Petroleum, etwas Kleidung, und was man sonst noch braucht: Tee, Kaffee, Tabak und Wein." Was dann noch fehlt, ist hausgemacht. Hinter dem Haus, auf der windgeschützten Seite, liegt der Garten mit einer reichen Auswahl an Obst und Gemü-

148

**Mechuque, ein Fischerdorf in Höhe der Insel
Chiolé, war für uns der schönste Ort in Chile.**

se, und auf den Weiden grasen Schafe und Ziegen – Antonios private
Fleischversorgung.

Tage später liegen wir neben der Laitec-Insel vor Anker, als uns Fischer mit dem Ruderkahn besuchen und uns in ihr Dorf einladen. Zusammen sitzen wir um den warmen Ofen herum und trocknen die re-
gennassen Körper. Die Rede kommt irgendwann aufs Übersinnliche.
Auf meine Frage, ob es hier noch Magie gibt, antwortet Don Pedro
(76) zögernd: „Nein, von Magie weiß ich nichts." Sein Gesichtsaus-
druck verrät aber, daß er doch etwas mehr weiß. Und der Alte mit
dem faltigen Gesicht erzählt schließlich von einer „Glaubensgilde":
„Das sind bei uns alte Männer wie ich, ein Geheimbund, der sich weit
weg in einer Höhle trifft. Denn dort gibt es noch Kräfte, die mit dem
Gott leben. Sie machen unseren Boden fruchtbar, damit die Ernte
reich ausfällt." Er fährt fort, mit Blick auf uns Segler: „Und man weiß:
weit draußen segelt das Schiff, wo Feste gefeiert werden. Der Geist
lädt nur die guten Leute ein, Menschen, die Gutes für Menschen getan

In den Kanälen Patagoniens, in Chile, erleben
wir überall eine herzliche Gastfreundschaft. Um
den Ofen herum, immer Mate trinkend,
unterhalten wir uns stundenlang.

haben. Jeder, der dort war, darf die Position nicht verraten – sonst rufen die sie in den Himmel und weg ist er, weg von uns." Don Pedro reißt seine Hände in die Höhe, als ertappte er sich selbst dabei, zuviel zu reden und er schüttelt wieder energisch den Kopf: „Nein, wirklich, ich weiß von nichts!"

Sein Sohn spielt unterdessen auf dem Akkordeon. Und wieder einmal scheint die Zeit stehengelieben zu sein. Die Zeit ohne Uhren.

Nur wir, die sich entschieden haben, im antarktischen Sommer südlich von 60 Grad Süd reisen zu wollen, müssen auf eben diese Zeit achten. Für Wochen passieren wir die unzähligen Kanäle Patagoniens: Reisen durch eine unvergleichliche Wildnis. Und wir lernen schnell in dieser rauhen Natur: Ein Tag kann hier Sommer und Winter zugleich bieten. Ankern in Patagonien! Michelle beschrieb in einem Brief an ihre Segelfreundin dieses Manöver so:

„LIEBE KATIE, wir sind in Patagonien, einer umwerfenden Welt, so schön geprägt von der Natur. Leider leben viele Autoren nur von Sturm und Drama, und so hat dieses Seegebiet keinen besonderen Ruf. Jetzt, wo wir selbst hier unterwegs sind, haben wir aber nicht diese Furcht, die aus den Artikeln spricht, die nur über das ewige Sauwetter reden. Wir haben Respekt vor der Natur – sie ist hart und schön. Es gibt mal Stürme, aber extrem selten. Gutes Wetter überwiegt jetzt hier im Sommer in den Kanälen. ASMA ordentlich zu vertäuen ist mühsam, doch die Arbeit ist für mich nicht mehr sehr schwer. Zuerst nähern wir uns mit der Yacht dem Ufer der Ankerbucht. Schauen auf die Bäume, die bei näherem Hinsehen so viel aussagen können. Dort, wo die besonders krummen Exemplare stehen, dort bläst es heftig. Die geraden Bäume dagegen verraten: Hier ist der Ankerplatz bestimmt ruhiger. Dann begutachten wir noch, ob die geraden Bäume noch Blätter haben. Wenn ja, dann ist das ein deutliches Zeichen, daß ein ‚Williwaw' sie noch nicht davongerissen hat. Da diese stürmischen Fallwinde fast immer die gleiche Bahn ziehen, versuchen wir immer, uns in die Nähe von Bäumen mit Blättern zu legen. Gut sind auch Plätze am Rande von breiten Talsenken und hinter flachen Bergen – denn dort sind nicht solche brutalen Fallböen zu erwarten, wie von steilen, hohen Berghängen. Talsenken haben noch einen weiteren großen Vorteil: der Wind bläst fast immer aus der gleichen Richtung auf dem Ankerplatz und ist beständig. Das ist gut für uns – wenn wir mit Achterleinen festmachen, ist der Wind ablandig und weht ASMA vom Ufer davon.

Wenn wir uns für einen Ankerplatz entschieden haben, kommt das Schlauchboot zu Wasser. Zwei je 100 m lange Festmacherleinen hinein gepackt, von denen ein Ende am Schlauchboot befestigt ist. Das ist immer mein Job, diese Fahrt mit dem Beiboot an Land. Am Ufer binde ich die Leinen entweder um Felsen oder Bäume. Laufen die Achterleinen um Felsen, dann ziehe ich Schläuche auf die Leinen, das schützt gegen das Durchscheuern. Clark fährt die Yacht und bringt den Anker mit 75 m Kette aus, und kommt mir langsam mit Rückwärtsfahrt entgegen. Ich rudere von Land weg – oft bläst mich auch der Wind vom Ufer davon – und komme meinerseits mit den Achterleinen im Schlauchboot Clark entgegen. Der läßt den Rückwärtsgang drin, so gräbt sich der Anker gut ein und die Kette kommt steif – ein Vorteil, denn die Yacht bleibt auf ihrer Position. Langsam nähere ich mich dem Yachtheck und übergebe die beiden Achterleinen. Liebe Katie, das dauert oft eine Stunde, aber die Mühe lohnt sich, man schläft ruhiger, und wenn wir an Land unterwegs sind, beruhigt das auch."

Michelles Brief gibt realistische Auskünfte über solche Manöver. Meistens aber hatten wir gute Ankerplätze – auch bei 10 Windstärken. In den vielen kleinen Fjorden, wo von Gletschern oder Flüssen Wasser hineinströmt, dort haben sich breite Sand- und Schlammbänke gebildet, die besten Ankergrund bieten, in dem sich der Haken gut eingräbt.

Chile. Patagonien wirkt auf uns wie der Garten Eden, das reinste Naturparadies. Gleich neben dem Boot Muscheln, Krebse und Fische – man muß sich nur bedienen. Wir benutzen dazu ein kleines, 10 m langes Netz, und die Krebse fangen wir mit einer Art Gartenharke mit vier langen Zacken – das haben uns einheimische Fischer gelehrt.

Faszinierende Natur. Wir wandern zu Gletschern, durch unberührte Wälder, beobachten die Tiere und bekommen in dieser Einsamkeit ein Gefühl, als ob es außer uns kaum noch einen Menschen gebe. Tag für Tag schiebt uns im Januar der beständige Nordwind nach Süden.

Rauhes Wetter, rote Sturmsegel leuchten wieder in unser Rigg – wir rauschen in die Estrecho de Magallanes. Wie einfach haben wir es doch heute! GPS, Radar, genaue Karten und gute Verpflegung sind auch hier, am Ende der Welt, hilfreiche Assistenten der Segelreise. Magellan, der die nach ihm benannte Seestraße entdeckte und gen Feuerland steuerte, mühte sich noch wochenlang durch den Naturkanal. Er kannte oft nicht seine Position, besaß keine Seekarte und die Crew ernährte sich hauptsächlich von Trockenfleisch und Zwieback. Einerseits sind das für mich die wahren Helden der Seefahrt. Andererseits habe ich auch ein gestörtes Verhältnis zu diesen Entdeckern – und mir wäre wohl bei der 500jährigen Jubiläumsfeier zur Entdeckung von Amerika die Kolumbus-Geburtstagstorte im Hals steckengeblieben. Denn „entdecken" bedeutete damals ja vor allem, mit irgendeiner Fahne an Land zu marschieren und im Namen irgendeines Königs zu verkünden: Dieses Land ist jetzt unser! Menschenrechte wurden mißachtet, ganze Indianerstämme ausgelöscht. Mit den Folgen der Indianer-Ausrottung werden wir indirekt heute noch konfrontiert, überall auf der Reise, und auch hier im weiten Süden.

ASMA rauscht mit ihren roten Sturmsegeln durch das grüne Wasser. Schnee und Regen wechseln sich ab. Nebel zieht auf, und Michelle sitzt vor dem Radar. Ich stehe draußen im Cockpit und halte Ausguck, überlasse die Yacht der Windfahnen-Selbststeueranlage. Nachmittags wird die Sicht besser, und an Steuerbord entdecken wir Feuerland – kahl, wild zerklüftet, doch dazwischen mit bunten Wiesen bedeckt. Charles Darwin, der hier mit dem Schiff BEAGLE lange Forschungsreisen unternahm, war tief beeindruckt von der Vielfalt der Natur. Uns geht es nicht anders, vor allem im Beagle-Kanal, der nach Darwins Schiff benannt ist. Seine funkelnden Gletscher reichen bis hinunter zum Ufer. Tiefe Fjorde zerteilen die Bergmassive. Moose, Blumen, Bäume und kniehohes Gras bedecken das Land. Seepflanzenteppiche signalisieren flaches Wasser in den seichten Buchten.

Vierzig Tage Patagonien liegen hinter uns, als wir mit unseren Leinen an einem Wrack in Puerto Williams festmachen, das gleichzeitig Amerikas südlichster Yachtclub ist. Rund tausend Menschen leben in dieser südlichsten Stadt des lateinamerikanischen Kontinents auf Feuerland. Hier finden wir eine Bäckerei, eine Metzgerei, einen kleinen Supermarkt und ein Postamt. Wir haben Glück, gerade ist der Versorgungsfrachter angekommen, es gibt frisches Obst und Gemüse. Nur die Eier hat er vergessen.

Christiana Calderon ist eine der letzten beiden reinblütigen Yamana-Indianerinnen. Früher bevölkerte ihr Volk ganz Feuerland. Es lebte vom Fischfang und der Jagd und hatte seine eigene Sprache. Aus Baumrinden und biegsamem Holz bauten die Yamanas große Kanus. Pocken, Syphilis und Mordaktionen der weißen Einwanderer rotteten das Volk schließlich aus. Vorsichtig streichelt die 62 Jahre alte Frau den jungen Seevogel, den sie in der Hand hält, und fährt fort: „Viel ist nicht von unserer Kultur geblieben. Von meiner Mutter habe ich noch das Körbeflechten gelernt und weiß, wo man die heilenden Kräuter findet. Ach, und meine Großmutter erzählte mir immer, hier in der Region lebt eine magische Kraft, die uns alle am Leben erhält." Wehmütig küßt sie mich beim Abschied auf die Wange: „Irgendwann erlischt auch meine Flamme und die Menschen werden sich kaum noch an uns erinnern – dann brennen die Feuer auf Feuerland nicht mehr!"

153

Zu den Pinguinen in der Antarktis

Puerto Williams ist für uns der Ausgangspunkt zum Antarktis-Abenteuer. Wetterextreme, Seegang, Sturm und Eis warten auf uns. Peinlich genau sichern wir die mobilen Gegenstände auf dem Schiff, alles, was herumfliegen kann. Wir kontrollieren die transportable Motorwasserpumpe, die überall vom Deck bedient werden kann, falls wir ein Leck bekommen sollten. Von Handlenzpumpen, die man mit großem Kraftaufwand bei wenig Fördermenge bedienen muß, halte ich nicht viel. Man hat im Fall einer Havarie schließlich Besseres zu tun, als nur dazustehen und zu pumpen, zum Beispiel ein Leck zu finden und es abzudichten. Rigg, Motor, Selbststeueranlage, Segel, Wantenspanner – alles gecheckt, bevor es losgeht.

Sommerwetter in Feuerland. Die Sonne scheint, es ist warm. Auf der Wetterkarte ist ein großes Tief zu erkennen, die Isobaren stehen weit auseinander, da ist kein Sturmwind drin. Zeit zum Verschwinden! Unter Vollzeug passieren wir die Inseln Picton und Deceit. Nachmittags dreht der Wind auf Ost, dann Südost, das Tiefzentrum steht im Nordwesten. Meine geplante Taktik geht auf, wir steuern jetzt nach Westen. Später, das ist sicher, dreht der Wind auf West, die typische Windrichtung der „schreienden Sechziger", und wir können dann gut Süd oder Südwest laufen. Langsam versinkt die Sonne im Nordwesten.

An Steuerbord taucht die berühmte Silhouette des magischen Felsens auf: Kap Hoorn. Ich melde unsere Yacht per Funk an die chilenische Küstenwache und gebe die Reiseroute bis zur Antarktis durch. Drei, auch mal vier Windstärken, schieben ASMA an Amerikas südlicher Landmarke vorbei – Kap Hoorn, das in so vielen Seemannsliedern vorkommt. Eigentlich sollten wir jetzt eins singen... „Ich bekomme dich gut, alles paletti, Clark" meldet sich über Amateurfunk Jacques CX 9 ABE aus Montevideo, der die Yachten, die zur Antarktis reisen, fürsorglich mit Wetter und Infos füttert. „So wie die Wetterkarte aussieht, haben wir in den nächsten zwei Tagen etwas Ruhe", melde ich mich zurück zu Jacques. Der sagt: „Weißt du, heute ist Kap Hoorn ja schon eine regelrechte Touristennummer. Die Yachten warten alle 30 Seemeilen entfernt am Ankerplatz auf das richtige Wetter. Dann geht es um das Hoorn, oft mit Motor, und zurück nach Puerto Williams, wo sich die Leute noch ein Zertifikat holen, um sich dann ‚Kap Hoorniers' nennen zu können. Die Welt verändert sich, die große Nummer ist das Hoorn nicht mehr. Die Wetterkarten sind heute schließlich auch so gut und genau – ich kann dir für fast 72 Stunden eine präzise Vorhersage geben. Melde dich morgen, wir haben dann das Wetter von den Russen."

Sechs Windstärken treiben uns schnell voran, und in der sternklaren Nacht springt der Wind auf Nord. Traumhaft – wir setzen den Starkwindspinnaker. Für uns ist eine schnelle Reise jetzt wichtig, denn dadurch verringert sich das Risiko, in einen der Stürme zu kommen. Schnelle Yachten haben logischerweise auch den Vorteil, daß man bei dieser Wetterlage rascher aus dem Zentrum heraus ist als mit einem langsamen Gefährt. Mit 20 Längengraden in 24 Stunden, so unsere Erfahrung, wandern hier die Tiefs auf der Südhalbkugel zügig zwischen dem 50. und 60. Breitengrad. Einige treffen uns unterwegs, mal stürmisch, mal nur mit mäßigen Winden.

Dann aber! Dreieinhalb Tage, nachdem wir Kap Hoorn verlassen haben, vierzig Seemeilen vor der Küste der Antarktis, erleben wir das volle Programm „Image Drake Passage". Zuerst beginnt ein dichtes Schneetreiben und der Wind legt zu. Die endlose lange Dünung, die aus Westen anrollt, wird von Stunde zu Stunde steiler, die Kämme brechen und weiße Schaumkronen leuchten. Ich reffe das rote Starkwindgroß zu seiner kleinsten Fläche. Gerne würde ich auch noch den Rest wegnehmen, denn wir fahren schnell, fast wie ein Geisterschiff im Nieselregen. Aber ich weiß, weil ich die Seekarte kenne: irgendwann müssen wir den vorteilhaften Vorwindkurs verlassen, dann mit halben bis hoch am Wind segeln, um durch die Drakestraße an die Westküste von Grahamland in der Antarktis zu kommen. Mein Prinzip ist stets: Dort, wo wir bei Schwerwetter nicht unter Segel kommen, dorthin fahren wir grundsätzlich nicht, auch nicht unter Maschine. Das Risiko ist mir zu groß, falls etwas mit der Technik passiert. Und im Sturm erreicht man unter Segelkraft viele Ziele, die eine Maschine und deren geringe Kraft gegen die Elemente niemals schaffen könnte.

Am inneren Vorstag steht das 16 Quadratmeter große Sturmsegel. ASMA jagt durch die grüne See, es stürmt, wir sitzen beide draußen im Cockpit und halten Ausschau. Stundenlang fällt das Barometer in den Keller. Endlich, in der sechsten Stunde des Sturmes, beruhigt sich die Nadel des Barographen und zieht eine gerade Linie auf 962 Hektopascal. Aber nicht so sehr das Wetter strapaziert arg unser Nervenkostüm, es sind die großen Eisstücke und Growler, erste Vorboten der Antarktis, denen wir jetzt begegnen. Schneeverklebt sind unsere Augen. Angespannt starren wir in die diesig graue Suppe. „Zehn Grad Steuerbord" ruft Michelle. Ich korrigiere den Kurs an der Selbststeueranlage. Eine Eisplatte saust an Backbord vorbei, Wellen brechen sich darüber. Kommandos von Michelle: „Geh auf Backbord ... 5 Grad Steuerbord ... Mehr Backbord ... Eisberg voraus ..." Sie hockt an Backbord und ich beobachte die Steuerbordseite. Weiche dem Eis aus, soweit ich es sehen kann. Oft muß ich die Selbststeueranlage – deren Steuerleine mit einer Kette auf die Pinne belegt ist – schnell auskuppeln, um noch zur rechten Zeit mit der Hand zu steuern, damit wir blitzschnell den Growlern ausweichen. „Fünf Grad nach Backbord ... mehr Backbord ... gut so ... Bleibe auf Kurs ..." Alles scheint eine Ewigkeit zu dauern: Sind es Stunden? Ein Tag? Mir fehlt inzwischen das Zeitgefühl, mein Körper ist angespannt. Weiter passieren Eisbrocken die Bordwand. Das Rigg heult jetzt lauter, denn wir ändern den Kurs, können aber zum Glück noch Raumschots segeln. Michelle klammert sich im Deckshaus am Kartentisch fest und trägt in die Karte unsere Position ein, die der GPS anzeigt. „Ob du magst oder nicht, wir müssen langsam mehr nach Steuerbord" schreit sie durch das Windgeheul aus dem Schiebeluk zu mir in das Cockpit. Durch die Heckscheibe im Steuerhaus erkenne ich auf dem Radar, wie recht sie hat, denn knapp fünf Seemeilen voraus ist Land vor dem Bug – Zeit zum Einsteuern in die

Antarktis. Nur noch drei Meilen, dann haben wir an Steuerbord – Landabdeckung. Die Restfläche des Groß wegzunehmen ist unmöglich – ohne Sturmgroß kommen wir niemals dort hinein. Wir verschließen das Niedergangsluk ganz dicht und sichern unsere Lifelines mit zusätzlichen Leinen, denn halber Wind, das wird höllisch. Bevor ich den Kurs ändere, hole ich die Sturmfock dichter und Michelle das Groß. Auf raumen Kursen ist das einfacher und mit weniger Kraftaufwand zu machen. „Okay, wir ändern den Kurs – bist du sicher angepickt?" schreie ich zu Michelle hinüber. Sie nickt, und langsam ziehe ich an den Steuerleinen der Anlage. Asma ändert zaghaft den Raumschotkurs. Kaum liegen wir auf Halbwindkurs, waschen auch schon Brecher über das Schiff. Das Problem dabei ist weniger das Wasser auf dem Deck. Vielmehr sind einige der Brecher so kräftig, daß sie die Yacht zurück auf Raumschotkurs drücken. Ich ziehe mehr an der Steuerleine, Asma stellt sich gegen die Seen, läuft hoch am Wind. Das Leedeck ist bis zu den Mittelluken unter Wasser, aber die Yacht hält sich prächtig, sie bahnt sich tapfer ihren Weg durch die schäumende Wildnis. Auch jetzt zeigt sich wieder einmal, wie vorteilhaft die leichte Bauweise mit Aluminium ist, denn wir profitieren nun von dem geringen Gewicht der Yacht, die schnell wieder auftreibt und sich nicht gleich wieder in der nächsten Welle festbohrt. Die Sicht ist jetzt besser, zwei- bis dreihundert Meter weit. In der Karte haben wir 260° als Kurs eingezeichnet, aber wir steuern, bedingt durch den starken Sturm, nur 180°. Michelle ist wieder im Cockpit. Wir sind durchnäßt, das Wasser steht in den Stiefeln, doch vor Anspannung spüren wir nicht einmal die eisige Kälte, die uns umgibt. Ich verschwinde im Deckshaus, um das Fernglas zu holen.

„Du, da ist noch mehr Eis, ganze Berge und Landschaften" ruft Michelle zu mir herunter – nicht panisch, sondern begeistert. Der Anblick ist in der Tat umwerfend. Tief hängen die grauschwarzen Wolken über einer weißen Märchenlandschaft aus Eis und Schnee. Die Antarktis!

Eingebettet zwischen berghohen Eisklippen liegen wir vor Anker, mitten in einem Fjord der Melchior-Insel. Die Strapazen der letzten Stunden sind schon wieder vergessen. Wir reden jetzt nicht mehr vom Sturm und Eis, sondern vom Essen. Aus gegebenem Anlaß kündigt Michelle ein Festmenü an: Vorspeise, dann Schinken aus der Dose mit Kartoffeln und als Dessert ein hausgemachter Schokoladenpudding. Meine Neugierde auf die fremde Welt, die uns umgibt, ist aber im Moment noch stärker als der Hunger, und ich bitte Michelle: „Laß uns in den schönen Vorgarten gehen! Einfach mal vor die Haustüre" – auf das Ufer der Insel. Mit dem Schlauchboot, angetrieben vom einfachen Seagull-Außenbordmotor, erkunden wir die Umgebung. Auf gestrandeten Eisschollen genießen wir die warme Sonne. Zum Greifen nahe, gleich neben uns, tummeln sich Eismeerrobben und mustern uns neugierig mit ihren großen Augen. Andere schlafen tief. Vorwitzige Jungtiere gleiten am anderen Ende der Scholle über das Eis hinab in das Wasser und tauchen dann direkt neben uns auf.

Nachts ist es bitter kalt, und ich füttere den Ofen mit dem Holz, das wir in Puerto Williams gekauft haben. Rot gefärbt ist der Himmel von der Mitternachtssonne. Wir genießen im mollig warmen Schiff Musik und Kerzenlicht und das vorhin angekündigte Diner. Unseren Gesichtern sieht man die durchlebte Anspannung noch an. Die strapazierten Augen brennen. Todmüde, doch voller Freude, endlich wieder eine Nacht durchschlafen zu können, taumeln wir in die Doppelkoje, die im Vorschiff liegt – vier Tage und 621 Seemeilen Drakestraße liegen hinter uns.

Am anderen Tag: Kräftig pfeift der Nordwind, wir segeln weiter nach Süden. Heute müssen wir öfter Eisfelder durchsegeln, die aus kleinen, matschigen Stücken bestehen. Pausenlos kratzt das Eis am Rumpf entlang. Jetzt ist das Risiko zu groß, daß das Treibeis das Pendelruder der Selbststeueranlage zerstören könnte. Also bekommt die „Monitor", die ASMA während des letzten Sturmes so sicher steuerte, ihren verdienten Urlaub. Unermüdlich arbeitet nun unser hydraulischer Autopilot „Robertson". Später legt der Wind noch zu, und gemeinsam reffen wir das Großsegel. Zwei Stunden später – kaum noch Wind – müssen wir ausreffen. Die Finger sind fürchterlich kalt, ich kann sie kaum noch bewegen, um die Reffbändsel zu lösen. Michelle öffnet die Knoten mit Hilfe ihrer Zähne. Kaum Seegang, denn die passierten Eisfelder wirken achtern wie Wellenbrecher. Fünfzig Seemeilen von der Insel Melchoir entfernt segeln wir in den Lockroy-Hafen, einer weiten Bucht. Dicht hinter einer kleinen Insel, die uns vor dem starken Westwind schützt, ankern wir und bringen eine Achterleine an Land aus. Kaum sind wir unter Deck, springt der Wind schlagartig auf Nordost. Das Ankermanöver beginnt von neuem: Beiboot zu Wasser. Festmacher hereinholen. Anker hoch. Abhauen. Neuen Ankerplatz suchen. Festmacher mit Schlauchboot ausbringen. Ankern. Festmacher dicht holen. Hoffen und beten, daß der Wind beständig aus dieser Richtung bläst. Gemeinsames Schlafen fällt diese Nacht aus, weil wir uns entschieden haben, Ankerwache zu gehen, denn der Wind kann wieder drehen.

Eiskalt weht der Morgenwind. Wir rudern mit dem Beiboot an Land und besuchen die verlassene englische Forschungsstation. Zum erstenmal begegnen wir dabei einer Kolonie von Pinguinen. Hunderte der schwarzweißen Frackträger – es sind Eselspinguine – bewohnen die felsige Insel. Von der Tierkolonie kommen laute „Koahk"-Rufe. Abwechselnd betreuen die Männchen und Weibchen die Küken, und einer von beiden ist immer auf Nahrungsjagd. Wir beobachten Elterntiere, die mit frischer Nahrung am steinigen Nest angekommen sind und ihre Jungen herbeirufen. Wenn bei der Fütterung das erwachsene Tier den Krill aus dem Magen hochwürgt, verschwindet der kleine Kopf vollständig im Schnabel der Elterntiere. Beschützend gegen den kalten Wind, der Schneeflocken vor sich hertreibt, stehen die erwachsenen Tiere mit dem Rücken vor den Jungen. Ein friedlicher, harmonischer Anblick, den wir aus gebührender Entfernung genießen. Doch leider liegen dazwischen der Abfall der Forschungsstation: Alte Konservendosen, große Batterien, zerrostete Fässer, Metallcontainer, die noch mit Öl und Diesel gefüllt sind – es ist nur eine Frage der Zeit, bis die Korrosion das Metall zerstört – und alles ausläuft. Mitten in dieser Szenerie, zwischen Zivilisationsmüll und Pinguinen, fühle mich mich als Vertreter dieser Menschheit sehr betroffen.

Wie riesige Diamanten, haushoch blau und weiß, leuchten am Morgen die Eisberge, die wir passieren. Steil aus dem Wasser ragen die Berge der Inseln in der Le-Maire-Straße, durch die wir langsam segeln. Michelle hat die Wache und geht Ruder. Mein Job ist es jetzt, die Rolle des „Müllmannes" zu übernehmen – auch eingedenk des Anblicks vom Vortag. Das Achterdeck der ASMA verwandelt sich vorübergehend in eine Mülldeponie. Beiderseitig schneide ich die leeren Konservendosen auf und klopfe sie mit dem Gummihammer flach. Plastikverpackungen und Folien falte ich zusammen und schnüre sie zu kleinen, kompakten Päckchen zusammen. Die Schalen von Kartoffeln, Gemüse und Eiern „pökele" ich mit viel Salz und verpacke diese

Mischung in die wasserdichten und gut verschließbaren Plastikcontainer. Hier auf dem eisigen Kontinent verfault kaum etwas, es gibt zuwenig Bakterien, und selten liegen die Temperaturen im Sommer über dem Gefrierpunkt. Organische Seifen (für die Körperpflege wie auch in der Küche) sind für uns genauso selbstverständlich wie die Ableitung unserer persönlichen Hinterlassenschaften in den Schmutzwassertank, der dann außerhalb von Tierkolonien und fern vom Ufer entleert wird, wie es im Antarktischen Treaty vorgeschlagen wird. Denn gerade hier, mitten in der weißen Pracht, gewinnt man eine andere Einstellung zur Natur. In der kalten Antarktis benötigt zum Beispiel ein weggeworfener Apfel nicht weniger als 100 Jahre, um zu verwesen, und 75 Jahre braucht die Natur, um einen kleinen Tropfen Motorenöl abzubauen.

Langsam, ganz vorsichtig – dieses Seegebiet ist noch nicht vermessen – passieren wir die Südwestseite der Hovgard-Insel. Vorbei an Klippen und Felsen erkenne ich von der ersten Saling die Untiefen auf dem Grund. Die Seelandschaft ähnelt den skandinavischen Schären. Michelle steuert Asma durch ein Labyrinth von Felsen und Untiefen, und in einer engen Bucht finden wir auf fünf Meter Tiefe einen Ankerplatz. Zusätzlich zum Anker bringen wir zwei lange Leinen aus, die wir an Land an Felsen befestigen. Seit wir hier sind, ist das der beste Allwetterhafen. Hier können wir länger bleiben, denn jetzt wird Asma wieder unser „Basislager", und wir erkunden die Umgebung. Täglich unternehmen wir neue Ausflüge mit dem Beiboot und wandern zu Fuß über die weiten Eisfelder der Insel. Dort finden wir Eishöhlen mit geheimnisvollen tiefen Schächten. Die reizen zum Hinabsteigen, und am nächsten Tag komme ich mit Eispickel und Steigeisen zurück. Meter um Meter krieche ich in die tiefe Höhle hinab. Riesige Eiszapfen – bestimmt länger als zehn Meter – hängen an der Decke. Bloß nicht daran denken, wenn einer abbricht! Am Ende dann kristallklares Eis, durch das die fernen Sonnenstrahlen leuchten. Ich fühle mich versunken in einem Meer von großen Diamanten, die in allen Blautönen leuchten. Bilder, die fast unwirklich wirken – nur die Natur kann eine solche Kunstgalerie formen. Wie lange sie dafür wohl gebraucht hat? Da kommt man ins Grübeln über diesen Begriff „Zeit" – und ich erinnere mich an den Ausflug von gestern, als wir am Gletscher große Flächen von rotem Eis entdeckten. Rot! Denn dort passiert auch etwas Zeitloses, wenn man es mit dem kurzen Leben eines Menschen

vergleicht. Algen, die durch ihre Pigmente den Gletscher rötlich fär-
ben, sind in der Lage, sich selbst in eine Art „Ruhestand" zu versetzen. Forscher haben herausgefunden: In den langen Trockenperio-
den, die oft 2000 Jahre dauern, „ruhen" diese Algen und aktivieren
erst dann wieder ihr Dasein, wenn es genug Feuchtigkeit durch
Schneeschmelze gibt – bedingt durch Klimaveränderung –, um dann
weiter zu leben. Ihre Aktivität färbt dann das Eis auf diese Weise rot.

An einem anderen Tag besuchen wir eine Kolonie der „Blue-Eyed"-
Vögel: Kormorane, deren Junge laut nach Nahrung rufen. Wieder eine intensive Begegnung mit der Natur. Wir sind gerade so nahe bei
den Tieren, daß sie nicht gestört werden. Ich fotografiere, ganz be-
hutsam. Auch dies wieder ein überwältigender Eindruck. Und ich
fühle: an diesem Ort beherrscht nicht der Mensch die Erde – nein, in
der Antarktis beherrscht sie dich. Die Macht der Natur, aus Eis und
Wind geformt, hält dich ständig in Atem. Passend dazu hören wir neben dem Rumpf wieder ein lautes Prusten, und dann platscht es kräftig im Wasser: Vier Buckelwale begleiten ASMA – unsere Lotsen!

Mehrjähriges Eis umgibt uns, und nicht selten müssen wir Eisplatten mit dem Bug zur Seite schieben, um uns einen Weg zu bahnen.
65 Grad 35 Minuten Süd sind erreicht und von weitem leuchtet weiß
das antarktische Festland. Vor dem Bug liegt eine eisfreie Wasserfläche. Dahinter ist alles dicht, dort beginnt die dichte Eisbarriere von
unzähligen Milliarden Tonnen gefrorenen Wassers, bis hin zum Südpol. Endstation für uns und ASMA. Wir schieben uns durch die letzten
100 Meter des Eisfeldes und lassen dann die Yacht im freien Wasser
treiben. Laute klassische Musik hallt aus unseren Bordlautsprechern
im Salon. Vielleicht wird sie weiter unten auch gehört? Ein Meeres-
biologe in Kanada erzählte mir nämlich: „Wale lieben klassische Musik." Und siehe – es stimmt: Langsam schwimmen unsere Freunde,
die Buckelwale, an die treibende ASMA heran und berühren fast unseren Rumpf. Ständig umschwimmen sie uns, spielen miteinander und
drehen sich dabei geschickt, damit ihre neugierigen Augen zu uns auf
das Deck sehen können. Ein besonders kapitales Exemplar, größer
als unsere 13 m lange Yacht, will es sogar ganz genau wissen. Er
schraubt sich sanft – alles wirkt so leicht und geschmeidig! – aus dem
kristallklaren Meerwasser und schiebt seinen Kopf drei Meter über
die Wasserlinie, um zu mir in das Cockpit zu gucken. Sekundenlang
sehen wir uns an – dann sinkt er langsam wieder in die Tiefe...

161

Der Nordostwind bringt uns Schneetreiben. Eingepudert, mit 20 cm Schnee an Deck, fahren wir durch das graue Wasser. Wir haben uns in viele Lagen Fleece-Kleidung verpackt – nach dem effektiven „Zwiebelschalenprinzip": Durch das Aus- oder Anziehen einer Lage kann man sich den Außentemperaturen besser anpassen – und man schwitzt nicht. Zum Schutz gegen Schnee und die sprühende Gischt tragen wir Segelanzüge, deren atmungsaktive Membrane mit dem Außenmaterial „Sympatex" überzogen ist. Neopren-Handschuhe schützen unsere Hände – für uns die beste Lösung bei nassem Wetter. Sonst bevorzugen wir Wollfingerhandschuhe, über die einfache Gummihandschuhe gezogen werden – das ist wesentlich wärmer. Der Nachteil natürlich: wenn sie mal feucht sind, dauert es schier eine Ewigkeit, bis die Wolle wieder trocknet. Falcon-Gletscherbrillen (verbunden mit dem Namen Reinhold Messners) sind im grellen Licht des Eises unerläßlich und schützen unsere Augen den ganzen Tag über. Eisbrocken, die von Eisbergen „gekalbt" wurden, treiben an uns vorbei. Pinguine entdecken wir darauf, und manchmal sogar Seeleoparden. Diese Robbenart – sie frißt leider unsere neuen Freunde, die Pinguine – kann selbst Menschen und auch Schlauchbooten gefährlich werden. Die Meinungen, warum diese Tiere aggressiv auf solche Boote reagieren, gehen auseinander.

Für mich ist diese Variante am logischsten: daß Seeleoparden in Tauchposition von unten in dem Beiboot auf der Wasseroberfläche eine hilflose Beute sehen – und zubeißen. Alain, ein erfahrener Antarktissegler von der Yacht Kotick, hat das selbst einmal erlebt, als ein Seeleopard sein Schlauchboot angriff. Er konnte ihn nur verjagen, indem er harte Schläge mit dem Ruder austeilte. Schlimmer erwischte es Rolf und Debrah von der Northern Light: Ihr Schlauchboot, es hing am Ankerplatz am Heck, wurde von Seeleoparden regelrecht „zerfleischt". Zum Glück hatten die beiden Antarktis-Spezialisten ein Ersatzboot an Bord. Auch die sogenannten „Killerwale" – eigentlich: Schwertwale – greifen manchmal aufblasbare Boote an. Merke: Nach Gebrauch das Schlauchboot immer gleich aus dem Wasser hochziehen!

Es ist bitterkalt. Glänzendes Eis hat das ganze Deck überzogen, die Segel und das Tauwerk, außerdem die zweimal 100 m langen Festmacherleinen, die auf dem Achterdeck liegen. Wir wärmen uns mit heißem Tee und Suppe auf und heizen das Deckshaus. Dazu dient uns eine Geniol-Starklichtlampe – das ist eine Petroleumlampe, die zuerst den Brennstoff vergast und das Gas am Glühstrumpf verbrennt. Das Resultat ist nicht nur helles Licht, sondern – als Nebenprodukt – auch mollige Wärme.

Stunden später schiebt der Wind den Wolkenvorhang beiseite. An Steuerbord strahlt im Sonnenlicht der endlos scheinende Gletscher des Inlandeises. Antarktis, das bedeutet Extreme. Wetter und Wind wechseln oft in Minuten. Wir müssen für jede denkbare Situation Alternativen parat haben. Die bisherigen Erfahrungen zeigten uns das. In einigen Regionen froren die Wassertanks ein – dort mußten wir dann Eis vom Land holen und es schmelzen. Woanders zeigte die Karte zwar einen angeblich möglichen Kurs an – doch als wir dort ankamen, war alles mit Packeis verstopft. Eine andere Route, die wir für eine Tagesetappe wählten, erwies sich auch als sehr ungünstig – weil genau von dort ein Sturm blies. Wir lagen gerade gemütlich in der Koje – da fegte nachts ein Sturm in die Bucht und wir mußten den Ankerplatz Hals über Kopf verlassen. In der Antarktis ist man eben ständig auf Trab. Nichts hier ist endgültig, alles ändert sich. Hier ist man alleine, auf sich gestellt, und muß schon ein enorm gutes Schiff haben – und selbst starke Nerven.

An die großen Schrauben, die Michelle jetzt an Land in das Eis gedreht hat, stecken wir unsere Festmacher. ASMA ist jetzt zu Gast im Stella Creek. Nahe unserer Yacht, in einem Seitenarm, finden wir eine zusammengefallene Hütte, eine verlassene Forschungsstation. Die kümmerliche Ruine ist für uns aber eine Art „Goldgrube", denn hier liegen noch Tonnen von Steinkohle. Wir packen damit unsere Plastikcontainer und fahren damit zurück zur ASMA. Eine Bordfete zu zweit ist mal wieder angesagt. Wir füllen den Ofen mit Kohle voll und erreichen Temperaturen im Schiff, die uns an die Wärme des Äquators erinnern. Genießen Wein, duschen mit heißem Wasser und sind froh, einmal völlig ohne dicke Lagen Kleidung unter Deck herumlaufen zu können, genauso wie am tropischen Strand. Und wie in einer phantasievoll erdachten Situationskomödie, klopft es jetzt an der Tür. Hier, in der menschenleeren Eiswüste. Es klopft! Genauer gesagt, nicht an der Tür, sondern am Rumpf. Es klopft! Eilig ziehen wir uns was über – und erkennen durch das Fenster drei Männer. Sie kommen von der nahe gelegenen englischen Forschungsstation Faraday.

Willkommen! Kaffeerunde an Bord und viele Stories. Mike, der schon zehn Jahre Antarktis hinter sich hat, macht sich lustig über die Forscher der modernen Sorte, die gerade mal per Helikopter für acht Tage in die Antarktis kommen: „Die fühlen sich wie ganz tolle Entdecker und reden dann bestimmt zu Hause auch so. Mann, da erlebst du was! Da war mal eine Gruppe hier, ja, letztes Jahr war das, die erzählten uns, wie man hier lebt. Uns! Richtige Lehrmeister. Am zweiten Tag brachten sie drei Mann auf eine Insel. Die sollten dort Seeplankton sammeln. Nachmittags erreichte uns ein ‚Mayday‘ dieser Männer. Der Mann schrie laut, wir sollten kommen, sie würden knietief im Wasser stehen. Ihr Teamleiter hatte sie statt auf eine Insel auf einen Felsen bei Ebbe gesetzt. Dann kam das Hochwasser…“

Gemeinsam fahren wir mit unseren Beibooten zur Station und werden zum Essen eingeladen. Danach sitzen wir an der Bar, jawohl: Bar. In Stil und Verarbeitung kann sie sich mit jeder Hotelbar messen. Michelle ist erstaunt und fragt Peter: „Habt ihr die vom Hilton aus London mitgenommen?“ Die Antwort ist eine schöne Geschichte: „Hier arbeitete mal ein Tischler, der das Haus ausbauen sollte. Ein Waliser. Er verwendete die Hölzer, die eigentlich für Möbel gedacht waren und mühevoll hierher gebracht wurden, liebevoll ausschließlich für den Bau dieser luxuriösen Bar. Die Bar blieb – aber ihr Erbauer bekam danach seine Papiere und mußte unverzüglich verschwinden.“

Wenige Stunden von Faraday entfernt liegt die Hovgard-Insel, und dort finden wir einen guten Ankerplatz. Wir vertäuen ASMA und treffen überraschend erneut auf Debrah Shapiro und Rolf Bjelke mit ihrer Stahlketsch NORTHERN LIGHT, die nur 150 m von uns ankern. Hinter den Seglern liegen schon 14 Monate Antarktis – ein ganzer Winter. Das war so geplant, ein Traum von den beiden. Im Salon ihrer Yacht, einer Joshua – wie sie Moitessier segelte –, erklärt uns Rolf fachmännisch am warmen Reflex-Dieselofen, was die wichtigsten Faktoren sind, die man bei der Auswahl eines Überwinterungsplatzes beachten muß. „Ankern kannst du vergessen. Wie eine Spinne mußt du dich mit starken Tauen in alle Himmelsrichtungen zu Felsen, die aus dem Wasser ragen, oder an Land vertäuen. Zuerst brauchst du 3–8 Meter Wassertiefe. Nicht zu flach, damit es nicht im Winter bis zum Grund friert. Aber auch nicht zu tief, sonst stranden die Eisberge und großen Brocken nicht weit genug vor dem Schiff und kollidieren mit der Yacht. Eng muß der Winterankerplatz sein – am besten mit Klippen und großen Felsen umgeben." Und weiter, Originalton Rolf: „Nicht nur der Winter ist das Problem, auch das Frühjahr hat es in sich, und dann bewegen Gezeiten und Wind im Tauwetter das Eis enorm. Deshalb brauchst du viele Klippen und Enge, damit das Eis sich um dich nicht zu stark bewegt, keinen Druck auf das Schiff ausübt. Es kann passieren, daß die Eisplatte, in der du eingefroren warst, nun davon treibt. Das soll nicht passieren, denn die Festmacher würden zerreißen. Nur wenn Klippen und Steine das Eis festhalten, dann passiert nichts. Und die nahe Umgebung des Landes muß vorher genau inspiziert werden. Winterschnee kann haushohe Wehen aufbauen, die dich dann schließlich begraben. Dein Umland muß so geschaffen sein, daß es dazu nicht

Unsere Freunde Debrah und Rolf von der schwedischen Yacht NORTHERN LIGHT trafen wir nahe der Hovgard-Insel nach ihrer erfolgreichen Überwinterung in der Antarktis.

kommen kann. Wir hatten im Winter einen Barostand von 932 Hektopascal und über 160 km/h Windgeschwindigkeit. Wenn Du dann am falschen Platz sitzt, in der Falle, hilft schaufeln nichts mehr – Yacht und Crew ersticken im Schnee."

Die Tage sind kürzer geworden jetzt am Ende des Februars. Nur noch neun Stunden Tageslicht. Langsam geht der antarktische Sommer zu Ende. Wir sind nun auf Nordkurs und besuchen unzählige Plätze: Insel Bryde, Gonzalez Videla, Estrecho Gerlache, Cap Reclus und die Trinidad-Insel. Starkwind bläst in unsere Segel, der Himmel ist blau und Milliarden von Kristallen glitzern von den Gletschern. Schöner kann der Abschied von der Antarktis nicht sein! Wir verlassen wehmütig diese traumhafte Welt und erreichen schon nach neun Stunden die Deception-Insel, die schon zur Kette der Südshetland-Inseln gehört. Vulkangestein säumt den weiten Krater, der eine Öffnung zum Meer hat und mit Seewasser gefüllt ist. Wir segeln in den Krater hinein, der von niedrigen Bergen umgeben ist. Draußen, auf offener See, hatten wir gute Winde. Hier aber stürmt es paradoxerweise für Minuten wie verrückt. Dann wieder Windstille, und gleich danach folgen erneut Böen, die Asma kräftig auf die Seite legen. Das liegt an den Bergen, an deren Hängen diese Fallwinde entstehen.

Stundenlang suchen wir nach einem geeigneten Ankerplatz. Nicht nur der schlechte Ankergrund macht uns zu schaffen, sondern eben auch dieser Wind, der mal aus West und dann wieder aus Nordost kommt. Wir finden einfach keine gut geschützte Bucht. Aber dann: „Auf dem kleinen Landvorsprung steht ein alter Leuchtfeuermast" rufe ich Michelle zu, die vorne am Bug steht. Die ist aber gar nicht so begeistert: „Bei dem Sauwetter soll ich jetzt wieder mit Festmacher und Dingi los?" Es weht hart, und mir ist klar: gegen den Wind kommt unser kleiner Außenborder nicht an. Deshalb motore ich dicht unter Land, und Michelle sitzt schon startbereit im Beiboot. Wir warten auf die nächste Böe. Es rauscht, das Wasser ist weiß. Dann Windstille. Das ist Michelles Chance – sie fährt los. Kaum ist sie an Land, fegt die nächste Böe über mich hinweg. Um den stählernen Mast befestigt sie die 100 m lange Leine und springt in das Dingi. Kaum hat sie das Schlauchboot losgebunden, jagt wieder ein Böe los und treibt Michelle zur Asma. Wir machen die Leine am Heck fest und hängen regelrecht an ihr – die ganze Nacht. Wir sind froh, als das erste Morgenlicht den Tag ankündigt, und verschwinden schnell aus dieser unsicheren Ecke, vor der übrigens schon die Walfänger warnten. Man soll eben immer auf die Alten hören!

Fast entschuldigend meldet sich heute über Funk unser Günther (DL 2 FCG), der uns auf der ganzen Antarktisreise mit wertvollen Wetterinformationen erstklassig betreut hat: „Du, ich habe nicht viel Gutes zu berichten, drei aufeinanderfolgende Tiefs rauschen bald über euch hinweg. Eins ist ein echtes Sturmtief!" Aha – wir merken es ist jetzt – Anfang März – schon recht spät für dieses Seegebiet. In dieser Jahreszeit gefällt es den Winden in der Drakestraße besonders gut. Festgebunden an einer kleinen Insel in der Bahia Fildes wettern wir

Pinguine, die Vögel, die nicht fliegen können, schwimmen bis zu 36 km/h schnell unter Wasser und tauchen 200 m tief.

die Stürme ab. ASMA zerrt an den Festmachern. Rauch steigt aus unserem Ofen. Geduld und warten – das ist hier der einzige Weg zum Ziel. Wir besuchen noch einige internationale Forschungsstationen – die halbe Welt ist hier versammelt: die Chinesen auf Great Wall, die Gletscherexperten aus Uruguay und die Polen auf der Station Arctowski, die auf die Tier- und Faunaforschung spezialisiert sind und mit dem argentinischen Biologen Tomas Holik zusammenarbeiten. Er weiß alles über Pinguine. Es sind die einzigen Vögel, die nicht über, sondern unter Wasser „fliegen". Dabei dienen ihnen die Flügel als Ruderflossen. Mit dem Schwanz wird gesteuert. Dabei kann ein Pinguin Spitzengeschwindigkeiten bis zu 36 km/h erreichen. Er taucht bis zu 200 Meter tief und jagt dort Krill und Kleinfische. Sieben Arten von Pinguinen bevölkern die Antarktis. Tomas kennt Pinguinkolonien mit mehr als 100 000 Tieren. Er erklärt uns die Bräuche zur Brutzeit: „Zuerst wird ein Ei gelegt. Drei bis fünf Tage später das zweite Ei, wir nennen es das „Notei". Das ist eine Sicherheitsmaßnahme, denn eisige Winde, Raubvögel und extreme Wetterumschwünge können schnell ein Kükenleben beenden, bevor es überhaupt bekonnen hat. Natürlich ist das „Erstgeborene" durch den Ernährungsvorsprung stärker als das zweite. Später ändern die Eltern die Fütterungstaktik und bevorzugen den Insassen des zweiten Eis."

Bei den Pinguinen herrscht Gleichberechtigung: Auch das Männchen brütet mit. Zu diesem Zwecke haben die Vögel auf der Bauchseite einen Schlitz im Feder-Fell. Der Lärm in so einer Kolonie ist beträchtlich. Tomas erklärt uns: „Wir hören hier so an die 6000 Eselspinguine. Und jede Familie hat ihre eigene Tonlage, denn nur so finden die Eltern in diesem Durcheinander ihre Jungen wieder."

Es geht weiter. Routinemäßig, wie immer vor einer windigen Passage, zurren wir alles fest und schlagen die Sturmfock an, die verpackt im Segelsack bleibt. Die Barometerkurve ist seit gestern stetig angestiegen: 982 ... 986 ... 991 ... 1000 Hektopascal, weiter steigt sie nicht. Ein Hochdruckkeil schiebt sich in die Drakestraße. Doch schon auf 90 Grad West steht das nächste Tief. Irgendwann auf der bevorstehenden Nonstop-Reise nach Argentinien werden uns die hohen „Graubärte" erwischen, die Riesenwellen, die der Sturm vorwärts peitscht. ASMA passiert die Insel Estro Nelson, und beim Blick zurück sehen wir zum letztenmal die Eisklippen der King-George-Insel. Sanft rollt der Rumpf durch die lange Dünung in die

Weite des Ozeans. Wir haben die Wendemarke unserer Amerika-Umseglung erreicht. Die Arktis, die Westküste Amerikas und nun auch die Antarktis liegen hinter uns. Von jetzt an geht es immer mit nördlichen Kursen zum Nordatlantik zurück. Weit achtern verschwindet die Antarktis, die wir in vierzig Tagen so lieb gewonnen hatten. Wenn doch die Menschen etwas vorsichtiger mit ihr umgingen! Dieses riesige Land gehört dem Eis, den Tieren, dem Wasser und nicht den Menschen, die dort Minerale und Erdöl fördern wollen. Im Zerstören unserer Welt sind wir wahrlich Weltmeister.

ANTARKTIS BIS BUENOS AIRES
25950 Seemeilen

Kurs Rio de la Plata

Zweiundsiebzig Stunden segeln wir nun schon durch die Drakestraße. Kein Eis in Sicht, obwohl laut Wetterbericht nahe unserer Position Eisberge treiben sollen. Der ewige Kurventanz des Barometers ist zwar typisch für die launischen hohen Breiten, aber heute fällt es schon sehr extrem in die Tiefe. Wir sind am Ende der Drakestraße, wo der Pazifik auf den Atlantik trifft. Um der vorhergesagten Sturmfront auszuweichen, haben wir den Kurs geändert. Wir liefen die letzten 24 Stunden Ost bis Nordost, um weit weg von den Staateninseln und dem flachen Meeresschelf zu kommen. Jetzt, bei diesem stürmischen Wetter, toben dort bestimmt grausame Seen. Der Südoststurm, in Böen satte 50 Knoten, stimmt dank unserer heutigen Position wenigstens von der Richtung her: Wir laufen raumen Kurs nach Norden, nach Argentinien. Zum Glück ändert sich hier die von Westen kommende Meeresströmung und schwenkt nach Norden. Strömung und Sturmseen gehen in eine Richtung, das Meer wirkt harmonisch. Aber nicht gerade mild: Haushohe, lange Wellenberge im Abstand von rund 80 Metern schieben ASMA voran. Wir versuchen die Wellenhöhen zu schätzen, schaffen es aber nicht. Acht, zehn oder doch nur sechs Meter?

Die reinen Windstärken sagen wenig darüber aus, wie risikovoll das Schwerwetter für ein kleines Schiff wirklich ist. Ich erinnere mich an die Herbstreise 1990 durch den Nordpazifik: es wehte zwar „nur" mit acht Windstärken, aber als der Westwind auf die von Süden kommende Meeresströmung traf, wurde es überaus kritisch.

Heute ist der Sturm zwar viel stärker, von achtern fegen Wellen über das Deck – aber trotzdem ist nichts gefährlich. ASMAS Rumpf gleitet auf den langen Wellen auf und ab. Das Vorsegel, die 16,7 m² große rote Sturmfock, zieht uns durch das grün schimmernde Meer mit seinen weißen Kämmen. Manchmal türmen sich Wasserwände am Heck auf, brechen in sich zusammen, alles schäumt, donnert und grollt. Michelle schläft tief, seit zwei Stunden. Die Selbststeueranlage arbeitet zuverlässig – deshalb verkrieche ich mich in das Deckshaus und koche Tee. Durch die Fensterscheiben beobachte ich die gigantischen Wassermassen, die an ASMA vorbei jagen, und bin zufrieden mit meiner Sturmtaktik: Immer der Windstärke entsprechend maximale Segelfläche setzen, um schnelle Fahrt und Steuerfähigkeit zu erreichen. Auch weiterhin passiert nichts Aufregendes: Nach 24 Stunden flaut der Sturm auf 35 Knoten Südostwind ab.

Der nächste Tag ist dafür richtig aufregend. Von Mittag bis zum Morgen des nächsten Tages, fast 20 Stunden lang, fahren wir Slalom und müssen ständig den Kurs ändern. Grund dafür sind die vor ewig langen Leinen ankernden Fischerboote, wahrscheinlich mehr als hundert. Matrosen aus Korea winken von ihren Booten, wir zurück. Dieser unter Seeleuten üblichen Geste möchte ich nicht ausweichen, obwohl ich mich frage, wieviele Fische bei so einer riesigen Fangflotte eigentlich noch überleben können. Wenn man lange auf den Meeren reist, sieht man erst, welche Armadas von Fischdampfern dort herumschwimmen. Für den Segler sind diese Boote eine Gefahr, denn sie schippern außerhalb der üblichen Schiffahrtsrouten herum. Schlimmer aber sind die Folgen für das biologische Gleichgewicht der Meere. In Südmexiko zum Beispiel, auf der pazifischen Seite, hat die japanische Fangflotte die Küstenregion so leer gefischt, daß es jetzt ein Geschäft für mexikanische Fuhrunternehmen ist, Fisch auf Eis von der anderen Seite – also von der Karibik – zur Pazifikküste zu schaffen. 720 mexikanische Fischerboote gaben ihre Fanglizenzen ab, unzählige Kapitäne gingen in Konkurs, weil in den Netzen kein Fisch mehr war.

Winde aus südlichen Richtungen begleiten uns jetzt. „Das ist wie in der Sauna" stöhnt Michelle, als sie morgens durchgeschwitzt aus dem Schlafsack kriecht. Es ist Mitte März, Spätsommer in Argentinien. Langsam kommen wir der Küste näher. Barfuß, ein ganz komisches Gefühl nach Monaten in den kalten Regionen, laufen wir auf dem Deck. Lauwarmer Wind füllt sachte den Spinnaker. „Du hättest wenigstens 100 Liter mehr Wasser in die Tanks füllen können" sagte Michelle. „Klar, aber die Yacht wäre dann wieder schwerer geworden" erwidere ich. – „Du Gewichtsfanatiker!" – „Das war aber zwischen uns so abgemacht! Wir wußten, daß wir durch stürmische Seegebiete gehen, und dann ist ein leichtes Schiff unser Trumpf!" – Michelle: „Gut, ich sage ja gar nichts mehr. Nur ein bißchen mehr Wasser zum Duschen ist eben für eine Frau ein wichtiges Stück Luxus auf See." Kann ich auch wieder verstehen, aber Segeln bedeutet nun mal, Kompromisse einzugehen. Nur so geht es, wenn man so lange zu zweit auf engem Raum leben muß: Kompromisse finden. Michelle und ich sind beide sehr individuelle Menschen mit starkem Durchsetzungswillen. Wir haben auf dieser Reise von Monat zu Monat mehr über den Wert gegenseitiger Toleranz gelernt. Und das, obwohl wir in mancher Hinsicht so unterschiedlich sind. Für Michelle ist zum Beispiel eine Wache von 3 Uhr morgens bis 6 Uhr fast eine Folter, denn sie schläft in dieser Zeit gerne. Ich dagegen genieße genau diese Stunden, wenn langsam auf dem Meer die Sonne aufgeht. Kochen ist für mich nicht so wichtig wie für Michelle. Sie dagegen kann sich nicht für Wartungsarbeiten am Schiff begeistern, für die wiederum ich gern viel Zeit verwende. Natürlich gibt es aber auch viele Gemeinsamkeiten – ohne die ginge es ja gar nicht. Und Männer sind auf solch extremen Reisen nur erfolgreich, wenn ihre Partnerinnen sie unterstützen. Ohne Michelle hätte ich das alles nie geschafft, auch wenn sie von meinen Pressekollegen manchmal nur als Nebenfigur wahrgenommen wird. Ich passe eben besser in das Klischee „Ein Mann im Kampf mit dem Meer". Andererseits haben wir auch schon das genaue Gegenteil erlebt – bei einem Verlag, der eine „Frauengeschichte" suchte: die mutige, selbstbewußte, emanzipierte Frau. Michelle hatte dort ein Exposé für ein Buch eingereicht. Im ablehnenden Antwortschreiben des Lektors hieß es wörtlich: „...zum anderen stört uns etwas, daß Frau Poncini die Reise zusammen mit ihrem Mann unternommen hat."

Zu zweit sind wir nun also im Südatlantik. Vor dem Bug, an der Küste, jetzt eine Betonkulisse mit Hotelbauten und Hochhäusern. Ein ernüchternder Anblick nach der Einsamkeit der Antarktis.

Wir passieren die Mole und segeln in den Hafen von Mar de la Plata, einem Fischerort südlich von Buenos Aires. Das Wetter ist schön, und am Yachtsteg treffen wir nette Leute und genießen nach Monaten frische, saftige Früchte. Bei der Paßbehörde allerdings bekommt unsere gute Laune einen Dämpfer: „Ihre Begleiterin braucht ein Visa", sagt der Beamte. Er wiederholt: „Leute von Austria brauchen ein Visa und das kostet 100 Dollar." Voller Erleichterung erkennen wir, daß er „Austria" meint – Österreich. Ich sage: „Sie ist nicht von Austria, sie kommt von Australia." Allgemeines Tuscheln hinter der Amtstheke. Dann sagt ein Dicker – wohl der Boß –: „Australia ist ja noch problematischer. Wer von dort kommt, benötigt unbedingt ein Visa. Aber das kann ich für Sie regeln! Wir haben Beziehungen und senden einen Kurier nach Buenos Aires und in fünf Tagen ist alles geklärt. Die Unkosten dafür betragen 500 US Dollar." Jetzt ist es klar: Erpressung, Korruption. Michelle macht Anstalten, den Polizisten zu erwürgen. Ich dagegen stelle mich dumm und sage: „Mein Herr, was ich wirklich nicht verstehe, ist dies: Wir kommen hierher nach zwölf Tagen auf dem Meer und wollen nur Wasser tanken und Brot einkaufen. Wieso brauchen wir dafür ein Visa?" Jetzt fühlt sich der – Verzeihung – korrupte Fettsack so richtig in seinem Element, sein 500-Dollar-Geschäft hat er vergessen, und belehrt den „blöden Gringo" nach Art des Hauses: „Also, Sie wissen auch gar nichts als Kapitän. Wenn Sie Wasser bunkern wollen, das geht natürlich, Sie sind im Transit. 24 Stunden Genehmigung haben Sie dafür, keine Frage. Und mein Mann soll Ihnen dann die Papiere für Montevideo ausstellen. Aber den Hafen verlassen, um Brot zu kaufen, das dürfen Sie nicht, ich warne Sie." Na gut.

Drei Tage später, wir sind im Rio de la Plata nordwestwärts gesegelt, liegt Buenos Aires vor uns. Mitten in der Stadt machen wir beim Yachtclub fest. Wieder Behörden, wieder Bürokratie – aber diesmal nach den internationalen Gepflogenheiten. Die Paßbehörde akzeptiert Michelle als ein Crewmitglied, das mit einem Schiff in Argentinien einreist. Sie erhält sofort ein Visa für 8 Dollar Stempelgebühr. Und das Einklarieren kostet keinen Pfennig.

Buenos Aires: Kaffeebars mit grünen Gärten, architektonische Wunderwerke aus den Zeiten der Jahrhundertwende – und das wundervolle Chaos von 15 Millionen Menschen. Buenos Aires. Monatelang standen wir in Kontakt mit Funkfreund Eduardo Düster, einem Deutschen, der schon lange hier lebt. Eduardo ist in der Segelszene bekannt wie ein bunter Hund. Er ist die gute Seele, die Funksprüche

174

in Faxe umwandelt und dann den Empfängern zuschickt – ein „Mädchen für alles". Auch für uns hat er Post gesammelt, Nachrichten übermittelt und oft wichtige Tips gegeben, etwa über das Wetter. Bei einer Reise wie dieser helfen viele Menschen mit, damit sie gelingt. Sowas kann man nicht alleine machen.

Und nun begrüßt uns Eduardo – in Begleitung seines Sohnes Andy – am Steg des Yachtclubs. Später schmort dann Fleisch auf dem Grill. Volle Weingläser auf den Tischen, dazwischen Salatschalen und frisches Brot. Ringsherum die anderen Gäste, darunter Wolfgang und Gaby, Segler aus Deutschland, und viele freundliche Argentinier. Einen solch herzlichen Empfang hatten wir nicht erwartet. Wir lernen auch Kurt Michulez kennen, Besitzer zweier Lastwagen: „Dieses Land könnt ihr nur mit dem Lkw richtig kennenlernen, mit dem kommt man bis in die letzten Ecken."

Für unseren Fahrer, mit dem wir durch Patagonien in Argentinien reisen, gab es ein Argument, nicht das Fenster zu schließen: „Mir wird es dann warm, und ich schlafe ein – ich fahre schon 21 Stunden."

Zwei Wochen später schaukelt uns einer von Kurts Trucks über die Landstraßen Argentiniens. Fernando, der Chauffeur, ist ein Multi-Talent: Während der Fahrt, mit 30 Tonnen Ladung im Genick, steuert er mit einer Hand den Lastzug an Autos und Rindern vorbei, und mit der anderen beginnt er mit seiner Mate-Zeremonie. Anzünden des Gaskochers, dessen Flamme gleich neben der Motorverkleidung brennt. Dann Wasser in den Kessel füllen. Anschließend das kochende Wasser in den Matetopf füllen. Der Teebecher macht die Runde. Weil aber bei dieser Zeremonie unser Lastzug zwischendurch auch mal auf die falsche Straßenseite kommt und uns dabei schier die Haare zu Berge stehen, einigen wir uns: Fernandos Teekochzeremonien übernehmen jetzt wir, ab sofort sind wir die Mateköche. Nachts blenden uns andere Laster ständig an. Halb blind frage ich schließlich nach dem Grund und bekomme die Antwort: „Das ist ein Test! Wenn der andere zurückblinkt, schläft er noch nicht." In der Tat, sehr beruhigend.

Wir kommen nach Patagonien, wo jetzt Winter ist. Trotz eisiger Kälte schließt Fernando nicht sein Fenster. Auch dies eine Maßnahme zum Wachhalten: „Solange es kalt ist, schlafe ich auch nicht ein. O Mama, ich fahre ja schon 21 Stunden!" 1800 km von Buenos Aires entfernt bremst das Gefährt schließlich im tiefsten Patagonien, in Bariloche. Die schneeweiß bedeckten Anden, kahle Steppen, Wälder, Seen und Häuser aus Holz prägen das vielfältige Landschaftsbild. Bariloche ist ein beliebter argentinischer Ferienort. Wir nisten uns weiter weg in der Estancia „El Condor" ein, in die wir eingeladen worden sind. Dies ist das Revier von 30 000 Schafen, verteilt auf 41 000 Hektar. Dazu gehören die Gauchos, die Männer im Sattel. Rauhe Männer in rauhem Klima – hart, ausdauernd, genügsam, wortkarg, aber freundlich. Don Soto, ein 58jähriger Gaucho, versichert uns: „Alles, was der Mensch braucht haben wir: Mate, Nudeln, Reis und täglich drei Kilo Fleisch." Aha – und kein Gemüse? „Gemüse brauche ich nicht! Schau doch, das Schaf, dessen Fleisch ich verspeise, hat sein Leben lang viele Gräser und Kräuter gefressen. Im Fleisch ist also das ganze Gemüse drin!" Eine verblüffende Erklärung.

Ob er auch mal verreist, fragen wir Juan, einen anderen Gaucho. Der gibt sich ganz fassungslos: „Du bist lustig! Ich soll wegfahren? Weg von hier, von meinen Patagonien? Von unserem Land, in dem der Wind so kräftig ist, daß er selbst Steine davonträgt? Wir sagen

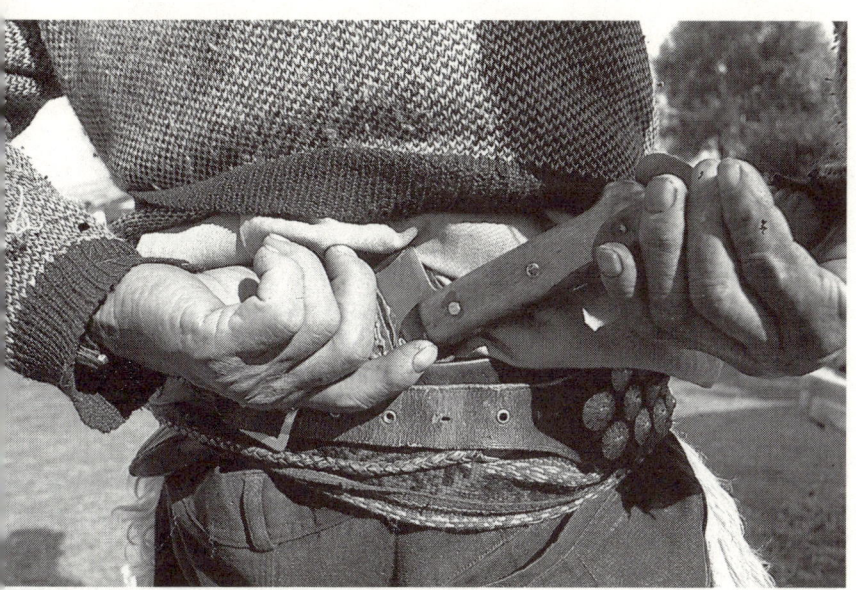

Für den Gaucho ist das Messer ein Universalwerkzeug: Zum Essen, als Zahnstocher, für das Schlachten von Tieren und um Reparaturen auszuführen.

Der Gaucho Don Soto, ein guter Freund, ißt täglich 2–3 kg Fleisch und selten Gemüse. Dafür hat er ein Argument: „Die Schafe fressen das Gras und die Kräuter, da ist ja das ganze Gemüse drin."

uns: Alles kommt früher oder später mit dem Wind bei uns vorbei – warum also wegfahren? Und das stimmt doch, schau dich doch nur an, du bist ja auch hier."

Ächzend quietschen die Federn, und bei jeder Bodenwelle verrenkt sich die Karosse, als würde alles endgültig zusammenbrechen. Wir sitzen jetzt im Bus, der uns von Bariloche nach El Bolson bringen soll. Freunde aus Buenos Aires hatten uns einen Kontakt zu einem Deutschen verschafft, der dort lebt. Und Wolf Krankenhagen umarmt uns gleich an der Bushaltestelle: „Willkommen im Paradies Patagonien." Seine Frau Nora, eine Ungarin, bestätigt: „Patagonien – da kannst du auf der chilenischen Seite im Regen ertrinken und hier bei uns erstickst du im Wind."

Wir sitzen in ihrem Haus am Kaminfeuer. Der 71jährige Wolf versteht sich mittlerweile als Argentinier – er kam schon 1936 mit seinem Vater hierher. Bereits mit 23 Jahren leitete er eine der größten Estancias, die 57 000 Hektar umfassende Schafsfarm „Neu Lübeck". „Das waren damals noch Pionierzeiten", schwärmt er und legt Holz nach. „Kochfeuer unterwegs, und was waren wir froh, wenn wir wenigstens einen Bach in der Nähe hatten, um das Geschirr zu spülen, sonst mußten wir es mit Gras reinigen. Auch das Trinkwasser war oft ein Problem. Und wenn, wie 1938, die Schafe von der Krätze geplagt wurden, mußten die Gauchos auch Doktor spielen, um nicht die ganze Herde zu verlieren. Schafe waschen, immer wieder per Hand abschrubben, 30 000 Tiere."

Einmal im Jahr verkauft der Gaucho seine Schafsfelle und behält die besten, die dichtesten Felle für sich selbst. Dann wird das Grundgestell des Sattels mit Fellen und Decken vollgepackt. Abends am Lagerfeuer wird diese Ladung dann zum Bett, und der Poncho ist die Decke.

Abschied von Patagonien. Zwei Tage rollen wir über die Straßen Argentiniens zurück nach Buenos Aires. Wieder zurück an Bord, überholen wir das Schiff für die Weiterreise. Wir reparieren Kleinigkeiten, lackieren das ganze Innenschiff. Kontrollieren das Rigg, die Segel und prüfen die gesamte Wellenanlage und den Motor. Die Filter werden ausgewechselt. Dazu eine Anmerkung: Motorschäden gibt es beim Segeln unterwegs öfters. Darum hatte ich bei der Planung für das Schiff besonders auf einen großen Motorraum geachtet, der im Bedarfsfall leicht zugänglich ist. Und ich baute eine spezielle Dieselkraftstoff-Filteranlage mit zwei Einheiten ein, bei der je nach Bedarf von einem Filter zum anderen umgeschaltet werden kann. Denn Filteranlagen verstopfen leider meistens genau dann, wenn man den Motor gerade wirklich braucht, bei schwerem Seegang zum Beispiel. Und apropos Filter: Auch ein guter Wasserabscheider am Filter ist wichtig für so ein Unternehmen.

Die Routinearbeiten beschäftigen uns noch tagelang. Dann wird es allmählich Zeit zum Aufbruch. Jetzt im Juli ist es noch gut möglich, nach Norden zu segeln. Die Winde sind wechselhaft. Später, im August, herrschen fast nur die Nordwinde vor. Dann gibt es nur eine Chance, wenn eine Kaltfront aus dem antarktischen Süden kommt: Mit deren Wind geht man nach Norden – nach Brasilien.

Wunderschöne Farben an einem tragischen Platz:
Hier am Wasserfall von Iguazu begann im 17. Jahrhundert
die brutale Vernichtung von über 110 000 Guarani-
Indianern – durch Missionare, Sklavenhändler und Krankheiten.

Aber all unsere Abfahrtsgedanken werden schließlich buchstäblich vom Winde verweht: Die Wetterlage ist ungünstig. Wir planen also wieder um, sind aber gar nicht so traurig darüber, denn dieses Land fasziniert uns. Also wieder in den Bus! Diesmal fahren wir 1500 km weit in den Norden nach Iguazu, zu den berühmten Wasserfällen von enormer Größe und atemberaubender Schönheit. Farbenprächtige Regenbogen bilden sich über der Gischt des brodelnden Wassers. Immer wieder wechseln die Farben, das Naturschauspiel hält uns gefangen. In der Geschichte haben diese Wasserfälle allerdings einmal eine traurige Rolle gespielt – im Zusammenhang mit dem Untergang eines Indianerstammes. Die Tragödie begann 1609, als jesuitische Missionare die hier lebenden Guarani-Indianer missionierten. In den Missionsstationen wurden verschiedene Handwerksprodukte angefertigt und verkauft. Nachdem man den Indianern ihre eigene Kultur und ihre Götter ausgetrieben und den „Naturkindern" die „christliche Nächstenliebe" gepredigt hatte, drangen 1627 europäische Sklavenjäger in das Gebiet ein. 12 000 Indianer flohen auf 700 Flößen den Fluß hinunter, der sich in diese tiefen Wasserfälle ergießt. Die Überlebenden wurden später, weiter flußabwärts, in einer Jesuiten-Mission angesiedelt. 1767 verjagte Karl III. von Spanien die Jesuiten aber aus seinen Kolonien. Fazit: Durch die mehrfache Zerstörung des Stammeslebens, blutige Auseinandersetzungen zwischen Indianern und Europäern, den eingeschleppten Krankheiten einschließlich des Alkoholismus lebten 1784 in diesem Gebiet nur noch 176 Indianer.

Silvino ist der Sippenchef der letzten Indianer. Er schaut zunächst leicht mißtrauisch drein, als er mich auf dem Dorfplatz des Reservates empfängt. Kleine Gärten, ein paar Maisfelder, Holzhütten und eine Schule – das ist das Dorf. „Natürlich haben sich die Zeiten geändert, nachdem wir endlich als Menschen anerkannt sind", wie Silvino sarkastisch sagt. Wir gehen an der Schule vorbei. Silvino bleibt stehen: „Man kann seinen Kindern gar nicht mehr die Wahrheit erzählen, wenn sie nach ihren Vorfahren fragen. Man muß es geschickt machen und vieles vertuschen, sonst sät man nur neuen Haß. Und Schlechtes mit Schlechtem vergelten, davor haben uns schon unsere Großväter gewarnt."

Wir lassen uns im Schatten einer Baumgruppe nieder. Silvino flicht aus Palmenblättern einen kleinen Korb und ich frage ihn: „Haßt du die Weißen?" Entschieden schüttelt er den Kopf und antwortet:

„Nein, damit kämen wir Menschen uns nicht näher. Im Gegenteil, wir müssen uns besser kennenlernen." Damit wir nämlich die unterschiedlichen Welten, in denen wir leben, besser verstünden. Nur Verständnis garantiere Frieden. Und er erzählt von seinem Stamm: „Wir kennen die Natur und wir folgen ihr." Silvino hat schon lange den Korb fertig geflochten und fragt mich: „In Europa, habe ich gehört, kreist ihr jedes Tier ein. Die Rinder leben hinter Zäunen, die Schweine in Ställen, die Pferde in Hütten. Sag mal, warum seid ihr so weit weg von den Tieren, warum folgt ihr nicht den Tieren, wie wir?" Ich versuche zu erklären, warum man in Deutschland anders über Tierhaltung denkt.

Unterdessen wandern wir gemeinsam durch den Regenwald zum Fluß, schauen den Wassermassen zu, die unter dem Regenbogen in die Tiefe rauschen. Silvino sagt: „In den Farben dieser Wasserfälle leben die Ahnen unseres Volkes. Irgendwann kommen sie alle wieder zu uns zurück."

Zurück von den Wasserfällen von Iguazu, begrüßt uns wieder ein Regenbogen, diesmal über dem Fluß Rio de la Plata. Mal blinzelt die Sonne durch die Wolken, dann regnet es wieder. Das Flußwasser selbst ist braun gefärbt. 50 Seemeilen weiter strömt es in den Atlantik. Wir hinken unserem Zeitplan hinterher, weil wir zu lange in Argentinien waren. Der August geht zu Ende – eigentlich zu spät, um nach Norden zu segeln. Aber wir sind nicht zum ersten Mal zu spät dran. Trotzdem: Jetzt eilt es. Wir wollen so früh wie möglich nach der Hurrikansaison in der Karibik sein, also im Dezember. Bis dorthin sind es 5000 Seemeilen. Wir entschließen uns für zwei Stopps in Brasilien. Dann wollen wir von Salvador in einer Nonstop-Etappe über 3000 Seemeilen in die Karibik segeln.

Schon in den letzten Tagen saßen wir wie Windhunde in den Startlöchern und lauschten im Yachtclub täglich den Wettermeldungen. Und endlich kam gestern die erhoffte Supermeldung über Funk: „Clark, ein Tiefdruckgebiet kommt in zwei Tagen zum Rio de la Plata." Das bedeutet für uns kalte Luft aus der Antarktis mit Winden aus dem südlichen Quadranten.

Heute weht es noch hart aus Nordosten, Windstärke sechs, nicht gerade gemütlich mitten im Fluß auf 7 Meter Tiefe. Aber der Wind wird drehen, spätestens morgen. Dafür haben wir jetzt halben Wind und schnelle Fahrt. Das Barometer fällt stetig, aber langsam, Sturm wird es nicht geben. Trotzdem müssen wir uns jetzt, wenn wir auf Deck arbeiten, gut festhalten, um nicht das Gleichgewicht zu verlieren. Wir sind wieder gewöhnungsbedürftig, was den Seegang betrifft, man muß sich erneut einspielen auf die Harmonie der Bewegungen. Immerhin waren wir jetzt vier Monate an Land. Im Kielwasser unserer ASMA verschwindet allmählich die Silhouette von Buenos Aires. An Bord läuft alles wieder routinemäßig. Letztes Check-up der Ausrüstung, alles festzurren, navigieren, an dem Autopiloten Kurse ändern und Ausguck halten. Zwischendrin trinken wir Tee – ein ganz normaler Tag.

ASMA schiebt abends mehr Lage, wir sind weg vom Halbwindkurs und liegen hoch am Wind. Mit zunehmender Dunkelheit dreht der Wind und nimmt zu. Anfangs weht es von Nordwest und dann pfeift es kräftig gut sieben Windstärken aus Westen, ein typisch kaltfeuchtes Winterwetter hier vor Argentinien. Ich binde ein Reff in das Groß und Michelle ruft aus dem Niedergang: „Schau mal nach, ob die Dreifarbenlaterne im Mast leuchtet." Ich vergewissere mich und antworte: „Brennt! Langsam kannst du schlafen gehen, damit wir wieder in unseren Rhythmus kommen. 800 Seemeilen liegen vor uns!" Wir löffeln unser Abendessen, und dann übernehme ich die Nachtwache. Der Wind hat gedreht – wir laufen raumschots und haben bestimmt bald Vorwindkurs. Vier Knoten Strömung schieben mit, der GPS zeigt satte 11 Knoten Fahrt über Grund und wir sind mitten im Schiffahrtsweg, der gut markiert ist mit Leuchttonnen. Ich freue mich auf das Meer und auf das Land Brasilien.

Aber da: Schlagartig gibt es einen enormen Knall, ein wuchtiger Hieb trifft die ASMA – eine Situation, die es bisher noch nie gab. Wir scheinen fast zu stehen, wie von eiserner Hand festgehalten. Meine Hände umgreifen krampfhaft die Handläufe am Niedergang, und ich denke: gleich bricht das Rigg über mir zusammen. Alles bebt und zittert. Dann ein Rumpeln und Kratzen. An Steuerbord treibt irgend etwas ganz langsam vorbei. Michelle ist aus der Koje geworfen worden, und sie kommt aufgeregt zum Niedergang: „Was ist los?" Und sie kann gerade noch den großen Schatten sehen, der in der Dunkelheit weiter treibt. Jetzt habe ich es kapiert – wir haben mit „full speed" eine unbefeuerte Tonne gerammt.

ASMA nimmt nun wieder langsam Fahrt auf und segelt weiter, als sei nichts geschehen. Wir aber müssen sofort kontrollieren: Bodenbretter hoch – haben wir Wassereinbruch? Die Schläuche für die Motorpumpe werden bereitgelegt. Aber, o Wunder: Alles trocken und kein Schaden.

Der Autopilot steuert jetzt die Yacht. Michelle übernimmt Ruderwache und ich gehe zum Vorschiff. Im Taschenlampenlicht erkenne ich nun doch einen Schaden, den ersten. Es ist der 27 kg schwere CQR-Anker, plattgedrückt am Bug. Die Eisenstange, die alles stabilisieren soll, ist an einem Ende gebrochen. Was für ein Schlag! Heftiger Seegang schlägt gegen den Rumpf, und – zurück im Cockpit – melde ich Michelle: „Den Anker hat es erwischt." Irgend etwas gefällt mir jetzt nicht, ich fühle fremde Bewegungen. Asmas Vorschiff wirkt so träge, oder ist es nur Einbildung? Da schießt mir ein Gedanke durch den Kopf: Vielleicht Wasser im Vorschiff? Ich öffne das Decksluk zum Segelstauraum. Im Kegel der Taucher-Taschenlampe bietet sich ein Anblick wie in eine volle Badewanne. Alles schwimmt kreuz und quer, die Segelsäcke, Festmacher, Fender und Schoten. Das Wasser schwappt bei diesem Seegang wild im Segelstauraum umher. Ich verschließe die Luke, Michelle hat Beruhigendes zu vermelden: „Kein Wasser, nicht ein Tropfen in der Vorkammer und Salon." Erleichtert setze ich mich und stecke mir eine Zigarette an. Dann verstauen wir die Motorwasserpumpe, unsere Lenzpumpe für Notfälle, die von einem Zweitakt-Benzinmotor angetrieben wird. Im rauhen Seegang taucht das Loch ständig unter Wasser. Abdichten ist aber jetzt nicht nötig, denn uns fehlt nur wenig am gewöhnlichen Auftrieb des Schiffes. Das Kollisionsschott, das den Segelstauraum und die Doppelkojenkabine trennt, ist wasserdicht – total dicht. Das hatten wir damals gemeinsam mit den Schiffsbauern auf der Werft geprüft, mit Preßluft. Dazu noch eine technische Erläuterung: Asma hat drei Kollisionsschotten, das dritte trennt das Achterschiff vom Deckshaus. Ich bin ein alter Verfechter dieses Systems. Es hat nur einen Nachteil: Der Innenraum der Yacht wird unterteilt und wirkt kleiner. Aber die Vorteile überwiegen bei weitem: Kollisionsschotten in der Yacht verringern das Risiko, bei einer Havarie – mitten auf offener See – die „Umsteigefahrkarte" lösen zu müssen, nämlich mit der Rettungsinsel weiterzuschwimmen, ohne genügend Wasser und Nahrung.

17 Stunden später laufen wir Punta del Este in Uruguay an, um die Yacht zu reparieren. Im Hafen kommt uns die Küstenwache im Schlauchboot entgegen und hilft uns, eine Leine zu einer zweiten Boje

auszubringen. Fassungslos rufen die Männer: „Wasser! Bei Euch läuft Wasser aus dem Schiff!" Das wissen wir sehr wohl: „Darum sind wir hier!" Draußen, im schweren Seegang, durch das Stampfen bedingt, hat sich der Segelstauraum mit Wasser oberhalb der Wasserlinie gefüllt. Und auch jetzt noch, im ruhigen Hafen, schwappt das Wasser immer wieder aus unserem Loch am Bug. Eine viereckige Kante muß sich dort mit enormer Wucht hineingebohrt haben. Unvorstellbare Kräfte haben auf das Aluminium gewirkt – denn schließlich hat der gleiche Bug ja schon starkes Eis in der Arktis gebrochen und Hunderten von Schlägen vom harten Eis standgehalten.

Aber an Schweißen ist hier nicht zu denken! Kein Aluminium-Schweißgerät weit und breit. Also ist improvisieren angesagt. Ich nehme den Cockpitfußboden und den Holzrost heraus und befestige ihn an Leinen neben der Bordwand nahe dem Bug. Anschließend hangele ich mich auf meine „Arbeitsplattform" und reinige mit Pfeilen und rauhem Sandpapier das Aluminium um das Loch herum. Zusätzlich rauhe ich das Alu mit einer Feile auf und entfette alles gründlich. Als sehr zäh, aber nützlich erweist sich nun das „Duremetall", eine Zweikomponenten-Masse, ein Kaltschweißverfahren aus der Schweiz, mit der ich das gesamte Loch abdichte. In vier Stunden ist schon alles ausgehärtet, und jetzt ist der silberne Alubug für den Rest der Reise mit einem braunen Punkt dekoriert. Nach der Arbeit trinken wir argentinischen Wein – in der Hoffnung auf ein trockenes Schiff.

Gischt sprüht am nächsten Tag über die Mole des Hafens. Beständig bläst der kühle Südwestwind in den Windgenerator. Besser kann es für uns nicht sein, mit diesem ablandigen Wind nach Norden. Draußen im Meer schmücken weiße Schaumkronen die Wellen, und schnell treibt uns der Wind aus der Kaltfront voran. Auch in den darauffolgenden Tagen stimmen die Winde: Durchschnittlich drei Windstärken aus Südwest, Südost und Ost.

Sieben Tage nach Uruguay steuern wir in die Baia Sur. Ein Naturkanal, in dem es von Untiefen wimmelt. Wir werden bescheiden in dieser braunen Suppe und sind schon froh, wenn wir mehr als 30 cm Wasser unter dem Kiel messen. Der Hafen Florianópolis in Brasilien ist unser Ziel. Aluschweißer, wie erhofft, finden wir auch hier nicht, aber eine hydraulische Presse, unter der ich unseren CQR-Anker in seine Urform biege und anschließend verschweiße.

Brasilien ist für uns ein unwahrscheinlich billiges Land. (In unserer Reisekasse ist ja immer Flaute.) Das Kilo Kaffee kostet umgerechnet zwei Mark, ein Pfund Fleisch 1,50 DM. Wir kaufen also viel Proviant ein und wollen gleich weiter – denn man hat uns erzählt, in Puerto Belo gäbe es Möglichkeiten, Aluminium zu schweißen. Auf der Weiterfahrt macht uns zwischendurch eine schwierig zu passierende Brücke Probleme. Aber auch das wird geschafft. Wir atmen auf, als sich endlich das Wasser tiefblau färbt und wir wieder mitten im tiefen Südatlantik schwimmen. Puerto Belo, ein kleiner Hafen in Südbrasilien, hat einen gut geschützten Yachtclub, dessen Gäste wir sind. Sofort geht es auf die Suche nach einer Werkstatt, die Aluminium schweißen kann. Denn wir wollen endlich unser Loch im Bug ordentlich reparieren. Doch wir finden nur einen höchst abenteuerlichen Laden, der eher einem Schrottlager ähnelt. Lieber nichts verschweißen lassen hier – besser, wir fahren einfach so weiter.

Im Yachtclub treffen wir Brasilianer. Südamerikaner feiern gerne, deshalb beginnen schon am Nachmittag die Bordfeten. Wir erzählen unsere Eisstories, die besonders Romano gefallen, der seit zwei Jahren eine Yacht besitzt und uns an Bord eingeladen hat. Wir sollen ihm helfen, das Großsegel anzuschlagen... Zum Dank informiert uns Romano, ein Weißer, über Salvador, unserem nächsten Ziel. „Geht bloß nicht abends alleine durch einsame Gassen bei den Negern dort. Die Schwarzen haben immer ein Messer dabei..." Victor, sein Freund, fällt ihm ins Wort: Die Weißen seien ja wohl auch nicht immer das Wahre. Und er erzählt von einem Raubüberfall durch weiße Brasilianer, bei dem als Waffe eine Giftschlange verwendet wurde. „Sie hatte allerdings längst keine Giftzähne mehr, die haben sie wieder mitgenommen für die nächste Nummer und siehst du, das waren weiße Typen hier in Rio, und die gibt es auch in Salvador."
Und genau dorthin fahren wir nun – nach Salvador.

BUENOS AIRES NACH UNION ISLAND (GRENADINEN)
30900 Seemeilen

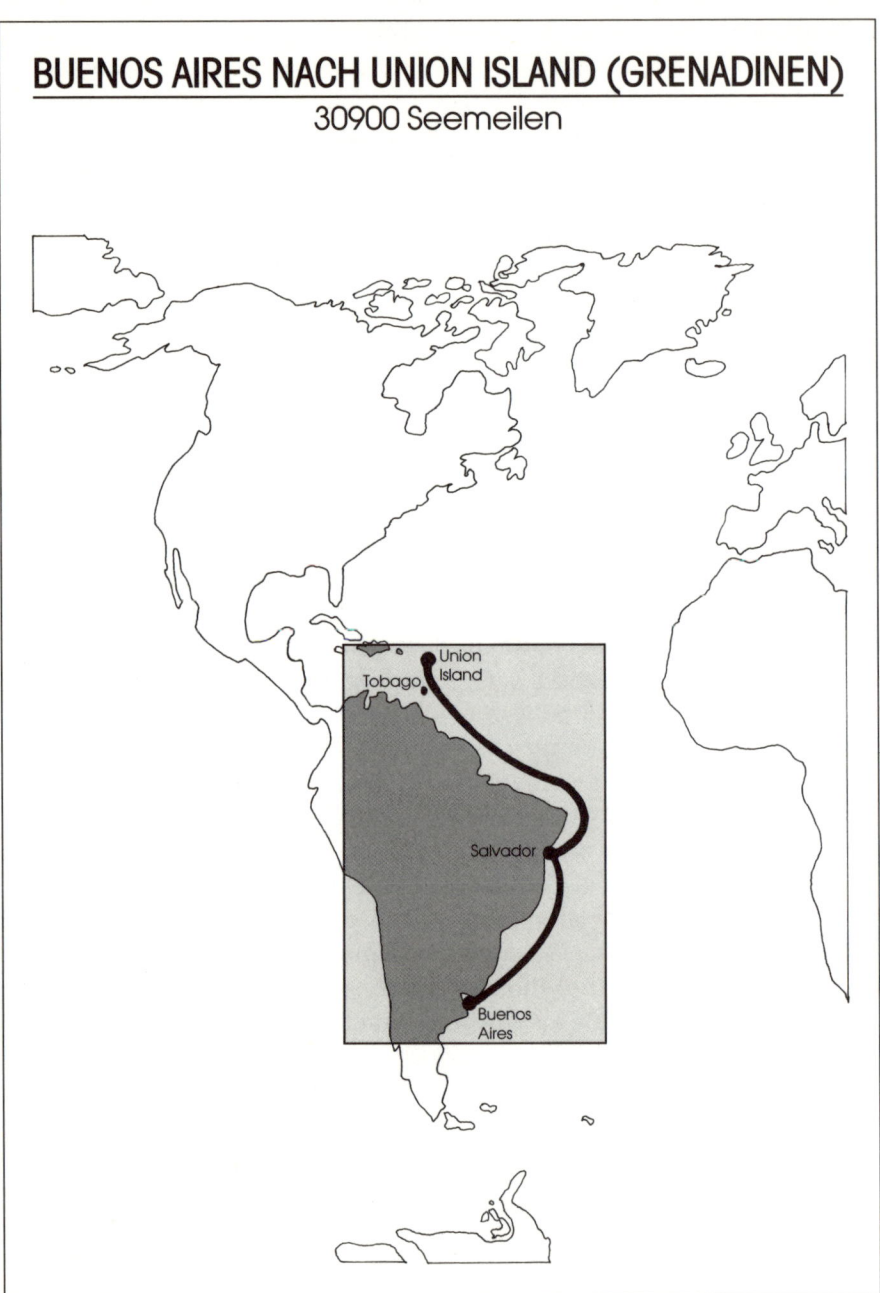

Trommeln und Tänze

Siebzig Trommler schlagen auf die Felle. Fast ohrenbetäubende Rhythmen hallen über die mit Menschen überfüllte Plaza. Tausende tanzen. Überall schweißnasse Gesichter um uns herum. Wir wippen mit – die magisch wirkende Musik geht auch an uns nicht spurlos vorbei. Das ist Afrika – denke ich. Doch wir sind in Südamerika, in Salvador, das in den Zeiten der portugiesischen Herrschaft die Hauptstadt Brasiliens war. Gemeinsam mit den Menschenmassen drängeln wir uns durch das dichte Gewühl in den Gassen der Altstadt. Brasilianische Freunde hatten uns „empfohlen“: Geht mal dahin, kein Tourist läßt sich dort blicken!

„Laß uns da drüben ein Bier trinken“ schreit Michelle, damit ich sie bei der lauten Sambamusik verstehe. „Gut, wir kämpfen uns auf die andere Seite“, rufe ich laut zurück. Während wir uns durch die Menge schieben, spüre ich, wie sich einer an der Gesäßtasche meiner Jeans zu schaffen macht. Vorgewarnt vor Taschendieben, bin ich nicht sonderlich überrascht, drehe mich um und sage: „Sorry, da ist nichts drin!“ Der Mann schaut zuerst etwas unsicher drein, dann schmunzelt er und fragt – wirklich wahr–: „Schade! War schon ein anderer da? – Ich bitte um Entschuldigung.“ Minuten später kreuzen sich wieder unsere Wege, der Taschendieb zupft mich am Ärmel: „Kommt, ich lade euch zu einem Drink ein!“ Schon wieder ein neuer Freund. Aber das ist Brasilien: Extreme, Kontraste, bunt, temperamentvoll und voller Leben – und in kein Klischee passend.

Salvador war im 16. Jahrhundert wichtigster „Umschlagplatz" für Sklaven aus Afrika. Hierher verschifft und dann verkauft, mußten sie auf den Tabak- und Zuckerrohrfarmen der Portugiesen arbeiten. Mit den Menschen aus Afrika kam nicht nur die Arbeitskraft nach Brasilien, sondern auch ihre Sprache, ihre Kultur und ihre Religionen. Und dieses Afrika ist überall heute noch in Salvador lebendig. Das erleben wir auch in dieser Nacht. „Musik ist Kommunikation. Unter den Trommelklängen werden alle Menschen gleich – jeder tanzt wie der andere, egal ob er reicher oder ärmer ist" erklärt uns Jesepho, Bandleader von „Olodrum". Früher war es den Sklaven von den weißen Farmern verboten worden, Trommeln zu besitzen. Also benutzten sie alte Käsedosen aus Holz und bespannten sie mit Tierhäuten. So hat diese Musik überlebt, und nach den mythischen Tänzen aus den Urwäldern Afrikas wird heute noch getanzt.

Nirgona, mit 72 Jahren der älteste und erfahrenste Capoeiratänzer und -lehrer erzählt: „Unser Capoeira ist immer noch das, was er einmal war: ein magischer Kampftanz. Mit diesen Bewegungen kann man kranke Seelen vom Leid befreien." Mittlerweile ist der afrikanische Tanz hier afrikanischer als in Afrika – das klingt paradox, hat aber seine Gründe. Denn in Brasilien wurde – obwohl das makaber klingt – das Leben der afrikanischen Nachfahren nicht von außen beeinflußt. Isoliert auf den Farmen, abgeschnitten von der Umwelt, lebten die Sklaven von Generation zu Generation weiter. Nach Afrika dagegen kamen die Einflüsse aus Europa und Amerika wesentlich schneller. Nirgona lacht: „Erst kürzlich haben wir eine Gruppe aus Ghana unterrichtet, die wollten das alles mal so richtig lernen." Michelle fragte den Tanzlehrer noch einmal nach Capoeira, dem Kampftanz: Wer kämpft denn da mit wem? Nirgona nimmt sich eine Schülerin und führt die Antwort vor: „Die Kunst ist es, den Gegner nicht zu berühren, sondern ihn seelisch zu beeinflussen und ihn mit der eigenen Energie innerlich reinzuwaschen." Die Klänge der Trommelmusik stimulieren den Tänzer, können ihn in Trance versetzen. Nirgona sagt: „Genau kann man Capoeira nicht erklären. Schüler lernen bis zu 12 Jahre lang – und erst dann erreichen sie eine Kombination aus Tanz, Meditation und Ausstrahlung. Das ist der Schlüssel, um die eigene Energie zu verpflanzen."

Wir besuchen ein kleines Straßenrestaurant, eine „Bahiana". Aus unzähligen Töpfen, auf glühender Holzkohle duftet es nach Curry, Safran, Pfeffer und Muskat. Die mollige Köchin sitzt lässig auf einem Holzstuhl, rührt um und bedient gleichzeitig ihre Gäste. Für weniger als umgerechnet einer Mark essen wir im Stehen, Stühle gibt es nicht. Die Spezialität des Hauses heißt „Vatapa": Maisbrot, gefüllt mit Garnelen und zerriebenen Nüssen, gewürzt mit Muskat und einer süß-scharfen Currysoße. Wir spendieren der Küchen-Künstlerin eine Flasche Mineralwasser vom Nachbarstand. Zum Dank empfiehlt sie uns ein weiteres, lohnendes Ausflugsziel: Maragojine. „Dort gibt es am Samstag einen schönen Markt. Die Reise dorthin geht immer den Fluß hinauf."

Beladen mit frischem Proviant geht es mit dem Linienbus zurück zur Marina. Wir füllen die Wassertanks der Yacht und nehmen Abschied von den „Marineros", den Arbeitern dort, die so herzlich und hilfsbereit sind. Unser Kurs ist die Bahia – die Bucht. Wir passieren die Barre, die bei Hochwasser drei Meter Tiefe hat. Dort gleiten Einbäume unter Segel vorbei – so etwas hatte ich zuletzt im Senegal in Westafrika gesehen. Nur sechs Seemeilen sind es bis zur Frade-Insel, wo wir ankern. Und am nächsten Tag segeln wir mit dem ersten Sonnenlicht über das flache Wasser der Bucht in den Rio Paraguaçu flußaufwärts. Der leichte Wind füllt kaum unser Segeltuch. Am Horizont sehen wir, daß es auch dort wenig Wind gibt: die Segel der Saveiros hängen schlaff durch. Zum erstenmal begegnen wir diesen Segelschiffen, der Urkonstruktion von Frachtenseglern. Das Grundmodell ist über 1000 Jahre alt und stammt aus Afrika, wo es vom Nigerfluß bis nach Kamerun anzutreffen war. Mit den Sklavenladungen kamen dann die afrikanischen Schiffbauer hierher nach Südamerika, nach Brasilien. Kaum etwas hat sich in den letzten 400 Jahren am Äußeren der Boote geändert: sie werden immer noch aus Holz gebaut, haben keinen Motor, keinen Bordstrom und keine Navigationslichter. Nicht einmal einen Kompaß gibt es, und das Rigg ist ein dicker Baumstamm, verstagt mit Naturtauwerk und einfachen Holzblöcken.

Endlich frischt der Wind auf und jetzt haben wir Mühe, die bis zu 15 m langen Frachtensegler – schwer beladen mit Keramik, Tontöpfen, Lehmsteinen und Ziegeln – zu überholen. Als es uns doch einmal gelingt, winken die Seeleute zu uns hinüber. An den Abenden schläft der Wind meist ganz ein und wir motoren.

Dann kommt das Dorf in Sicht, das uns von der Köchin empfohlen wurde: Maragojine. Dicht aneinandergereiht liegen die Schiffe am hölzernen Anleger, denn heute ist der große Markttag. Keine Chance für uns, dort festzumachen, wir ankern im Fluß. Kaum sind wir dann am Anleger aus dem Beiboot ausgestiegen, werden wir schon von einer Menschenmenge umringt. Aber nicht wir, sondern dieses Schlauchboot mit festem Boden ist die Attraktion des Tages. Unzählige Hände befühlen es neugierig.

Ein Junge führt uns dann zum Markt. Einfache Holzhäuser säumen den Weg dorthin. Dazwischen stehen Bauten aus Stein, reich mit Stuck verziert. Sie gehörten einst reichen Kaufleuten, doch nun wirkt alles ziemlich verfallen. Die Zeit des großen Geldes ist vorbei. Der Kleine, der uns begleitet, drückt Michelle zum Abschied eine reife Banane in die Hand und rennt winkend davon. Aus der Ferne ruft er noch einmal: „Alles Gute!" Das angebotene Trinkgeld hatte er abgelehnt. Ich gebe es an eine Bettlerin weiter, die am Straßenrand sitzt.

Auf dem Markt sind die Geschäfte im vollen Gange. Wir lassen uns mit den unzähligen Besuchern treiben. Die farbenfrohe Szenerie könnte fast aus einem Western stammen: Männer mit Strohhüten, bewaffnete Reiter, weißgekleidete Frauen in der Mode der Zwanziger und dazwischen barfüßige Kinder mit Mulis. Hier begegnen wir fast nur weißhäutigen Menschen. Es sind Bauern und Viehzüchter, Nachkommen von portugiesischen Einwanderern.

An einem Metzgereistand entdeckt Michelle ein Stück Rindfleisch, bestens geeignet für T-Bone-Steaks. Vier US-Dollar für sieben Pfund. Wir zahlen schon mal und kaufen angesichts des Gewühls am Stand nebenan schnell noch Obst ein, während der Metzger unser Fleisch zerteilt. Dabei sehen wir zufällig mit Erschrecken: Er hackt es in unzählige Stücke. Adieu, Steaks, willkommen Gulasch, zu spät. Sprachschwierigkeiten – oder andere Länder, andere Sitten? Man lernt nie aus auf so einer Reise.

Wir ziehen vom Markt in Richtung Ankerplatz. Unsere Taschen sind vollgepackt mit Papayas, Limonen, Bananen, Melonen, Kartoffeln, Erdnüssen, Orangen, Fleisch und Brot. Als wir die Sachen in das Beiboot verladen wollen, entdecken wir darin große Fische – ein Abschiedsgeschenk, offenbar. Ich versuche herauszufinden, wer die Wohltäter waren. Doch ein alter Fischer sagt mir nur lächelnd: „Wenn man teilt, erwähnt man bei uns nicht den Namen. Es ist ja nichts Besonderes passiert – man teilt doch nur."

Flußabwärts geht unsere Reise zurück. Vorbei an Inseln, kleinen Buchten, Dschungellandschaften und weißen Sandstränden, und versteckt dazwischen immer wieder Häuser mit einer offenkundig sehr alten Architektur. Wir passieren eine Festung, die aus dem 17. Jahrhundert stammt (wie wir später erfuhren) und ankern davor. Gemeinsam wandern wir durch die grünen Wälder und finden mitten in dieser Einsamkeit eine alleinstehende Kirche. Über dem Eingangsportal in Stein gehauen steht die Jahreszahl 1682. Wir betreten das gut erhaltene Bauwerk und bewundern die wunderschönen Kacheln und Fliesen. Noch neben dem zerfallenen Altar steht mit Holzkohle geschrieben: „Lieber Gott, warum waren wir Schwarzen nicht auch deine Brüder?" Ein Hilferuf aus der Kolonialzeit. Ja, wo war damals unsere viel gepredigte christliche „Nächstenliebe" für die Sklaven und Indianer? Allein nach Brasilien wurden über 250 000 Schwarzafrikaner verkauft, wie Vieh, und mußten unter brutalsten Umständen arbeiten und leben. Humboldt notierte seinerzeit bei seinem Brasilienbesuch erschüttert: „Das Unerklärliche der Natur versuchte ich zu verstehen, zu begreifen und einzuordnen. Meine Sinne waren wie gelähmt, wenn ich sah, daß Hund und Pferd auf den Zuckerrohrplantagen besser lebten als die Neger."

Erinnerungen an Salvador kommen hoch. Die Altstadt hat ihr Zentrum, die Plaza Pelourino. Unzählige Läden, oft versteckt in den alten Kolonialhäusern im Hinterhof, verkaufen hier Handarbeiten, Schnitzereien, Schmuck, Tücher und Kleinkram – geprägt von afrikanischen Einflüssen. Dazwischen stehen kleine Tempel. Menschen zünden dort Kerzen an, beten, tanzen, singen oder legen kleine Opfergaben daneben. „Candomblé", die schwarze Magie, deren Ursprung eine Mischung aus afrikanischen Religionen und der Indianer Brasiliens ist, hat hier immer noch viele Anhänger. Manchmal geht dieser Zauber unmittelbar nach dem Kirchenbesuch los.

Von der Bar aus können wir beobachten, wie die Menschen aus der Kirche kommen. Vor der Tür wird Brot verteilt. Unzählige Hände, meistens die von Kindern, greifen danach. Solche Bilder gehen unter die Haut. Brasilianer verdienen im Schnitt monatlich 150 DM, die Tagelöhner noch weniger.

Wir wollen gehen, doch der Wirt hält Michelle am Arm fest und erklärt: „Jedesmal, wenn ich das Band um das Handgelenk binde, hast du einen Wunsch." Vorsichtig wickelt er dreimal ein Stoffband um das Gelenk und knotet es zusammen. Dann freut er sich und sagt: „Wenn alles gut geht, schreibt mir eine Karte!"

Noch einmal ziehen die Segel unsere Yacht durch das ruhige Wasser der Bahia. Die Ausflüge in diese Bucht bieten immer wieder Neues. Sie ist zweimal so groß wie der Bodensee. Über 50 Inseln kann man erkunden, Flüsse, Dörfer, Riffe und neue Buchten. Drei Segelstunden von Salvador entfernt ankern wir vor der Marina Villages, die auf der Insel Itaparica liegt, ein guter und sicherer Platz. Nur drei Yachten liegen hier vor Anker. Schon am nächsten Morgen sind wir unterwegs – aber wieder auf Rädern. Kräftig schüttelt uns der Minibus auf der holprigen Straße über die Brücke zum Festland. Eine Tortur auf harten Holzbänken, aber spottbillig: eineinhalb Stunden für 60 Kilometer kosten 80 Pfennig – ungefähr die Hälfte einer Münchner S-Bahn-Kurzstrecke.

Im Dorf Maragojipinha steigen wir aus. Die Menschen hier leben hauptsächlich vom Töpfern. Die Arbeiter laden uns zur Besichtigung in ihre großen Hütten ein. Männer kneten schwere Lehmklumpen, andere formen auf Töpferscheiben Gefäße. Kinder und Frauen bemalen dann die gebrannten Stücke. Wir bekommen eine Erfrischung: „Das ist ein Buschkühlschrank" scherzt ein Mann und zeigt auf einen großen Tontopf. Und tatsächlich, das uns daraus gereichte Wasser ist angenehm kühl. „Der Krug ist gebrannt und nicht lackiert. Dadurch sickert etwas Feuchtigkeit nach außen und diese Kälte kühlt das Wasser" erklärt er uns. Wir kennen das System: Mit Tontöpfen, die wir in Mexiko kauften, haben wir selbst Trinkwasser an Bord gekühlt. Und weil das so gut funktioniert, kaufen wir hier gleich noch einen Krug dazu.

In der Ferne kündigt die Staubfahne wieder einen abenteuerlichen Omnibus an. Das Transportgefühl dabei kennen wir ja nun schon. Durchs Fenster bieten sich eindrucksvolle Ausblicke: Kleine Dörfer, Urwaldlandschaften, Felder und Ananasplantagen. Michelles Nachbar auf der Bank teilt mit ihr seine Erdnüsse. Zwischendurch gibt der Fahrer bekannt: „Ich muß hier in Baiacu Shrimps und Fisch laden, 30 Minuten Pause!" ruft er und schaltet den Motor ab. Kein Mensch regt sich auf, jeder nimmt den nicht geplanten Stopp gelassen hin.

Wir spazieren durch das Dorf zum Fluß. Dort stehen am Ufer Holzgestelle, auf denen die Fischer ihre Netze trocknen. Ein Mann, der gerade einen Korb Shrimps mit dem Wurfnetz gefangen hat, zeigt auf

Argentinien: unter den Bergen
Patagoniens weiden die
Schafherden.

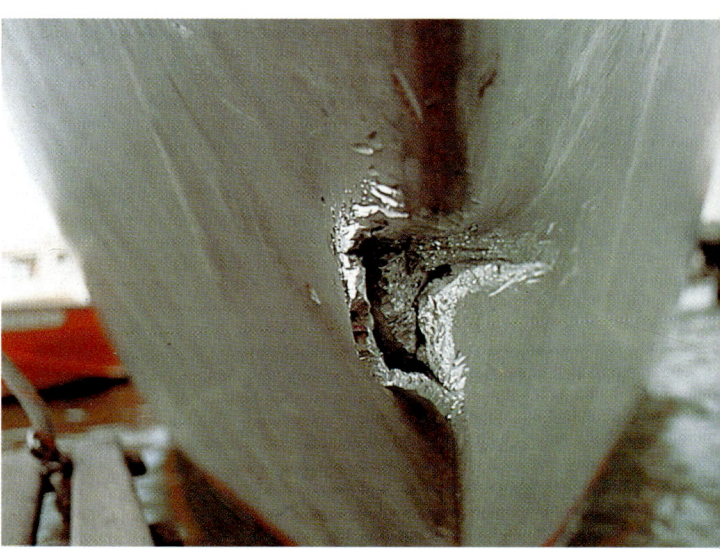

Patagonien: Berge,
Seen und Wälder.

Oh Schreck! Ein Loch ist im Bug.

Brasilianische Begegnung:
Saveiros und ASMA (oben).

Union Island: karibische
Mädchen, geduldig vor deutscher
Kamera (Mitte).

ASMA unter Segel in der Karibik
(unten).

Union Island: ein traumhafter Ankerplatz vor Clifton Harbour.

Ein besonders hübsches Motiv in Honduras.

Philemon und Baucis in Guatemala: ein altes Maya-Paar.

Auf nach Manhattan – mit einem
für New York ziemlich unge-
wöhnlichen Verkehrsmittel.

Der Fotograf, inmitten von
Mayas, einmal selbst abgelichtet
(linke Seite).

Heftiges Wetter im Nordatlantik:
wieder unter Sturmfock!

die kleine Beute. „Früher, als ich ein Junge war, lebte das ganze Dorf vom Walfang." Wir kaufen ihm ein Kilo Shrimps ab. Dann hupt auch schon wieder laut unser Bus. Wir holpern über schlaglochreichen Asphalt zurück nach Itaparica. Es ist jetzt Ende Oktober, höchste Zeit, weiter nach Norden zu segeln, um zum Ende der Hurrikansaison – Ende November – in die Karibik zu kommen. Von hier zu den Grenadinen sind es mehr als 3000 Seemeilen.

Ich beginne wieder mit meinen Routinearbeiten an ASMA. Michelle kauft unterdessen den Proviant ein und kehrt mit vollen Körben mit Gemüse und Früchten zurück. Gleich neben unserem Ankerplatz ist eine Quelle, aus der richtiges Mineralwasser fließt. Wie praktisch! Hier füllen wir jeden verfügbaren Kanister ab. Nach zwei Tagen Vorbereitung sind wir „ready to go". Für Michelle habe ich vorher eine Überraschung bereit: Wir gehen zum Essen aus. Versteckt in einem tropischen Garten steht das alte Haus „Quinta Pitanga". Wohl Brasiliens schönster Superlativ für ein „Captain's Dinner". Der Besitzer des Restaurants ist Maler – und seine Kunst, seine Farben, seine Bilder, seine gestalterischen Ideen hat er in dieses uralte Kolonialhaus eingebracht, in eine Traumwelt der Phantasie. Wir speisen fürstlich! Pasteten, Fisch, Fleisch, Bohnen, Soßen, Obst und Salate. Orchideen, ein Springbrunnen und die farbenfrohe Natur im Garten runden die Atmosphäre ab. Zum Dessert schaukeln wir in den hauseigenen Hängematten und schauen auf das blaue Wasser. Ein bißchen Luxus vor harten Wochen – ist das dekadent?

Wie wir fast einmal Mick Jagger begegnet wären

Nächster Tag: halber Wind – was haben wir für ein Glück, es weht aus Osten. Wir nutzen die Chance und gehen so hoch an den Wind wie nur möglich, denn eine östliche Position ist wichtig, weil hier der Nordost sehr stürmisch blasen kann. ASMA läuft also Nordost, weit weg von der Küste. Erst weiter nördlich, dort wo Recife liegt, wird uns der Südost-Passat packen, sagen uns die Windkarten. Bis dahin ist es noch weit. El Salvador und die Küste Brasiliens sind inzwischen im Morgendunst verschwunden.

Frühstückszeit. Arbeitsteilung: Ich koche Kaffee und Michelle brät die Spiegeleier. Ich melde mich über Amateurfunk in der Funkerrunde des „Südamerikanetzes". Über diesen hilfreichen Sender gebe ich Informationen zu unserer Brasilien-Erfahrung weiter. Die Funkfreunde geben mir im Gegenzug Tips für die Karibik. Das Netz ist wie eine Informationsbörse. Jeden Morgen diskutieren wir neue Ideen für Verbesserungen an unseren Yachten. Eine tolle Gruppe! Helmut, ein Deutscher, der hier schon lange segelt, beklagt aber auch: „Meine Güte, also manchmal fummelt man wochenlang mit der Antenne herum und kommt einfach nicht weiter." Ich kann dazu mit Ratschlägen dienen: „Seitdem ich vom Gerät über den Tuner ein Koaxialkabel bis zur Antenne habe, geht es genauso gut und wir sitzen nicht im Strahlenkäfig." Und weiter geht es mit der Fachsimpelei. Ich frage: „Sag mal, steuerst du per Hand, wenn du sendest?" Helmut: „Na, das würde noch fehlen! Ich rede gerne an der Funke, und dann noch steuern, nein, die Zeiten sind vorbei."

Vier Tage, nachdem wir Salvador verlassen haben, packt uns endlich der Südostpassat. Es ist Ende Oktober, und wir hören aufmerksam die Wetternachrichten der US Coast Guard, die auch Hurrikan-Warnungen durchgeben. Denn im November kann es, wenn man Pech hat, richtig Zunder geben! Am 30. Oktober passieren wir Cabo Calcanhar und können den lange ersehnten Kurs steuern, nämlich Vorwind in Richtung Grenadinen. Traumhafte Etmale schreibe ich in das Logbuch: 176, 180, 196 Seemeilen. Tagelang zieht der Spinnaker ASMA, bestens betreut von unserer zuverlässigen Selbststeueranlage. Vor Monaten organisierte ich eine größere Windfahne aus Kevlar. Jetzt benutzen wir sie wieder, denn dank ihrer größeren Fläche reagiert sie sensibel und schnell, so daß ASMA jetzt, trotz des hohen Seegangs, im Passat unter Spinnaker wie auf einer Schiene geradeaus läuft.

Michelle hat Plätzchen gebacken. Und ich bin gerade am überlegen, was ich nachher kochen soll – die Überlegung hat sich aber sogleich erübrigt, gerade hat ein Fisch angebissen. Beim Essen feiern wir mittags unter dem Sonnensegel unsere zweite Äquator-Überquerung auf dieser Reise rund um Amerika. Der Wind hat weiter Stärke 5 und hat auf halben Wind gedreht. Die rotweiße Blistergenua zieht ASMA durch das Wasser. Es ist braungefärbt von den Flüssen, die hier in den Atlantik strömen.

Nach Cabo Orange, Brasiliens nördlichster Ecke, wehen die Winde nur noch leicht. Ich schreibe in mein Logbuch: „Abschied von Südamerika, wo wir ein Jahr waren. Wundervolle Menschen, Landschaften und Eindrücke liegen jetzt achteraus." Traumhafte Mondnächte seit Tagen, und wir mittendrin.

Eine wunderbare Welt! – Oder doch nicht? Über BBC höre ich von einer Wahnsinnstat: 1,5 Tonnen Plutonium sind von Frankreich aus mit dem Schiff unterwegs nach Japan! Wir Menschen werden die Meere schon noch kaputtkriegen – durch so etwas oder auch „bloß" durch Überfischen.

Je länger man auf den Meeren reist, desto verbundener fühlt man mit der Natur. Man erkennt seine Wurzeln als Mensch, und das Verantwortungsgefühl gegenüber der Natur wächst. Ich schreibe meine Gefühle in das Logbuch: „Warum sind wir Menschen solche idiotischen Kreaturen? Vollmond. Mein Meer glitzert friedlich silbern. Hoffentlich passiert dir nichts, dir unendliches Wasser!"

Mitternacht drehen wir bei und lassen uns treiben. Zwanzig See-meilen vor uns ist das Riff. Im ersten Morgenlicht setze ich die Segel und Michelle bleibt wach. Wir sind jetzt geradezu gierig, wieder Land zu sehen. Langsam weht der Morgenwind den Dunst davon. Voraus liegen wie aufgereiht die Grenadinen. Später kommt Union Island deutlich in Sicht. Die letzten Tage auf See hielten uns auf Trab. Stän-dig sorgten Gewitterfronten kurzfristig für Starkwind. Manchmal nur für 15 Minuten, dann aber wurde es so kritisch, daß wir die Genua bergen mußten. Kaum war die Front durch, dümpelten wir im leich-ten Wind und setzten wieder das Vorsegel. Und das an manchen Ta-gen zwanzigmal. Knapp 3000 Seemeilen seit Salvador liegen hinter uns, und nach 18 Tagen rauscht unsere Ankerkette in der Chatham Bay in die Tiefe. Wir klarieren ein und genießen einige Tage den tro-pischen Zauber der Karibik. Dann geht es weiter direkt nach Bequia. Was für ein Bild dort: Über 100 Yachten liegen vor Anker. Solche Mas-senaufläufe von Seglern haben wir seit eineinhalb Jahren nicht mehr gesehen. Die Bucht ist gut geschützt, und wir taufen den Ankerplatz „Karibiksauna", denn so feucht-heiß und schwül ist es hier.

Mit den ersten Sonnenstrahlen – jetzt ist es noch kühl – sind wir auf dem Land unterwegs und wandern über den Feldweg nach Spring Estate. Nasser Dschungel, grüne Palmenhaine und dann ein Bad am einsamen Strand.

Wir verlassen Bequia und zwei Stunden später ankern wir im kri-stallklaren Wasser der Insel Petit Nevis. Uralte Gebäude einer Wal-fangstation – Baujahr 1864 – stehen am Ufer.

Wir wandern über die Insel. Schroff und kahl ist sie. Das könnte auch Afrika sein. Kakteenbäume ragen oben auf dem Berg in den tief-blauen Himmel. Das Segeln kommt uns hier wie eine Spazierfahrt vor. Beständiger Passat. Hoch die Segel, ein paar Handgriffe an den Schoten und Fallen, Selbststeueranlage einschalten, Südkurs – und einige Stunden später sind wir schon am nächsten Ziel. Diesmal fah-ren wir in Lee der Insel Mustique entgegen. Grüne Wälder, einsame Sandstrände – aber zwischendrin auch Parkanlagen und Villen, denn dies ist ein „Millionärsparadies". In der Grand Bay, wo Asma vor Anker liegt, erzählt uns in der Boutique die Verkäuferin Nessy: „Also, die führt sich hier vielleicht auf, Micks Freundin! Die probiert un-zählige Kleider, läßt alles am Boden liegen und meckert dann, daß wir nichts Passendes für sie haben." Mick wer? Mick ist kein anderer als Mick Jagger, der hier mit vielen anderen Größen aus dem Showgeschäft in den Ferien zu residieren pflegt. Beinahe hätten wir ihn also hier treffen können! Das müssen wir unbedingt weitererzählen. Fast das ganze Land hier ist in Privatbesitz – uns bleibt nur ein Spaziergang auf der Straße, um karibische Millionärsluft schnuppern zu dürfen.

„Vor dem Westufer von Petit Canouan steht viel Fisch", erzählt uns der Fischer Berty in Mustique. Wir segeln dorthin und treffen auf seine Kollegen, die mit ihren Gaffelrigg-Segelbooten fischen. Dicht am Ufer, wo wir den Grund gut erkennen, kreuzen wir und schleppen zwei 50 m lange Fischleinen achteraus. Nach zwei Stunden liegen drei Barrakudas im Cockpit. Vorbei an Canouan geht unsere Reise weiter nach Mayreau. Umgeben von einer traumhaften Kulisse aus weißem Sandstrand und Palmen, liegt Asma in der Saltwhistle Bay vor Anker. Udine Potter, aus Deutschland stammend, begrüßt uns: „Klar können Segler in unsere Bar und zu Abend essen." Nicht überall auf den Grenadinen ist allerdings das Seglervolk so herzlich willkommen, das werden wir später merken. Und das hat seine Gründe. Zum Beispiel hat sich die Szene seit einigen Jahren sehr geändert. Viele Segeltouristen reisen leider mit einer „Ich-habe-bezahlt"-Mentalität. Geschichten kann man da hören! Da werden Segel am Swimmingpool gewaschen, da wird die Hoteldusche zum Wäschesalon umfunktioniert. Die Gläser von der Bar landen auf der Yacht, und Abfalltüten werden einfach an den Strand geworfen.

Wir durchwandern die Insel und landen schließlich in „Roberts Bar", wo wir den gleichnamigen Besitzer treffen, einen Rastafara. Den stimmt der Tourismus-Boom inzwischen auch nachdenklich: „Uns geht langsam auch ein Licht auf. Wir denken jetzt an Umweltschutz, an ökologische Gärten. Hier auf der Insel erzeugen einige schon Strom durch Sonnenenergie und mit Windgeneratoren. Wir müssen die Natur schützen – von der leben wir schließlich, damit die Touristen auch weiter zu uns kommen." „Sanften Tourismus" nennt man sowas – auch hier. Wir reden weiter, auch unsere Zunft betreffend: von Ankern, die ganze Riffs zerstören, von Nordamerikanern, die in Luxusschiffen hierherkommen, am Strand schnell einen Hamburger verzehren und sich dann auf die Korallensuche machen. Robert: „Die Reichen kommen und fahren wieder ab – wir aber bleiben hier und sitzen allmählich auf einem Scherbenhaufen."

Rastamen und ihre Lebensphilosophie
imponierten uns in der Karibik,
und in Gesprächen erfuhren wir:
„Nur sein – das ist schön."

Kräftig bläst heute der Passat, und wir segeln raumschots nach Carriacou. Die Insel gehört zum Staat St. Vincent, wir klarieren ein. Alles geht hier erfreulich schnell und unbürokratisch; schon 20 Minuten später sitzen wir im Kaffeehaus und reden mit Einheimischen. Auf der Straße draußen schleppen Männer Bananenstauden. Und bei uns am Tisch gibt uns ein Insulaner einen Tip: „Fahrt nach Windward, das ist ein gemütliches Dorf mit netten Leuten."

Also nichts wie hin, zur Nordseite der Insel. Hier im Dorf Windward leben Nachfahren von Schotten, die vor 150 Jahren einwanderten. Damals begannen sie hier mit dem Holzschiffbau, der heute noch existiert. – Kleine Werften, meistens Familienbetriebe, bauen Holz-

206

rümpfe für Fischerboote und Frachtensegler, die durch die Karibik kreuzen. „Im Dorf wohnen hauptsächlich Seeleute und Fischer", erzählt uns Tetus, Kapitän eines kleinen Frachters. Magdalena, seine Frau, kocht Kaffee. Um das einfach eingerichtete Holzhaus bläst der kühle Wind. Magdalena serviert den Kaffee und sagt: „Die Sorgen, die ihr Europäer habt, kennen wir nicht. Im Garten wächst alles, es gibt im Meer Fisch und wenn mal was fehlt, helfen sich die Leute hier gegenseitig aus." Gemeinsam mit Tetus laufen wir durch den Ort. Die Holzhäuser, teilweise im schottischen Stil gebaut, sind mit Holzschindeln bedeckt. Bunte Blumengärten, lachende Menschen, Grüße werden uns zugerufen – eine schöne Atmosphäre.

Petit Martinique, die Insel gegenüber, ist geprägt durch ein anderes Extrem. Hier hausten für Generationen die Freibeuter, und wir erfahren selbst Piratenmentalität – und ein klein wenig davon hat sich bis heute erhalten. Die kleine Gemeinde (2000 Einwohner) hat keinen Polizisten, keine Zollstation und einen Bürgermeister gibt es auch nicht, – weil es keiner werden wollte. Derartige Jobs bergen hier nämlich stets ein gewisses Risiko in sich. „Das regeln wir alles alleine", erklärt uns dazu ein Einheimischer am Steg. Das Haupteinkommen dieser „Alleinemacher" kommt vom Schmuggel; der Fischfang wird eher nebenher betrieben. Waren aus Venezuela und den zollfreien Inseln der Karibik werden hier umgeschlagen. Bier, Alkohol und Zigaretten, aber auch Diesel und Benzin gibt es zu Spottpreisen. Unser Verkäufer mag das Wort „Schmuggel" aber nicht gern hören: „Wir leben vom Handel", sagt er mit seriöser Geschäftsmiene. Vor einem Jahr sei mal ein Zollboot aus Grenada gekommen. „Die versuchten es eben mal wieder", hören wir. Aber: „Als sich das Schiff näherte, begannen zwei von uns hier neben dem Landesteg zwei Gruben auszugraben. Als der Zolloffizier landete und erstaunt beim Vorbeigehen fragte, was die beiden Leute dort machen, war die Antwort kurz: Wir bauen gerade eine Pension für unerwünschte Besucher." Sehr rauhe Sitten hier...

ASMA segelt wieder hoch am Wind. Wir haben es erneut mit der typischen Dünung des offenen Meeres zu tun. Die Riffe liegen achteraus, und wir steuern nach Tobago. Gegen den Passat ist hart zu arbeiten. Dafür empfängt uns zur Belohnung in Scarborough, dem Haupthafen von Tobago, eine nette, gastfreundliche Atmosphäre. Wir entsalzen ASMA mit Frischwasser vom Mast bis zum Deck. Sie funkelte nämlich zuletzt wie ein großer Kristall, denn auf der 18-Stunden-Reise hart am Wind war sie ständig einer salzigen Dauerdusche ausgesetzt.

Am nächsten Tage bolzen wir nochmal kurz gegenan, runden dann das Kap im Osten und laufen in die Bucht, an der Charlotteville liegt. Rundum dichter Dschungel bis an das Ufer. Vor dem Dorf schaukeln die Palmen im Wind. Wir rudern mit dem Beiboot an Land und gehen zum Haus einer Rasta-Familie, mit der wir verabredet sind. Alpha und sein Bruder Suwadu machen vor Freude

Traumhaft schön sind die Tobago Keys (Grenadinen) mit einem farbenfrohen Riff, in dem wir tagelang schnorchelten.

einen Handstand im Sand. „Hallo, wer seid ihr?" frage ich im Spaß und höre: „Wir sind die Kinder von Bob Marley" – dem auch bei uns in Europa verehrten „Rasta-King". Alpha schränkt ein: „Na, nicht die direkten Kinder, aber Bob ist ein großes Idol und Vorbild für uns." Sein elfjähriger Bruder erzählt weiter: „Weißt du, von uns Rasta gibt es nur wenige. Und wir halten zusammen und folgen einer Lebenseinstellung, die eng mit der Natur verbunden ist." Zu erkennen sind sie an ihren Haartrachten, die ja inzwischen auch in Deutschland Mode sind, aber eben nur eine Mode. „Echte" Rasta

Einsame Strände und unberührte Regenwälder fanden wir auf der Insel Tobago.

haben wir zwar immer wieder getroffen, aber hier auf Tobago besonders viele. Nicht weit entfernt von hier – von Jamaika – hat sich diese Bewegung in die ganze Welt ausgebreitet. Die Songs von Bob Marley bewegten auch meine Gefühle, und während wir am Sandstrand spazieren gehen, erzählt Suwadu: „Wir leben vegetarisch. Am liebsten esse ich Makkaroni mit Reis und Erbsen. Alpha, der Neunjährige, widerspricht: „Ach, diese langweiligen Erbsen! Ich mag lieber Brot und Käse." Und beide mögen sie frische Milch.

Zwischen den Palmen erwartet uns Carol, die Mutter der Jungen. Gemeinsam sitzen wir unter dem Schatten der Palmen. Carol schaut auf das Meer und sagt: „Wir glauben nicht an afrikanische Götter oder so was, wir sind Christen. Aber Rasta zu sein, das ist für uns eine Philosophie: einfach leben, keinen übermäßigen Luxus zu besitzen und im Einklang mit der Natur zu sein." Carol schiebt sich die Locken aus dem Gesicht. Ihr Sohn Suwadu ergänzt, und das hört sich nur scheinbar altklug an: „Mein Vater sagt immer: Wir Menschen müssen verstehen, daß wir alle zusammen für alles auf der Erde verantwortlich sind. Jeder von uns ist nur ein Lebewesen auf diesem Planet." Alpha hat auch noch was zu sagen: „Klar, Mann, jeder muß jeden lieben, nur so kommen wir weiter." Das Wort zum Sonntag. Und spielt dazu: Reggaeklänge sind zu hören. Sie kommen aber nicht etwa aus einer Bar, sondern direkt aus dem tropischen Wald hinter uns. Wir folgen einem Pfad durch den Busch, passieren Bananenstauden, dann sehen wir sie, die Band: Mädchen, Frauen und Männer spielen Musik auf Instrumenten, die bei uns in Deutschland auf dem Schrottplatz zu finden sind: Einfache Ölfässer, Stahlfelgen von Autos, aufgeschnittene Metallrohre. Was für eine Musik, was für ein improvisiertes Open-Air-Festival! Mittendrin wippt Sinclair rhythmisch mit, der Vater der Jungen. Später kommt Sinclair zu uns: „Oh Mann, die Musik ist wie Meditation! Musik bringt die Menschen zusammen überall auf der Welt. Das ist auch eine Sprache zur Verständigung."

Abends gehen wir alle zusammen durch das Dorf. Wir laden die Familie zu einem Schokoladentrunk ein. In der Hütte mit der stolzen Aufschrift „Restaurant" läuft der Fernseher, ja, der gehört hier jetzt auch dazu. Der Sprecher berichtet gerade von rassistischen Aktionen rechter Extremisten in Deutschland. „So was Blödes haben auch wir hier", kommentiert dazu Suwadu mit seinen elf Jahren. Und sein neunjähriger Bruder Alpha bestätigt: „Weil wir hier anders leben, be-

210

schimpfen mich die übrigen Kinder und nennen mich Wurzelfresser, nur weil ich kein Fleisch esse. " Alle Fäuste der Familie schieben sich nun über dem Tisch zusammen und stoßen – so ist es Brauch bei den Rastafara – sanft aufeinander. Ein Symbol: „Gemeinsam schaffen wir Menschen alles – nur wollen müssen wir."

Anderntags traumhaftes Segeln, immer raumschots. Tobago liegt hinter uns, und am nächsten Mittag sind wir schon im Hafen St. George's auf Grenada. Eine bunte Mischung eröffnet sich uns hier. Architekturen aus England, Spanien und Frankreich. Enge Gassen, Bars und viele Läden. Wir klettern zum Fort hinauf und schauen hinunter auf den geschäftigen Hafen. „Insel der Gewürze" nennen die Einheimischen ihre Insel. Auf dem Samstagmarkt können wir das erleben und erschnuppern. Wir schieben uns durch die Massen. Vollgepackt mit tropischen Früchten und Gemüse sind die Tische. Ein fast unglaubliches Bild, als hätten die karibischen Götter höchstselbst die Tafel gedeckt. Die Marktfrauen versuchen, sich gegenseitig zu übertönen. Und immer wieder die Gewürze, die vielen Farben, die vielen Düfte: Zimt, Muskatnuß, schwarzer Pfeffer, Soja, Safran, Paprika.

Margrit ist schon seit 20 Jahren auf dem Markt vertreten. Auf einer Reibe raspelt sie Muskatnüsse. Ihre Vorfahren kamen als Sklaven aus Afrika hierher, um Zwangsarbeit im Dienste des europäischen Gewürzrausches zu leisten. „Und jetzt", sagt sie, „verkaufen wir heute die Gewürze." Sie füllt das Muskatnußpulver in kleine Gläser. „Gestern habe ich im Fernsehen gesehen, wie die Menschen in Afrika verhungern. Mein Gott, was bin ich dankbar, jetzt hier zu leben." Diese Insulaner sind stolz auf sich. Das sieht man auch an Margrit, wie selbstbewußt sie in ihrem bunten Kleid dasteht und mit Michelle beharrlich die Preise aushandelt, in aller Freundschaft. Endlich sind sich beide einig, Michelle packt den Gewürz-Reichtum in den Rucksack. Die Marktfrau verrät ihr noch ihr Lieblingsrezept: Man nehme eine halbreife Papaya und höhle sie aus. Dann mischt man Hackfleisch mit kleinen Bananenstücken und würzt alles mit schwarzem Pfeffer, Muskatnuß, Salz und etwas Paprika. Die Papaya wird damit gefüllt und eine Stunde lang im Ofen gebacken.

„He, man" dieser Ruf gehört hier zum Alltag. Überall, wo wir stehen und gehen, hören wir es: „He, man!" Manche Segler, die wir treffen, fühlen sich dadurch belästigt. Wir nicht – denn diese lockere Kommunikation auf der Straße ist nun mal ein Teil des Lebens hier in Grenada. Die Menschen sind lebhaft; wir empfinden sie als hilfsbereit und freundlich. Natürlich wird einem auf Schritt und Tritt alles Mögliche angeboten: Korallenketten, Strohhüte, Fische, Gemüse – ja, und auch mal ein Mädchen oder Drogen. Der Tourismus ist eben die hauptsächliche Einnahmequelle.

Ein Mann kommt mit dem Kanu längsseits und bietet uns kleine Segelboote aus Kokosnußschalen an. Ich kaufe drei Stück, drei Dollar pro Kunstwerk, und habe ein paar schöne Mitbringsel für daheim.

Eingezwängt in einem urigen Bus geht es über die engen Straßen der Insel. Laute Reggae-Musik hallt aus dem Lautsprecher neben dem Fahrer. Wir verstehen kaum das eigene Wort. Eindrucksvolle Bilder ziehen an uns vorbei: Dschungellandschaften, kleine Dörfer,

Wir wanderten über die Insel Grenada und
genossen das tropische Abendlicht mit dem
Blick auf den Hafen St. George's.

dichter Regenwald, weiße Sandstrände und klare Bäche. Dann beginnt der Motor zu ächzen, im Schneckentempo quält sich der Bus einen Paß hinauf. Oben angelangt, hält der Fahrer an und ruft zu uns nach hinten: „Grand Etang, der Nationalpark." Wir danken und steigen aus. Im Informationsbüro am Eingang des Nationalparks erfahren wir: „Macht euch auf eine Schlammtour gefaßt!" Zuerst folgen wir dem Mount-Qua-Pfad. Manchmal sinken wir knöcheltief ein, rutschen und balancieren bergauf und bergab. Je höher wir kommen, desto trockener wird nun der Boden. Wilde Regenschauer, Sturmböen und Sonnenschein wechseln sich hier oben ständig ab. Moosbewachsene Bäume, dichter Dschungel und Blumen umgeben uns. Weit bis zur Küste reicht die herrliche Aussicht vom Berg Qua über den grünen Regenwald. Wir wandern wieder ein Stück zurück und biegen dann in einen anderen Pfad ab, den Concord-Trail. Die einsame Route führt über den Bergrücken. Nicht einen Menschen treffen wir hier. Dann schlängelt sich der Weg bergab durch den Dschungel. Kolibris, Leguane und Singvögel sind hier zu sehen. Nach vier Stunden erreichen wir den Concord-Wasserfall. Von dort wandern wir zur Hauptstraße. In Holzbuden werden Getränke verkauft. Während wir unsere Cola trinken, schwärmt die Besitzerin vom Pioniergeist früherer Zeiten. Heute hätten die jungen Leute keine Lust mehr, sich hier anzusiedeln. Ein 23jähriger Fischer gesellt sich dazu und kommentiert: „Klar, hier ist es vermeintlich wie im Paradies, hier wächst alles und keiner hat Hunger. Man hat ein Dach über dem Kopf und ringsherum pure Natur." Aber mit dem Geldverdienen und dem Vorwärtskommen sei es eben sehr schwer. „Es gibt kaum Arbeit, die meisten von uns jungen Leuten haben keinen Job."

Wir verabschieden uns. Zurück zum Schiff. Wir planen, nun zunächst nonstop nach Honduras zu segeln. Michelle erledigt die Einkäufe an Land, und ich gehe wieder meine Checkliste durch – und zwar die besonders ausführliche, wie immer vor langen Törns. Zwei Tage vergehen mit diesen Arbeiten. „Off we go", ruft dann Michelle vom Cockpit. Ich setze die Segel. Auf zu neuen Ufern – Honduras, wir kommen!

VON UNION ISLAND ÜBER HONDURAS UND GUATEMALA NACH KEY WEST, WEITER NONSTOP NACH NEW YORK. ÜBER NOVA SCOTIA UND DEN NORDATLANTIK NACH NORDDEICH.
Gesamt 38087 Seemeilen

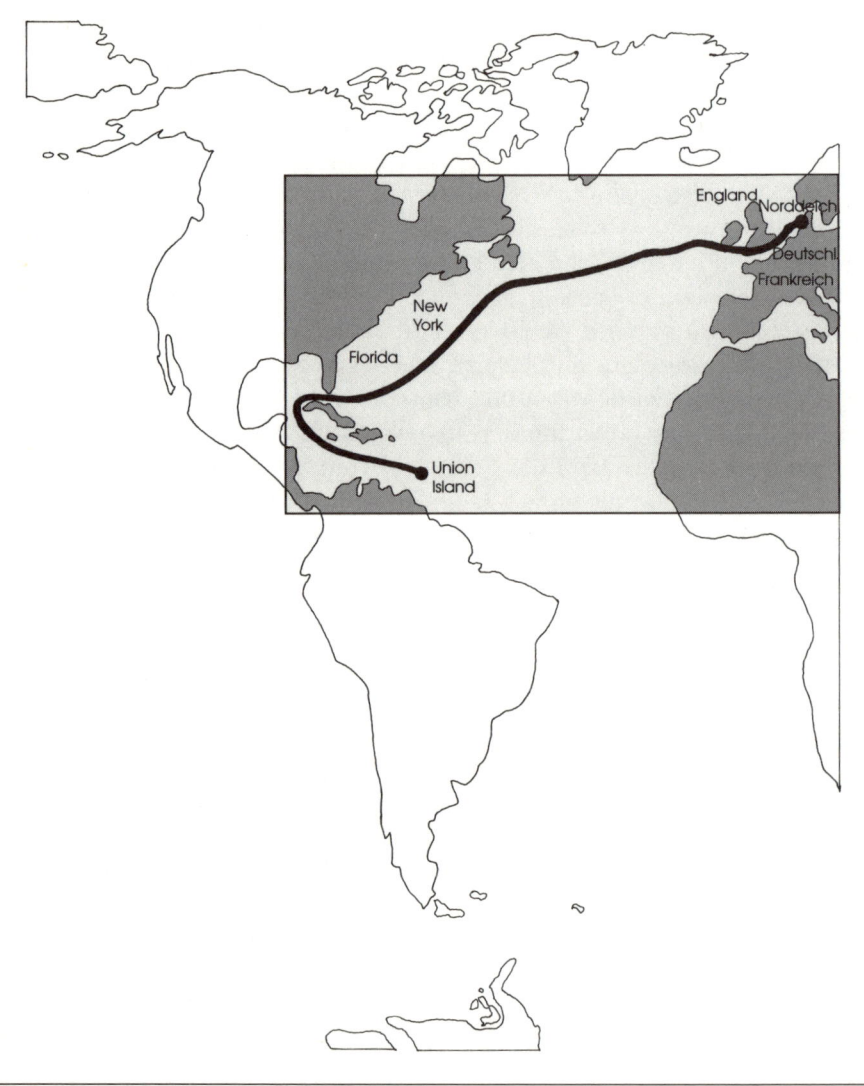

Durch die Karibik

Guanaja, eine Tropeninsel in der Karibik. „Der letzte Besucher von
Europa war ein Pirat", scherzt Harlon, der hier wohnt. Das ist etwas
übertrieben, aber Yachten verirren sich tatsächlich sehr selten hierher – die letzten Segler kamen vor drei Jahren zu Besuch. Die Bay-Inseln (Islas de la Bahia), zu denen Guanaja gehört, liegen abseits der
gebräuchlichen Segelrouten. Die Inselkette erstreckt sich etwa 30
Seemeilen vor der Nordküste Honduras.

Die Lebensweise ist auch hier sehr ursprünglich. Harlon erklärt
uns auf englisch: „Geld brauchst du hier nicht. Das Land ist fruchtbar,
alles wächst hier, und Fische und Langusten gibt es genug." Er lebt
mit seiner Familie in einem einfachen Holzhaus. Die Einrichtung besteht aus zwei Stühlen (ein Tisch fehlt), zwei Kühlboxen, dem Herd
und der Spüle. An der Wand kleben Poster und Familienfotos. Ein Radio ist die modernste Errungenschaft. Die Familie lebt hauptsächlich
vom Fischfang. Im Garten wachsen Süßkartoffeln, Mais, Tomaten,
Kohl und Zwiebeln. Harlon und seine Frau Marlene sehen aus wie
Engländer: Sommersprossen, blonde Haare. Das ist typisch für diese
Karibikinsel, denn mehr als 80 Prozent der Bewohner haben briti-
sche Vorfahren, deren Sprache sie heute noch verwenden. Nur in der
Schule und in den Verwaltungsbüros wird offiziell spanisch gespro-
chen, die Amtssprache Honduras.

Asma schwojt an der Ankerkette. Wir sind mit dem ersten Tageslicht aufgestanden und frühstücken schnell. Es gilt wieder einen Besuch zu machen – bei Mercedes, die in den Bergen eine Rinderfarm
besitzt. Mit ihrem Sohn Osman wartet sie auf uns an einem Feldweg.

Durch den Busch wandern wir zur Farm. John Brad, ein Arbeiter, reckt die Arme von sich und gähnt: „So früh habe ich noch niemanden erwartet." Dann verschwindet er und holt die Pferde von der Koppel. Osman kontrolliert die Sättel. Und zehn Minuten später sitzen wir schon auf dem Rücken der Pferde. Zuerst durchreiten wir weite Weideflächen, durchqueren Bäche und passieren Rinderherden. Dann wir der Pfad enger und das Grün dichter. Mitten durch den Regenwald geht unsere Reise. Nach einer Stunde traben die Pferde durch schneeweißen Sand am Ufer entlang. Am Ende der North East Bight steigen wir in einem kleinen Dorf vom Sattel. Sanft wiegen sich die Palmen im Nordost-Passat. Wir sind zum Essen eingeladen. Unter blauem Himmel werden Langusten, Kartoffeln und Salat serviert. Wir hören etwas über die Geschichte der Bay-Inseln. Über 300 Jahre lang war das hier das Revier der Engländer. Es waren allerdings meist Piraten, die davon lebten, die goldbeladenen spanischen Segler zu kapern. Dann, 1861, tauschten die Briten die Kolonie Bay Islands mit den Spaniern und erhielten dafür Britisch-Honduras, das heutige Belize. Und die Bewohner der Inseln wurden einfach an Honduras mitverkauft.

Fast die gesamte Insel ist von einem Barriere-Riff umsäumt, von der Größe her zwar nicht vergleichbar mit dem von Australien, aber von ebensolcher Schönheit. Wir ankern nun hinter dem Riff neben der kleinen Insel North East Cay. Hier lebt kein Mensch. Nur Palmen und Sandstrand, kein Haus, nur eine verlassene Zisterne aus bröckelndem Zement. Hier – das haben wir von den Einheimischen erfahren – verbirgt sich eine Geschichte. Vor 22 Jahren hatte ein Amerikaner das knapp 100 Meter lange Eiland als Privatbesitz erworben. Nachdem zunächst die Zisterne gebaut war, begann die Arbeit für das Hausfundament. Doch mittendrin verschwand der Amerikaner eines Tages spurlos. Später meldete er sich aus den USA und ließ ausrichten, er lebe lieber in Amerika als auf dieser einsamen Insel. Ein Rätsel aber wurde nie gelöst: In der ausgeschachteten Grube für das Hausfundament entdeckte man ein faßgroßes Loch mit rostiger Erde herum. War dort vielleicht der Schatz von Pirat Morgan vergraben gewesen?

Wir schnorcheln neben der Insel beim Riff, in dem es mehr als 110 Korallenarten gibt – ein faszinierendes Farb-Erlebnis im glasklaren Wasser.

Nächste Station: Fruit Harbor. Dort gibt es eine Bar auf Pfählen. Dort in der Nähe ankern wir am Abend und setzen mit dem Schlauchboot zur Bar hinüber. Und siehe da: Man spricht Deutsch. Hans Weller lebt hier seit sieben Jahren. Gegenüber, am Ufer der Bucht, besitzt er eine Tropenfarm mit 60 Hektar Garten, Kühen, Gänsen, Hühnern, Enten, zwei Katzen und seinem Papagei, der gerne Angriffe auf Besucher fliegt.

Sabine Weller erzählt uns: „I komm aus Schwaben. Und nachdem unsere Motorradtour in Honduras ihr Ende fand, sind wir einfach hiergeblieben." Sie teilt Topfkuchen aus und sagt, sie sei heilfroh, hier ein glückliches Leben mit der Familie zu führen, an der Seite von Hans, dem Althippie und Bauern. Er ist eigentlich gelernter Mechaniker, fuhr früher in Deutschland Motorradrennen und skippert heute

Auf den karibischen Islas de la Bahia vor Honduras leben viele Menschen in Pfahlhäusern, um Schutz vor den Sandfliegen zu finden. Wahrscheinlich sind diese Biester daran schuld, daß es kaum Touristen gibt und dort die Welt noch in Ordnung ist.

die einzige Charteryacht in dieser Gegend. Vor dem Wind rauschen wir mit seiner Yacht dahin, durch tiefblaues Wasser an Inseln vorbei. Dann durch den 1,20 m tiefen Kanal, durch den wir mit unserer Yacht (wir haben 1,80 Tiefgang) nicht durchkämen. Wir passieren den Kanalausgang und tauchen sanft ein in das türkisblaue Wasser der Lagune. Am Bayman Bay Club machen wir fest. Jeder hier kennt Hans. Und er schwärmt von ihnen: „Die Leute hier sind einfach klasse. Ehrliche, harte Typen. Die klauen auch mal wieder ihr Boot aus dem Zollhafen zurück, wenn es wegen Fischfang in den Hoheitsgewässern von Nicaragua beschlagnahmt worden war. Oder sie kommen dich spontan mit 'ner Kiste Bier zu Hause besuchen." Vom Balkon des Clubs, einer Tauchbasis, beobachten wir mit kühlen Drinks in der Hand den Sonnenuntergang. Knallrot versinkt die Sonne im Meer, wieder einmal wie aus dem Bilderbuch. So ein Aussteigerdasein könnte mir auch gefallen...

Nicht zu Unrecht heißt die künstliche Insel Shin Cay mit Guanaja als größtem Ort auch das „Venedig von Honduras". Enge Wasserkanäle durchziehen die kleine Insel. Auf der Veranda des ältesten Hauses, das 1854 im Kolonialstil erbaut worden ist, erfahren wir Näheres über die Entstehungsgeschichte. Noch bis zum letzten Jahrhundert gab es hier keine Insel, sondern nur ein Riff. Die Menschen transportierten dann mit kleinen Booten Stein für Stein hierher und schütteten das Insel-Fundament auf. Darauf kam eine Schicht Erde, und später wurden die Häuser gebaut.

Bei Miss Fuchs, die früher mit einem Deutschen verheiratet war, sind wir zum Tee eingeladen. Sie erzählt uns, daß die früher in dieser Gegend Ansässigen vor 300 Jahren von europäischen Seefahrern als Sklaven verkauft wurden. Als letzte Zeugnisse einer gewaltsam beendeten Kultur zeigt uns unsere Gastgeberin kostbare, schöne Stücke aus ihrer privaten Sammlung mit Geräten und Gefäßen der Indianer.

Längsseits an der Pier machen wir Asma fest und bunkern hier auf Shin Cay Wasser und Diesel. Das übliche: Noch einmal einkaufen und ausklarieren. Hier geht das ganz unkompliziert vonstatten. Der Zoll will gar nichts von mir wissen, und schon nach zehn Minuten habe ich unser Dokument in der Hand.

Aus Osten ziehen langsam Passatwolken auf. Asmas Segel werden mit Wind gefüllt und schieben uns nach Westen. Runde 170 Seemeilen liegen vor unserem nächsten Ziel: Rio Dulce, Guatemalas großer

Fluß, der in die Karibik mündet. Nachmittags passieren wir Roatán, eine kleine Insel, die noch zur Bay-Gruppe gehört. Um Mitternacht beginnt der Wind auf Nord zu drehen. Ein schlechtes Zeichen: ein Tief von der Ostküste der USA hat sich weit nach Süden verirrt. Knapp vier Seemeilen trennen uns von der Insel Utila. Es ist Nacht und wir steuern mit Radar die Bucht an, wo wir ankern. Böen schütteln das Schiff. Tiefliegende Wolken jagen am Mond vorbei. Unsere brave Ankerkette hält die Yacht gut – wir schlafen tief.

Morgens um neun Uhr ist die Front dann durch, der Wind bläst mit vier aus Nordost. Wir lichten den Anker und segeln weiter mit Kurs nach Guatemala. Strömung und Wind treiben uns schnell voran – fast zu schnell. Schon um Mitternacht runden wir Cabo Tres Puntas. Für die Barre des Rio Dulce brauchen wir Hochwasser, um zu unseren 180 cm Tiefgang wenigstens 10–20 cm Wasser unter dem Kiel zu haben. Um 10 Uhr morgens ist Hochwasser und wir beschließen, jetzt in der Nacht hinter dem Kap zu ankern. Leider hat Morgenstund' nicht immer Gold im Mund: Mit den ersten Sonnenstrahlen treibt neben uns ein Patrouillenboot der Küstenwache von Guatemala. Man erklärt uns kurz, daß wir dem Schiff nach Puerto Barrios folgen müssen, 12 Seemeilen entfernt. Dort ankern wir unter Aufsicht neben der Militärbasis. Ein sechsköpfiges Suchkommando steigt an Bord und kontrolliert ASMA stundenlang. Unser „Vergehen": Wo wir zuletzt ankerten, gebe es keinen Grund zu ankern. Basta. Daß wir Hochwasser für die Einfahrt in den Fluß brauchen, interessiert die Uniformierten nicht. Das Suchkommando geht mit leeren Händen von Bord: kein Schmuggelgut, kein Rauschgift, nichts war's. Oder was wollten die eigentlich?

Mittags verlassen wir den Militärhafen wieder. Drei Seemeilen später ankern wir im Hafen Puerto Barrios. Großes Empfangskomitee! Nie haben wir so etwas erlebt wie hier in Guatemala: Hafenmeister, Paßbeamter, Doktor, Zoll, Militärpolizei und Marine kommen an Bord – gerade, daß sie noch alle Platz finden auf der ASMA. Aber keiner von ihnen verhilft uns zu Papieren – die meisten stellten nur unwichtige Fragen. Dann heißt es: Der Kapitän müsse mit an Land und dort bei jeder Behörde einzeln vorsprechen. Außerdem erklären sie uns, sie hätten Überstunden machen müssen wegen diesem Bordbesuch, und das koste leider pro Person acht Dollar in bar. Ich weiß nicht, ob es in dieser Gegend Nachtigallen gibt – jedenfalls höre ich sie deutlich trapsen. Und sehe tief enttäuschte Gesichter, als ich erkläre: nein, ich bezahle nicht! Außer, wenn mir jemand zeigt, wo die Summe schriftlich festgelegt ist und mir eine Quittung aushändigt. Tiefes Schweigen an Bord.

Schließlich gehe ich mit den verhinderten Abkassierern an Land und renne von Büro zu Büro, um den Papierkram zu erledigen. Macht insgesamt 32 Dollar – gegen Quittungen – weit weniger, als an Bord von uns gefordert wurde.

Kein Ort, um länger als nötig zu verweilen. Michelle hypnotisiert fast das Echolot. Ich versuche, genau Kurs zu halten, um über die Flußbarre zu kommen. Zwischen 5 und 15 cm Wasser haben wir unter dem Kiel. Achtern ziehen wir eine aufgewühlte, schlammfarbige Spur nach. Im Fluß selber fällt das Echolot bis auf 15 m Tiefe. Wir motoren nun durch eine enge Schlucht von einmaliger Schönheit. Satter, grüner Dschungel an den Hängen. Tausende von Seevögeln umschwärmen uns. Wir passieren Kanus mit Indianern und Fischer mit ihren Wurfnetzen. Bambus- und Schilfhütten säumen das Ufer. Aalglatt dann der See „El Golfete". Hier gibt es Frischwasser im Überfluß. Wir waschen das Schiff, die Wäsche – und uns selbst.

Vier Stunden später ankern wir neben Marios Marina: Yachtclubatmosphäre erster Klasse, Dschungelstimmung, Palmen, grüne Wiesen, dazu ein Swimmingpool, eine Bar, eine Dusche und was man sonst noch braucht. Für 5 Dollar pro Tag vertäuen wir ASMA am Steg. Sie ist dort sicher und gut bewacht. Wir packen die Rucksäcke und brechen zu einem Ausflug durch das Land der Maya auf. Zuerst eine Stunde im nun schon gewohnten Klapperbus zur Nationalstraße. Dort wird in den Expreßbus umgestiegen, ein ausrangierter „Greyhound" aus den USA. Er bringt uns in vier Stunden nach Guatemala City. Und wieder umsteigen, diesmal in den „Chickenbus" (Hühnerbus) nach Lake Atitlán. Panachel, ein Nest am Ufer des Vulkan-Sees ist unsere Endstation. Ausnahmsweise ein typischer Touristenplatz – kein Wunder, dies ist bestimmt einer der schönsten Seen Amerikas mit einer atemberaubenden Naturszenerie. Hier gibt es Vulkane, die teilweise noch aktiv sind. Ringsherum kleine Dörfer und grüne Felder und Wälder. Nahe dem Seeufer mieten wir uns für 7 Dollar pro Tag einen Bungalow – Ausgangspunkt für unsere Wanderungen. Wir klettern steile Hänge hinauf, um die Terrassenfelder der Indianer zu bewundern. Die Nachfahren der Maya, die früher in den fruchtbaren

Tälern des Landes lebten, wurden von europäischen Siedlern und Landbaronen in das Bergland verdrängt. In ihrer angestammten Heimat haben sich jetzt große Farmen breitgemacht.

Bauern sitzen um uns herum, hier oben in den Bergen. Sie tragen rote Hosen und handgewebte Hemden, die mit herrlichen Webmustern verziert sind. Juan, 54 Jahre, erklärt uns ihre Lebens- und Arbeitsweise: „Wir ernten zweimal im Jahr. Und zum Dank weihen wir die Felder mit Milch." Das wissen wir aus anderen Berichten: Ebenso wie früher stimmen die Maya-Indianer ihre Fruchtbarkeitsgötter auch heute noch gnädig, indem sie ihnen auf den Feldern ein Milchopfer widmen.

Das Leben hier ist hart. Wir sehen Männer, aber auch Kinder, die schwere Lasten auf dem Rücken tragen. Fast das gesamte Gewicht hängt an den Stirnbändern, die sich in die Haut der Indianergesichter pressen.

Am Ufer beobachten wir die Fischer. In einfachsten Kanus sind sie stundenlang auf Fang. Junge Indianer setzen sich neben uns und schauen Michelle zu, wie sie Videoaufnahmen macht. Die Burschen, alle in ihre Trachten gekleidet, erzählen mir: „Unsere Väter fischten noch alle gemeinsam. Jetzt fischt jeder für sich. Die Bräuche der Maya zerfallen – und unsere Einheit auch."

Als ich später im Bus einem Amerikaner von dieser Begegnung erzähle, der hier seit 25 Jahren lebt und als Völkerkundler arbeitet, sagt er dazu: „Es sind die vielen unterschiedlichen Kirchen und unzähligen Religionsrichtungen im Lande, die den Zusammenhalt, die Einheit der Indianer zerstören. Das begann praktisch schon an dem Tag, als der erste Spanier das Land betrat."

Nach acht Busstunden auf Asphalt- und Schotterpiste gelangen wir wieder in ein Zivilisations-Abseits, in das Dorf Todos Santos, inmitten traditionellen Indianerlandes seit den Zeiten des Maya-Reiches. Unser „Hotel" ist ein Bretterverschlag, einem Hühnerstall ähnelnd. Am nächsten Morgen, es ist Samstag, erwartet uns die schönste Szenerie unseres Guatemala-Ausflugs: Der bunte Indianermarkt. Töpfe, Webarbeiten, Tongefäße, Früchte, Gemüse und Fleisch werden gehandelt. Dazwischen die Menschen in ihren prachtvollen Traditions-Trachten. Ein fast unwahr erscheinendes Bild in all seiner Schönheit.

Unter einem Dach stehen die Maishändler. Mais ist nicht nur das wichtigste Grundnahrungsmittel der Indianer, er hat für die Maya auch eine wichtige symbolische Bedeutung. Nach ihrer religiösen Entstehungsgeschichte, die in dem weltberühmten Buch „Popol Vuh" beschrieben ist, wurden nämlich die ersten Maya-Menschen von den Göttern aus Mais geformt. Die Abgeschiedenheit dieser Religion hat bis heute auch viele alte Kulturelemente erhalten, wie wir auf Erkundungsspaziergängen entdecken können. Wie auf den Reliefbildern, die alte Mayatempel schmücken, sind hier die Bauernhäuser der gleichen Bauweise zu besichtigen, mit Ziegeln aus Erdschlamm, die in der Sonne getrocknet werden und mit schilfgedeckten Dächern.

Unter den großen Sonnendächern arbeiten die Frauen an ihren Webstühlen, die am Balken und am anderen Ende an ihrem Hüftgürtel befestigt sind. Klara, eine etwa 40jährige Indianerin, sagt, daß sie für ein 50 cm langes Stück vier Wochen braucht. Sie schiebt das Webschiffchen schnell zwischen die Fäden hin und her. „Wenn ich es verkaufe, bekomme ich dafür 50 Quetzal (rund 9 Dollar). Doch das hier ist für die Tracht meines Mannes." Pedro erklärt uns die einzelnen Ornamente: „Die am Kragen sind die wichtigsten. Jede Familiensippe hat ihre eigenen Erkennungszeichen. Man weiß dadurch genau, wer von wo kommt."

Detail einer Webarbeit der Maya-Indianer in Guatemala.

222

Auf einem Mulipfad gehen wir zurück nach Todos Santos. Unterwegs entdecken wir wieder ein Stück Mayakultur: Verräuchert, fast schwarz gefärbt, steht ein gleichschenkliges Kreuz direkt neben unserem christlichen Kreuz. Oberflächlich betrachtet sind sie sich nicht unähnlich – doch sie trennen Welten. Das eine Kreuz wurde durch die Feueropfer der Indianer verfärbt – Opfer, die heute noch dargebracht werden. Die vier Enden des Kreuzes bedeuten für den Maya die vier Welten der Himmelsrichtungen – die Welten seines Glaubens.

Zurück mit dem Bus über die Schotterpiste. Zwischen uns Menschen sind Säcke, Kisten, Körbe und Hühner verstaut. Wir steigen mehrmals um und sind abends in der Kleinstadt Zacapa. Am Markt wohnen wir im „Hotel Central", einem alten Kolonialgebäude mit Innenhof und Garten. Hier leben keine Indianer, sondern die Nachfahren der spanischen Einwanderer. Enge Gassen, alte Kolonialhäuser und eine uralte Kirche prägen das Bild dieser Rinderzüchter- und Bauernstadt. Außerhalb, nur vier Kilometer entfernt, machen wir das Thermalbad „Aqua Caliente" ausfindig. Im alten Badehaus schwimmen wir im warmen Quellwasser und genießen den Ausblick in die weite, von Bergen umgebene Buschsteppe.

Von Zacapa schüttelt uns anderntags der Bus vier Stunden lang zu der Grenze nach Honduras. Unsere Pässe werden hier nicht gestempelt – für den Besuch erhalten wir statt dessen einen fünf Tage gültigen Passierschein. Zu Fuß überschreiten wir die Grenze und fahren im „Microbus" in 30 Minuten zu unserem hiesigen Ziel, dem Dorf „Copan Ruinas". Wir gehen hier durch die Ruinen einer Mayakultur, die mehr als 1700 Jahre alt ist. Der Archäologe Sylvanus Morley nannte nach seinen Forschungsarbeiten Copan das „Athen der Neuen Welt". Pyramidenförmige Tempel ragen in die Höhe, teilweise vom Dschungel überwachsen. Stumme Zeugen einer uralten Kultur. Entdeckt wurde diese Anlage erst 1830, mit ihren erstaunlich gut erhaltenen Schriftzeichen der Mayasprache. Ehrfürchtig stehen wir vor einem Tempelaltar mit in Stein gehauenen Reliefs. Sie zeigen die 16 Herrscher, die Copan einst regierten. Letztes Zeichen des Königreiches ist das unvollständige Bild des letzten regierenden „U Cit Tok" aus dem Jahr 822. Der Steinmetz konnte das Bild nicht fertigstellen. Die Völkerkundler erklären das heute so: Die Menschen der damaligen Kultur gingen rücksichtslos mit der Natur um. Abholzung, Erosionen, Überwirtschaftung des Bodens trugen dazu bei, daß das Volk sich und seine Könige nicht mehr ernähren konnte. (Und was hat man daraus gelernt bis heute ...?)

Zurück am Rio Dulce finden wir ASMA in Marios Marina nach wie vor sicher festgemacht. Flußabwärts segeln wir an kleinen Siedlungen vorbei und ankern dann zwischendurch in einer Einbuchtung. Am Ufer steht eine Indianerfamilie. Wir winken. Ernst winken sie zurück. In einer der nächsten Flußbuchten ankern wir in der Nähe von Indianerhäusern. Von dort kommt ein Junge angelaufen und fragt: „Braucht ihr Wasser?" Er führt mich zu einer Quelle. „Wollt ihr nicht unser Haus besuchen. Hier fahren viele Segler vorbei! Meine Familie würde sich freuen." Spät am Nachmittag sitzen wir im Bambushaus. Auf der Stahlplatte backen Tortillas, dazu gibt es Fisch aus dem Fluß. Antonio, unser Gastgeber, freut sich über den mitgebrachten Kaffee: „Der schmeckt endlich mal wie aus Guatemala." Das hatten wir ja schon: Auch in diesem klassischen Kaffeeland wird der Kaffee vorwiegend zum Export geerntet – hier im Land selbst ist Kaffee oft nur schwer zu bekommen.

Guatemala ist ein Land der Kontraste. Hinter der farbenfrohen Kulisse werden die Indianer von der weißen Minderheit ausgebeutet. Antonio schlürft seinen Kaffee und erzählt: „Auf den Kaffeeplantagen habe ich vor Jahren für einen Dollar pro Tag gearbeitet. Später, auf Bananenplantagen, gab's dann 1,25 Dollar am Tag."

Am Morgen füllt der Nebel die Täler. Am Ufer bearbeiten Frauen die Wäsche. Wir gleiten mit ASMA langsam flußabwärts. Neben der kleinen Stadt Livingston ankern wir, denn jetzt hat die Barre ganze 80 cm Wasser. Die See ist ruhig, alles bestens, wir müssen nur vier Stunden bis Hochwasser warten. An Land klarieren wir aus und kaufen für unser letztes hiesiges Geld Früchte und Orangensaft. An Bord höre ich die Wetternachrichten der US-Küstenwache: Winde aus Ost sind angesagt.

„Schau genau auf das Echolot, ich bleibe an der Pinne" sage ich zu Michelle, und schalte in den Leerlauf. Michelle blickt in das Echolot und sagt: „10 cm, 10 cm, jetzt 20 cm, konstant 20 cm, wieder 10 cm..." Langsam schalte ich wieder in den Vorwärtsgang, doch Michelle meldet nicht mehr als maximal 15 cm. Dann ein „Stop" von ihr, sie sagt: „Null cm unterm Kiel." ASMA wirkt träge, ich spüre, wie der Kiel sich seinen Weg durch den Schlamm bahnt – und sanft bleibt die Yacht stehen. Aber wenn wir hereingekommen sind, muß es auch wieder rausgehen aus diesem Fluß – auch ohne Hochwasser-Hilfe. Es gilt wieder, genau die Landmarken zu peilen und in Deckung zu bringen. Leicht weht ein westlicher Morgenwind. Wir setzen das Groß und Vorsegel. Asma liegt leicht schräg – und dann schalte ich vorwärts, volle Pulle voraus. Langsam, ganz zaghaft schiebt sich der Rumpf durch den Schlamm. Und von Sekunde zu Sekunde beschleunigt der Motor die Yacht mehr. Tief atmen wir durch, als wir die Ansteuerungstonne des Flusses passieren und endlich einen Meter Wasser unter dem Kiel messen. Achteraus liegt Guatemala, das schöne Land. Doch der Kaffee von dort wird in Deutschland seit diesem Besuch für mich immer einen unguten Beigeschmack haben.

Der Kreis schließt sich

Cabo Tres Puntas ist passiert, endlich schwimmen wir im tiefen blauen Meer. Südostwind, wir setzen den Spinnaker. Auch am nächsten Tag zieht uns das bunte Tuch schnell durch das Meer. Am dritten Tag der Reise dreht der Wind, wir segeln mit der Spinnakergenua weiter. An Steuerbord, nur 15 Seemeilen entfernt, liegt Kuba. Wie gerne würde ich dort landen wollen, einfach mal hinschauen. So nahe dran und vorbeifahren müssen! Ich kann es nicht glauben. Andererseits müssen wir jetzt genau unseren Zeitplan einhalten, nichts darf mehr schief gehen. Denn in wenigen Tagen ist der März vorbei und im Mai wollen wir schon in Kanada sein. Ich verdränge meine Neugierde auf Kuba und trimme die Segel.

Beständig bläst der Wind weiter. Hinter uns liegen schon 610 Seemeilen seit Guatemala, voraus nur noch runde 50 Seemeilen, dann haben wir Key West erreicht. „Die Amis haben Super-Eiscreme" schwärmt Michelle schon im voraus, und ich füge hinzu: „Und richtig süßen Schokoladenkuchen." Wir sind in Hochstimmung, denn am Nachmittag wird ASMA in Florida sein. 110 m² Segelfläche ziehen uns durch das Wasser. Alles schäumt schneeweiß achteraus. Wir rauschen dahin. Weit voraus erkenne ich Treibgut. Irgend etwas schwimmt dort, denn dort zeigt das Wasser kleine Brecher. Ich springe zum Kartentisch und checke nochmal die Seekarte. Untiefen sind auf unserer Position nicht zu erkennen. Kaum bin ich zurück im Cockpit, sehe ich, daß die unerklärlichen Turbulenzen jetzt schon deutlich größer werden. Ich ziehe an den Leinen der Selbststeueranlage und ändere den Kurs. Kaum aber hat ASMA ihren alten Kurs geändert, erschrecke ich, denn weitere Hindernisse tun sich auf. Genau voraus, knapp 80 Meter, schwimmt etwas Undefinierbares. Ich nehme die Pinne in die Hand und ändere erneut radikal unseren Kurs. Sofort schieben wir kräftig Lage, weil jetzt ASMA mit ihrer großen Segelfläche hoch am Wind segelt. Dann erkenne ich es: Zwei große Wale treiben an der Wasseroberfläche. Wir passieren die Tiere mit nur knapp 10 Meter Distanz. Nichts rührt sich. Schlafen sie? Zurück auf unserem ursprünglichen Kurs entdecke ich dann: Auch das andere Hindernis sind zwei Wale, die mit sanften, fast anmutigen Bewegungen miteinander spielen.

Nachmittags will ich der Küstenwache über Funk melden, daß wir kommen. Die Amerikaner sind da sensibel, besonders hier an der Atlantikküste – Drogenhandel und Schmuggel sind die Stichworte. Außerdem – das weiß jeder Segler hier – haben sie uns schon ab 30 Seemeilenzone auf dem Küstenradar. Aber nichts rührt sich an der „Funke", denn bestimmt reicht die Sendeleistung meines UKW-Handgeräts nicht aus. Diese teure Kiste aus Deutschland ist hier nutzlos. Denn dank unserer deutschen Zulassungen, Verordnungen und sonstigen bürokratischen Bestimmungen fehlen dem Apparat die amerikanischen Küstenwachen-Kanäle – und auch die wichtigen Wetterberichtskanäle Nr. 2 und Nr. 3 der amerikanischen Frequenzen gibt es nicht. So ein UKW-Gerät, in Deutschland gekauft, ist in nordamerikanischen Gewässern also nur eine teure Dekoration. Zumal es gleiche Geräte in den USA zum halben Preis gibt. Widerwillig, weil ich das ungern tue, melde ich mich auf Kanal 16 – eigentlich der Kanal für Notmeldungen. Und natürlich wettert der Ami von der Coast Guard Key West los: „Könnt ihr euch nicht auf einem unserer Kanäle melden?" Ich erkläre ihm die Lage, und er antwortet: „Dann probieren wir Kanal 12." Ich melde ASMAS Daten, die Auskünfte zu unserer Person und die Ankunftszeit in Key West. Lässig antwortet der Amerikaner: „Wenn ihr kommt, ist der Zoll schon zu Hause. Meldet euch heute dort telefonisch und besucht morgen den Zoll."

Key West, die Insel, die USA. Der erste Besuch im Supermarkt blendet uns fast. Sprachlos stehen wir vor der Käsetheke im Supermarkt. Hunderte von Käsesorten liegen da im Neonlicht ausgebreitet. Ich drängele Michelle, um weiterzukommen: „Jetzt sind wir mehr als 33 000 Seemeilen gesegelt und du kannst dich nicht für eine Sorte

Käse entscheiden!" Dabei bin auch ich von diesem Warenangebot erschlagen, von diesem plötzlichen Kontrast. So etwas haben wir schließlich seit fast zwei Jahren nicht gesehen. Jetzt ist es unbegreiflich, fast außerirdisch für mich, was der Mensch doch meint, alles zum Leben zu benötigen. Am Ende nehmen wir gar keinen Käse, sondern nur Joghurt, Brot und Wurst. Benommen verlassen wir den Kauftempel. Aber ihr Super-Eis hat sich Michelle hier gekauft.

Key West: lange Urlauberstraßen mit einem T-Shirt-Shop neben dem anderen. Dazwischen Fast food-Imbisse und Musikbars. Und die haben es uns angetan. Hardrock, so richtig laut, das ist ein Stück Zivilisation, das wir durchaus voll genießen.

Später tanzen wir dann wieder auf dem Meer, auf einem wilden Durcheinander von Wellen, mitten in der Floridastraße. Die vergangenen Tage hatten wir uns im Hafen von Marathon verkrochen, es stürmte aus Nord. Jetzt, so der Wetterbericht, soll es in den nächsten Tagen von Südost wehen.

Manchmal laufen drei Knoten Strömung mit uns. Schneller geht es nicht mehr, wir laufen oft über 11 Knoten über Grund. Jeder weitere Tag auf unserer Reise Richtung New York bedeutet nun ein Stück Abschied von der Wärme Floridas. Wir kramen wieder die Pullover heraus, dazu dicke Socken, die Gummistiefel und Handschuhe. Auf 28 Grad Nord – typisch für den April – beutelt uns ein satter Sturm. Frühjahrswetter an der Ostküste Amerikas. Zum Glück aber rutscht danach das Bermuda-Hoch nördlicher und drückt die Fronten weit hoch in den Norden. Davon profitieren wir: Gutes Wetter und Winde aus West. Unterwegs treffen wir den Tanker OMI STAR. „Wie geht es euch, alles okay an Bord?" fragt der Kapitän über Funk. „Klar, alles okay, wir laufen direkt nach New York" antworte ich. „Tolle Stadt, da sind wir übermorgen. Habt ihr gute Karten?" Ich melde: „Klar, kein Problem. Nur für die Küsten nördlich dieser Stadt brauchen wir später Seekarten, denn von dort geht es nach unserem Besuch weiter nach Kanada", sende ich zurück. Antwort: „Spar dir die Dollars, wir haben noch ein altes Set an Bord. Ändert euren Kurs, ich packe euch inzwischen alles ein", meldet der Kapitän. Parallel, etwa zwei Seemeilen von uns entfernt, läuft der Tanker. Ich falle ab und steuere direkt auf das Heck des Schiffes. Es rauscht im Lautsprecher und dann kommt die Stimme des amerikanischen Seemanns: „Alles ist verpackt in einem blauen Plastiksack. Da spart ihr einige hundert Dollar, trinkt einen auf uns." Dann fällt von der Brücke der Sack in das Wasser. Wir fischen das Überraschungspaket auf und finden darin tatsächlich 40 Seekarten. „Mensch, herzlichen Dank, ihr seid ja verrückt! Wie können wir das nur gutmachen?" melde ich mich. Vom Tanker höre ich ein letztes Mal den Kapitän: „Alles okay, Junge! Mach dir keine Sorgen, das geht schon in Ordnung. Das Wetter ist auch gut. Habt einen guten Törn!"

Schlagartig, auf 36 Grad 48 Minuten Nord, als habe einer einen Schalter bedient, ändert sich am 25. März das Wetter innerhalb von zwei Stunden. Wir haben den Golfstrom verlassen und das kalte Wasser des Nordatlantik erreicht. Über 10 Grad ist das Thermometer in den Keller gerutscht, nur noch 9 Grad Celcius haben wir jetzt.

Und nun: Tagelang vor dem Wind. Das Baro fällt, alles verändert sich, die Wolken und die Dünung von Nordwest rollen an. Die Coast Guard meldet eine Kaltfront. Vierzig Seemeilen von New York entfernt regnet es aus allen Himmelsrichtungen. Nebelfronten liegen über dem Meer. Alles ist kalt und feucht. Und auch das noch: der Wind dreht auf Nord. Wir segeln gegenan, Schiffe passieren unsere Kurse. Tonnen und Leuchtfeuer überall. Hektisches Treiben mitten in der Nacht, so etwas haben wir lange nicht mehr erlebt.

Dichter Nebel versperrt die Sicht. Wir laufen nach Radar. Nur sechs Seemeilen ist jetzt die Freiheitsstatue entfernt, aber wir sehen sie nicht. Auf dem Radar erkenne ich Tonnen und Schiffe die uns überholen oder entgegenkommen. Wo ist nur New York, wo sind die Hochhäuser, wo ist die Wendemarke unserer Reise? Ich bin ungeduldig und enttäuscht – wenn man nur etwas sehen könnte! – Aber was soll's: Wenigstens auf dem Schirm sind wir vor New York. Dann knallt der Sektkorken, und wir werfen zum ersten Mal unser Prinzip über Bord, auf See keinen Alkohol zu trinken.

Und dann, auf einmal, wie wenn sich ein Vorhang öffnet, schiebt der Wind den Nebel davon. Goldgelb leuchtet die Sonne, und wir sehen die Freiheitsstatue im Abendlicht. Minuten, die wir unseren Lebtag nicht vergessen werden. Wir segeln weiter, ziellos, an den Hochhäusern entlang. Alles wirkt so wunderschön und so unwahr, mitten durch eine Millionenstadt zu segeln. Im Sonnenlicht spiegeln die Fenster des World Trade Center. Arm in Arm sitzen wir im Cockpit und bestaunen die Wolkenkratzer-Kulisse von Manhattan. Ein Märchen ist Wahrheit geworden.

Zuerst lagen wir in der Marine Basin Marina, dann aber lud uns die Stadt New York ein, ASMA an die Pier 15 zu verholen, zum South Street Port. Fotografen und Reporter besuchen uns, als sei die Fahrt schon zu Ende. Für uns ist es aber noch ein weiter Weg bis zur Ziellinie des Unternehmens „Rund um Amerika". Einstweilen genießen wir das zivilisatorische Kontrastprogramm der Metropole: die Musikkneipen von Soho, Spring Street mit seinem italienischen Charme oder Chinatown, wo wir bestens essen.

Kalt ist dann der Morgen. Wir passieren Coney Island und achten haargenau auf die Zeit, um einige Minuten vor Hochwasser am Hell's Gate zu sein. Noch schläft die Stadt, und das erste Sonnenlicht bringt etwas Farbe in den grauen Morgen. Aus der Upper Bay motoren wir durch den Hudson River in den East River. Vor Hell's Gate hatte man uns gewarnt, daß hier acht Knoten Strömung durchjagen. Wir passieren den Punkt genau bei Hochwasser. Minuten später kentert der Strom, die Strömung setzt mit uns und wir segeln später, mitten im Nebel, durch den Long Island Sound. Newport ist unser letzter Stopp in den USA: Schiff durchchecken, einkaufen, die letzten Briefe abschicken, ausklarieren. Mitte Mai verlassen wir die Staaten.

Karen, eine Schauspielerin aus New York, zeigte uns nach der Theaterprobe die Stadt der ewigen Kontraste.

Drei Wochen bleiben wir in Nova Scotia. Dort, in der kanadischen Stadt Lunenburg tippt Michelle den nächsten Waypoint in den GPS: 50 Grad 00 Minuten Nord und 02 Grad 50 Minuten West, die ungefähre Position vom Leuchtfloß Channel im Englischen Kanal. Im Display erscheint: 2658 Seemeilen to go! Asma gleitet Mitte Juni aus der Rose Bay in den Atlantik – und das bedeutet Abschied von Amerika. Zwei Tage später schreibe ich in das Logbuch: Gute Segelreise. Gute Winde. Arschkalt. Eiskaltes Wasser. Tief im Anzug – es wird unseren Kurs kreuzen.

Das Tief passiert uns mit mittelprächtigen Stürmen. Südlich der Großen Neufundlandbank – wir sind über 100 Seemeilen davon entfernt – spüren wir die kabbelige See. Hier treffen sich die Gewalten des Meeres, der Golfstrom mit dem Labradorstrom. Der Westwind bleibt aus, dafür weht es stürmisch aus Nordost – also genau von dort, wohin wir wollen. Keine gefährlichen Seen, alles nur windig und naß. Um keine wertvollen Seemeilen zu verlieren, lassen wir uns treiben.

Vierundzwanzig Stunden später ist alles vorbei, es weht aus Nordwest. Eisberge und Growler, von denen die kanadische Küstenwache berichtet, liegen direkt auf unserem Kurs. Wir ändern den Plan, und laufen wieder Ost bis Südost. Leichte Winde tagelang, wir sitzen am Rande des Hochs, wir schleichen fast dahin.

Zeit zum Nachdenken und zu den letzten Eintragungen ins Tagebuch. Mit jeder Seemeile kommen wir dem Ziel näher, und damit auch wieder Deutschland. Doch mir fehlt irgendwie die Vorfreude auf Europa – Amerika war zu schön. Am 15. Juni schreibe ich in das Tagebuch: „Gemischte Gefühle, denn wir denken immer mehr an ein Leben fern der westlichen Zivilisation. Das haben wir auf der Reise um Amerika gelernt." Mir kommt der Gedanke, einfach umzukehren, zurückzusegeln. Aber nein, das geht nicht. Oder doch? Wohin soll ich Asma steuern? „Segle doch zurück, wenn du willst", sagt Michelle. „Es liegt nur an uns, die Freiheit haben wir. Du verdienst dein Geld genauso woanders und findest immer irgendwo einen Heimathafen." Südost soll es morgen geben – genau der richtige Wind zurück. Aber ich denke an meine Freunde und an unsere Idee, alles dort zu beenden, wo die lange Reise begann. Also: „Es ist besser, zum Ziel zu fahren! Wenn wir das erreichen, ist Platz für neue Ideen und Träume, für wieder neue Ziele."

„Richtig gutes Wetter. Blauer Himmel wie in der Karibik. Schöne Passatwolken", schreibe ich am nächsten Tag in das Logbuch. Michelle backt eine Pizza. Ich reinige das Deck. Wir nutzen die Wetter-Atempause. Totale Flaute am 19. Juni, und erst am Nachmittag weht sachte der Wind aus Südost. Kein Westwind seit einer Woche, nichts – die Windkarten spinnen, denke ich. Aber das wissen wir inzwischen: so wie sich das Weltklima verändert, so haben sich auch die Windrichtungen verändert. „Hast du den Kaffee schon gekocht?" ruft Michelle aus der Koje heraus. „Natürlich! Und die weichen Eier auch!" Wir frühstücken im Cockpit, es ist warm. „Freust du dich heute?" fragt Michelle, weil wir in wenigen Stunden unsere Kurslinie von 1990 kreuzen werden. „Irgendwie schon, klar freue ich mich. Aber es

Seekarte der ASMA: Die Kurslinien von 1990 und von 1993 kreuzen sich. Der Kreis schließt sich und ein Traum wurde Realität – Amerika ist von uns umsegelt.

ist eben auch ein Abschied, das Ende einer wunderschönen Zeit, Abschied von wunderbaren Menschen." Michelle streckt sich in das Cockpit und schaut in den Himmel: „Es ist komisch, auch ich habe das gleiche Gefühl. Einmal: Prima, daß wir es geschafft haben! Aber im gleichen Moment bin ich traurig – weil alles bald wieder so weit weg sein wird."

ASMA läuft bei drei Windstärken aus Südsüdost unter Vollzeug. Ich schaue auf das Meer, in das tiefe Wasser, auf dem wir so viele phantastische Ziele erreicht haben.

Am 8. Juli 1993 läuft neben uns der Seenotrettungskreuzer OTTO SCHÜLKE. ASMA segelt parallel neben dem Schiff, von dem uns die Freunde zuwinken. Norderney, die ostfriesische Insel, leuchtet im Sonnenschein. Hunderte von Menschen sind in den Hafen gekommen, um uns zu begrüßen und zu feiern. Wir machen fest, und bekannte und unbekannte Hände schütteln unsere Hände. Unsere Bauwerft Dübbel & Jesse hat einen großen Empfang vorbereitet. Kameramänner und Fotografen springen auf dem Deck der ASMA herum. Aber irgendwie bin ich noch gar nicht richtig angekommen, meine Seele ist noch nicht im Hafen, sie ist noch draußen. Unten, im Deckshaus, küßt mich Michelle mit tränennassen Augen: „Danke, es war wunderschön!" Auch ich muß fast heulen: „Du warst einfach Klasse!" Dann ist's schon wieder vorbei mit dem privaten Teil. Michelle verläßt das Deckshaus und wird gleich zu einem Interview vor die Kamera gezogen. Ich versuche, noch schnell ein paar Eindrücke in mein Logbuch zu schreiben – und schlage dabei rein zufällig die Seite vom 20. Juni 1993 auf. Da steht das knappe Fazit dessen, was 1300 Tage und 38 000 Seemeilen rund um Amerika für uns waren: „43 Grad 01 Minuten Nord, 34 Grad 27 Minuten West. 1021 Hektopascal. SSE 15 Knoten... Unsere Kurslinie von 1990 gekreuzt. Ein wunderschönes Gefühl, der Kreis eines Traumes schließt sich, die Umsegelung Amerikas ist Realität geworden."

Anhang

Danksagung

Unser Dank gilt den Sponsoren, die das Projekt „Rund um Amerika", dessen Gelingen niemand vorhersehen konnte, mutig und hilfreich unterstützt haben:

Alveo, Luzern/Schweiz ■ Aleeda, Burleigh Heads/Australien ■ Alvey Reels, Goodna/Australien ■ Alpine Electronics, Düsseldorf ■ Lothar Hannebohm, Aurich ■ Bukh, Bremen ■ Friedrich Beilken, Lemwerder ■ Ballonfabrik Augsburg ■ N. C. Bjerg, Skævinge/Dänemark ■ - Cassens & Plath, Bremerhaven ■ Yashica Contax, Hamburg ■ Yachtwerft Dübbel & Jesse, Norderney ■ DAM, Gunzenhausen ■ Deuter, Augsburg ■ Eissing, Emden ■ Ewa Marine, München ■ Fjäll Räven, Martinsried ■ Falcon/Otto Barnewitz, Pforzheim ■ Fotolynx, Bristol/ England ■ Globetrotter Ausrüstungen, Hamburg ■ Goiot, Lübeck ■ Grundig, Fürth ■ Hempel-Vosschemie, Uetersen ■ Heinze, Wuppertal ■ Hermann Sprenger, Iserlohn ■ Heyco-Werk, Remscheid ■ Deutsche Lufthansa, Köln ■ Liros-Rosenberger, Lichtenberg ■ Lohmann, Neuwied ■ Lino Manfrotto, Bassano/Italien ■ Müller & Hans, Oberhausen ■ Meissner Engineering, Hellevoetsluis/Niederlande ■ Mitsubishi, Ratingen ■ Mapa, Zeven ■ Ortlieb, Nürnberg ■ Ortovox, Unterhaching ■ Prowell, Bremen ■ Polyant Dimension/Verseidag, Kempen ■ Thomas Reiter, Augsburg ■ Scanmar Marine, Sausalito, Cal./USA ■ Separ Filter, Hattingen ■ Simpert Reiter, Augsburg ■ Stengel, Willich ■ Tamarac, Canoga Park, Cal./USA ■ vauDe Sport, Tettnang ■ Varta, Hannover ■ Velodur Chemical, Zug/Schweiz ■ Wähning, Emsdetten ■ Whitlock Europe, Oudenbosch/Niederlande.

Yacht und Ausrüstung

Eine Reise rund um Amerika bedeutet Kurse durch alle Extreme von Wetter und Klima. Statistisch, so ein englischer Yachtversicherer, segelt die deutsche Durchschnittsyacht im Jahr ca. 700 Seemeilen. Der Kurs „Rund um Amerika" – die 38000 Seemeilen der Asma – ergeben theoretisch für einen Statistiker 50 Jahre Verschleiß an Yacht und Ausrüstung. Dazu rechnet man noch die gesteigerten Anforderungen auf den Passagen durch die Eis-Reviere in den hohen nördlichen und südlichen Breiten. Die Ausrüstung wurde bis an ihre Grenzen strapaziert – und fast alles hielt durch. Einigen Herstellern drückte ich auf Nimmerwiedersehen die Hand: Deren Ausrüstung gehörte in die Kategorie des Glitzerkrams, der wohl noch den leuchtenden Augen von Besuchern einer Bootsmesse standhält.

Meine Haltung dazu hat sich als richtig erwiesen, weil Teile, die diesen 38000 Seemeilen-Törn durchgestanden haben, zuverlässig sind und damit überzeugen. Ich kann dazu stehen und den Namen des Herstellers nennen. Sponsoring ist für mich keine Einbahnstraße, es bedeutet für

Die Ausrüstungsteile wurden vor der Reise ausprobiert und während des harten Bordalltages unerbittlich geprüft.

236

mich auch, sich kritisch mit den Materialien auseinanderzusetzen, sie auszuprobieren und, wenn notwendig, Verbesserungsvorschläge zu machen. Für mich berührt es fast die Grenze zur Kriminalität, wenn man für ein gesponsertes Produkt, das sich als unzureichend erwiesen hat, auch noch Werbung macht und damit seinen Segelfreunden empfiehlt. „Das gibt es doch gar nicht!" meinte Herr Stengel, Hersteller unserer Supernova-Lampen, als ich ihm berichtete, daß sich die Lampenfassungen bei schwerem Seegang lösen. Dieser Hersteller reagierte dann rasch: Die Teile wurden verändert und dann gegen die alten Fassungen ausgetauscht. Seitdem haben wir mit diesen Energiesparlampen an Bord keine Probleme mehr. Das mag als Beispiel dafür gelten, wie wir bei unserer Reise viele Ausrüstungsteile zusammen mit den Herstellern testeten und wenn notwendig verbesserten.

In diesem Abschnitt beschreibe ich meine persönlichen Erfahrungen, ich will damit keine Maßstäbe setzen. Da wir in Flauten und Sturm, Schneetreiben und Sonne, eisigen Winden und tropischer Schwüle segelten, versuchten wir anfangs eine Lösung für alle Anwendungen zu finden. Und die gibt es nicht. Kompromisse bestimmten den Alltag, wurden bei der Wahl der Ausrüstung und der Yacht gemacht, und sie begleiteten uns während der ganze Reise. Trotzdem versuchten wir mit unseren wenigen Mitteln, praktischer Ausrüstung und den vorliegenden Erfahrungen alles so einfach wie möglich zu halten, die Yacht so auszurüsten, daß wir uns auf jedem Breitengrad wohlfühlen konnten.

Die Yacht

Unser größtes Problem war die Wahl der geeigneten Yacht. Auf dem Markt von Serienherstellern fanden wir nicht das was wir wollten. Falls wir uns trotzdem für eine Serienyacht entschieden hätten, wären sehr hohe Summen für zusätzliche Ein- und Umbauten, wie z. B. einige Kollisionsschotten, ein stärkeres Rigg etc. erforderlich gewesen. Dazu hatte ich nach 70 000 Seemeilen Blauwasser-Segelerfahrungen konkrete Vorstellungen entwickelt.

Aluminium ist als Baumaterial sehr geeignet. Durch richtig dimensionierte Spanten und Stringer, das starke Skelett des Rumpfes, wird eine hohe Festigkeit erreicht. Bei der Kostenrechnung ist unter dem Schlußstrich eine Aluminiumyacht preiswerter als ein vergleichbarer Stahlbau. Im Gewichtsvergleich mit Stahl bringt eine Aluyacht 40% weniger auf die Waage. Das bedeutet: alles kann etwas kleiner ausfallen, z. B. Motor, Propeller, Rigg, Winschen, Segel, Blöcke, Schoten und vieles andere mehr. Eine kostenlose Zugabe, wenn auch nicht jedermanns Geschmack: Über der Wasserlinie muß ein Aluminiumrumpf nicht lackiert werden. Ein Stahlyachteigner muß im Kampf gegen den Rost viel Geld für Farbe ausgeben. Die Asma in Stahl gebaut, so meine Kalkulation, hätte zusätzlich ca. 50 000 DM erfordert.

Auf der Suche nach einer geeigneten Werft durchquerten wir Europa, die richtige Adresse fanden wir dann auf der Nordseeinsel Norderney bei Dübbel & Jesse. Die Asma wurde von Uwe Dübbel entworfen, der auch die Konstruktionspläne zeichnete. Dieser Prototyp wurde in 2400 Arbeitsstunden von der Werft gebaut und nach Fertigstellung von einem friesischen Fischkutter nach Norddeich an der Küste geschleppt. Hier stiegen wir, d. h. Michelle, ein befreundeter Tischler, für einige Zeit zusätzlich noch Freunde sowie ich, für acht Monate in den blanken Aluminiumrumpf und bauten die Yacht aus.

Beim Ausbau des Rumpfes erhielten wir die fachmännische Hilfe eines befreundeten Tischlers.

Der Rumpf

13,26 m lang und 3,85 m breit ist der Rumpf. Der Tiefgang beträgt 1,80 m und die Verdrängung 12 Tonnen. Die Plattenstärken betragen für das Deck 5 mm, die Außenhaut 6 bzw. 8 mm und den Kiel 10 mm. Die Spantabstände messen 35 cm, im gesamten Bugbereich kommen dazu noch Längsstringer. Die Yacht ist mit drei Kollisionsschotten gebaut, davon zwei geschlossen, das dritte mit einer Tür versehen, alle als geschweißte Aluminiumkonstruktion ausgeführt. Der Bugbereich wurde zusätzlich verstärkt, damit konnten wir später ca. 30 cm dickes Eis brechen.

Dieser gemäßigte Langkieler bietet viele Vorteile, z. B. ausreichend große Wassertanks und einen guten Schutz für das angehängte Ruder. Eispressungen, die den Rumpf auf das Ufer drücken, oder Grundberührungen in schlecht oder nicht vermessenen Seegebieten, lassen sich mit dieser Kielkonstruktion besser überstehen. Auch Trockenfallen, z. B. auf steinigem Grund oder an einen Felsen angelehnt, ist damit einfacher. Der Querriß des Rumpfes besitzt die Form eines Weinglases und damit den Vorteil, daß Eispressungen die Yacht nach oben herausdrücken.

Das kleinbemessene Cockpit bietet einsteigenden Seen kein allzu großes Volumen an. Trotzdem ist es groß genug, um darin lang ausgestreckt liegen zu können. Die Lenzrohre haben große Durchmesser, die Backskisten wasserdichte Deckel und die Rückenlehnen sind hoch genug, um sich bequem anlehnen zu können.

Das Ruder wird mit einer Pinne bedient, die Windfahnen-Selbststeueranlage benötigt dann auch weniger Kraft als bei einer Radsteuerung. Die Pinne ist hochklappbar, so hat man im Hafen das ganze Cockpit zur Verfügung. Vom Cockpit aus kann alles bedient werden: Schoten, Winschen, die Steuerleinen für die Windfahnen-Selbststeueranlage und natürlich die Pinne, die so ausgelegt wurde, daß sie zwischen den Beinen liegt und gesteuert werden kann.

Vom Cockpit aus liegt alles im Blickfeld: Die zwei Kompasse und der Radarschirm sowie an einem schwenkbaren Arm am Niedergang die Anzeige vom Echolot und die Steuereinheit für den Autopiloten.

Vier fest angeschweißte Augen, zwei am Brückendeck und zwei achtern im Cockpit, dienen zum Einpicken der Sorgleine vom Sicherheitsgurt. Das Deckshaus ist aus Aluminium und besitzt Fenster mit seeschlagfesten Scheiben. Das Steckschott sitzt in einer Führung mit zwei Lenzöffnungen. Das Schiebeluk über dem Niedergang ist ebenfalls aus

Aluminium. An beiden Seiten des Niedergangs sowie auf dem Dach des Deckshauses sind Handläufe angebracht.

Das Deck

Die Flushdeckkonstruktion bietet überkommenden Seen nur wenig Angriffsfläche. Dieser Vorteil hat aber einen Nachteil: „Man sitzt im Keller" – so Michelles Argument. Bequemes, neugieriges Herausschauen fällt aus, aber tiefe Dunkelheit bedeutet das noch lange nicht. Vier Goiot-Luken auf hohen Süll montiert, auf denen auch die Lüfter stehen, sorgen für viel Licht. Insgesamt belüften sieben Windhutzen die Räume unter Deck. Sie werden jeweils von einem stabilen Bügelstativ geschützt, das ein Abreißen durch Fehltritte, Schoten oder Leinen verhindert. Der Maschinenraum sowie die Stauräume unter dem Cockpit werden von zwei weiteren Windhutzen belüftet.

Die breite und rutschfeste Decksfläche bietet Platz für sicheres Arbeiten und erholsame Stunden.

Das breite Flushdeck bietet viele Vorteile: Sicheres Arbeiten bei Segelwechsel oder Reffen, guten Stauplatz für das Dingi, und eine Sonnenter-
rasse für ruhige Stunden im Hafen. Mit TBS-Antirutschbelag beklebt, bot
das Deck selbst bei sehr tiefen Temperaturen festen Halt. Der Mastkorb
garantiert beim Arbeiten an den Fallen sicheren Stand. Die Seereling ist
95 cm hoch und aus Aluminiumrohren mit 25 mm Durchmesser geschweißt, trotzdem erwischte uns dreimal ein satter Brecher und verbog
diese Konstruktion.

Die Maschinenanlage

Nach langen Überlegungen und Recherchen entschied ich mich für den
Bukh-Diesel DV mit 48 PS und Turbolader. Diese Maschine ist z. B. für
Rettungsboote in der Handelsschiffahrt zugelassen. Im Ernstfall rauscht
das Rettungsboot von einer hohen Rampe aus in die See – und dann muß

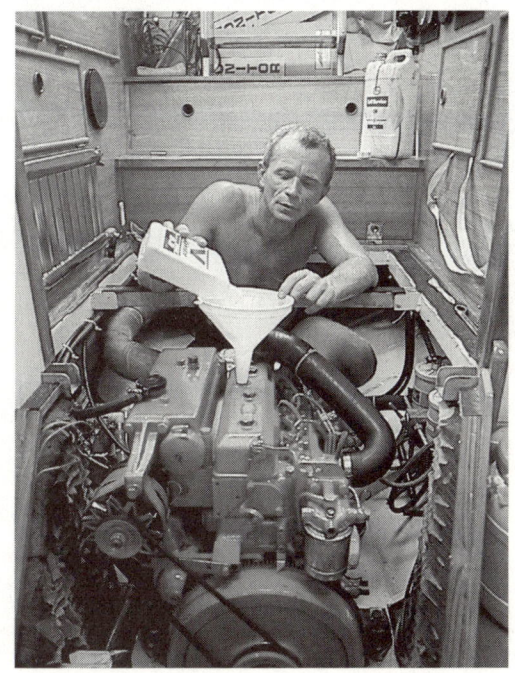

**Die Maschine,
eingebaut unter dem
Boden des Decks-
hauses, verbrauchte
erstaunlich geringe
Mengen Öl und Diesel.**

241

der Motor laufen. Der Dreizylinder mit dem großen Schwungrad ist lauf-
ruhig und erzeugt nur geringe Vibrationen, ein unschätzbarer Vorteil
nicht nur für die eigenen Nerven, sondern auch für die vielen Instrumen-
te an Bord und die sensible Elektronik. Ein Handstart mit zwei Kurbeln
gleichzeitig ist für zwei Personen möglich. Über einen Wärmetauscher
versorgt das heiße Kühlwasser die Warmwasserboiler für die Dusche
und die Reflex-Heizkörper in Deckshaus und Naßzelle.

Achtern, dicht hinter der Maschine, sind die zwei voneinander unab-
hängigen Kühltaschen – Gesamtfläche 1,5 m^2 – für die Außenhautkühlung von innen auf den Rumpf geschweißt. Zwei Kühltaschen, jeweils
großzügig ausgelegt, halte ich für besser als nur eine. Bei Leckagen im
System hat man so die Möglichkeit, eine Kühltasche stillzulegen und mit
der zweiten weiter zu kühlen. Der geschlossene Kühlkreislauf für die Maschine bietet nur Vorteile: Mit Frostschutzmitteln läßt sich das Kühlwasser bis minus 60 °C flüssig halten. Selbst beim Trockenfallen, auf einem
Landstellplatz oder im dicken Eis kann der Motor zum Batterieladen lau-

**Blick auf die
Maschinen- und
Wellenanlage, links der
Separ-Treibstoffilter.**

fen. Es gibt einfach keine Probleme mit Salzwasser und Korrosion im Kühlsystem, und Seegras, Algen oder Treibgut, z. B. alte Plastiktüten, können sich nicht vor oder in das System setzen und dieses verstopfen. Auch die sandigen Schwebstoffe in Flüssen und deren Mündungen bleiben draußen, zerstörte Impeller und zugesetzte Leitungen gehören damit zur Vergangenheit.

Erst beim Betrieb der Maschine machten wir die wichtigste Erfahrung: Bei ca. 2000 Umdrehungen pro Minute, damit liefen wir ca. 6 kn, verbrauchten wir ca. 2,3–2,8 Liter Treibstoff in der Stunde. Was aber alles als Diesel in manchen Häfen verkauft wird, sprengt oft selbst kühne Vorstellungen. Ein aus der Berufsschiffahrt stammender Separ-Filter, ein Dieselfeinfilter mit Wasserabscheider, scheidet den gröbsten Dreck und Wasser aus dem Sprit heraus. Der Kraftstoff wird dann noch einmal durch den Feinfilter am Motor gepumpt. Aus zwei Dieseltanks, je 400 Liter an Backbord und Steuerbord, beide getrennt umschaltbar auf den Separ-Filter, erhält der Motor Treibstoff. Mit Hilfe dieser getrennten Tankfüllungen kann man etwas nachtrimmen und in Häfen, wo der Diesel von zweifelhafter Qualität ist, braucht damit nur ein Tank gefüllt werden.

Ein „Sailprop", ein dreiflügeliger Drehflügelpropeller, treibt die Yacht unter Maschine an. Um die Schwingungen des Motors nicht auf die Wellenanlage zu übertragen, wurde hinter das Getriebe ein Aquadrive eingebaut, bestehend aus einem Drucklager mit einem homokinetischen Gelenk. Zwischen Aquadrive und Welle wurde ein Adapter aus dem synthetischen Material Delrin eingesetzt, um Maschine und Welle elektrisch voneinander zu trennen. Die Welle dreht in Nylonlagern, in die Weißmetallbuchsen eingesetzt sind.

Als Ersatzteile hatten wir einen festen dreiflügeligen Propeller, Welle, Getriebe, Drucklager, Aquadrive und Maschinenteile an Bord.

Das Rigg

17 m hoch über Deck ragt der Mast und trägt 110 m² Segelfläche am Wind. Er besitzt zwei Salings und ist mit 6, 8 und 10 mm starkem Nirodraht verstagt. Von den beiden Achterstagen ist eines als Antenne isoliert. Die Backstagen sind losnehmbar, ebenso das innere Vorstag, an dem nur die Sturmfock gesetzt wird.

Der Mast besitzt zwei Salings und ist zum
Besteigen mit Stufen ausgerüstet.

Die Segel

Nach guten Erfahrungen früherer Reisen entschied ich mich für Polyant-Segeltuch und den Segelhersteller Friedrich Beilken. Auch dieses Mal entstanden Super-Fahrtensegel mit dreifachen Nähten (wo erforderlich auch mehr), extrastarken Schothörnern und weiteren Verstärkungen. Diese erstklassige Verarbeitung trug dazu bei, daß wir mit einem Satz Segel die ganze Reise bewältigten. Wir wählten die Mastlänge etwas höher als eigentlich nötig, so war es möglich, aufgrund höher geschnittener Segel eine gute Sicht nach vorn zu bekommen, ohne Verlust an Fläche.

Das hellrote Tuch des Sturmgroßsegels hebt sich deutlich vor dem Hintergrund des eisgrauen Gletschers ab.

245

Zwei Großsegel waren im Stell: Das Standardgroß mit 40 m² und zwei Reffreihen sowie das Starkwindgroß mit 28,2 m² und zwei Reffreihen aus rotem Tuch. Das ist von den Berufsschiffen oder im Seenotfall besser auszumachen. Bei beiden Großsegeln verzichteten wir auf Latten, da diese bei langem Gebrauch die Taschen bisher immer durchgescheuert hatten, und zudem kann man auf Vorwind- und Raumschotkursen einfacher ein- und ausreffen.

In Küsten- und Eisgewässern benutzten wir fast ständig die High-Aspect-Fock, ein phantastisches Segel für Kreuzkurse – und das Wenden ist so einfach damit. Weiterhin fuhren wir an Segeln: Einen Klüver mit 55,3 m², als Leichtwindsegel eine Blister-/Spinnakergenua mit 80 m², einen Starkwind-Spinnaker mit 80 m² und für leichte Winde einen 140 m² großen Spinnaker.

Die reffbare 16,7 m² große Sturmfock ist ebenfalls aus rotem Tuch und wird am inneren Vorstag gefahren, das wegnehmbar ist, um unter normalen Vorsegeln besser kreuzen zu können. Der Schnitt für das Starkwindgroß war so ausgewählt worden, daß mit einem Reff eingesteckt die losnehmbaren Backstagen stehenbleiben und so die Wendemanöver einfach und schnell ablaufen konnten

Die Selbststeueranlage

Bei Flaute, extrem leichten Winden und unter Maschine wurde die Yacht vom Autopiloten Robertson AP 100 gesteuert. Auch im Sturm reagierte diese Anlage rasch und arbeitete gut. Die Steuereinheit wurde unter Deck an einem schwenkbaren Arm montiert, wir konnten damit innen im Deckshaus steuern. Klappte man den Arm in den Niedergang, war die Bedienung aus dem Cockpit heraus möglich. Der Nachteil eines Autopiloten ist sein Stromverbrauch. Unsere Solarzellen und der Windgenerator lieferten dazu den Nachschub.

Seit den stürmischen Aleuten auf den hohen Breiten des Nordpazifiks, steuerte die restliche Reise die Windfahnen-Selbststeueranlage Monitor die Yacht. Diese amerikanische Edelstahl-Konstruktion reagiert schnell und kräftig und besitzt den Vorteil, daß sie auch bei leichten Winden den Kurs hält. Selbst unter Spinnaker hatten wir damit keine Probleme. Eine Windfahne aus Kevlar, leicht und mit großer Fläche, steuerte ASMA zuverlässig auch bei 1,5 kn Fahrt durchs Wasser.

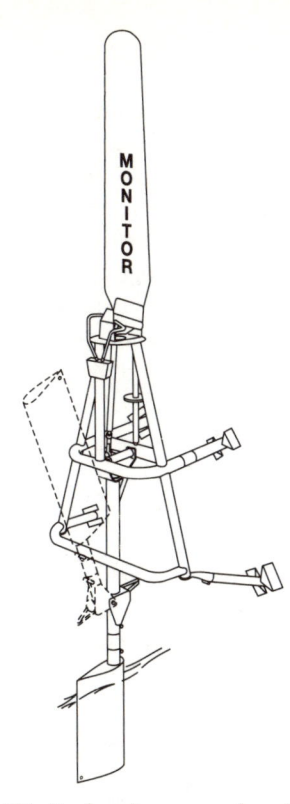

Unsere Windfahnen-Selbststeueranlage „Monitor" arbeitet nach dem System des Servo-Pendelruders.

Die Ruderpinne wurde mit zwei Holepunkten für die Steuerseile ausgestattet: Der erste, weit vom Ruderschaft entfernt, wurde bei durchschnittlichen Windstärken verwendet. Technisch ausgedrückt: Langer Weg der Steuerseile und schwächere Krafteinleitung durch die Windfahne ergibt eine geringe Ruderlage. Der zweite Holepunkt, dicht beim Ruderschaft, wurde bei stürmischen Winden und hohen Seen benutzt. Jetzt erhält die Anlage durch den starken Wind über die Windfahne mehr Kraft, die kürzeren Steuerleinen übertragen direkter und das Ruder wird stärker gelegt. Das ist dann von besonderem Vorteil, wenn Seen von achtern den Rumpf vom Kurs drücken wollen.

Ich kenne andere Windfahnen-Selbststeueranlagen mit Pendelruder, dem gleichen Prinzip wie bei der Monitor-Anlage, die alle in rauher See bei Vorwind- oder Raumschotkursen ständig und heftig reagieren. Dafür gibt es eine einfache Erklärung: Bei stürmischen Winden krängt eine Yacht rasch, und das Gegengewicht an der Windfahne versucht nun die Windfahne senkrecht zu halten – was ja auch die eigentliche Funktion ist. Nur, bei Sturm und hohem Seegang bedeutet die Krängung einer Yacht einen „falschen Winkel" des Rumpfes zur Windfahne. Die Anlage reagiert sofort, will ausgleichen und überträgt ihre Kraft auf das Ruder. Dadurch segelt die Yacht einen Zickzack-Kurs. Das wird durch den sich ständig verändernden Winkel der Segel zum Wind und der sich ständig verändernden Kraft der Windfahne noch verstärkt. Ein Gummizugband, unten am Gegengewicht festgebunden und dann an der Anlage befestigt, wirkt dämpfend. Ihre Bewegungen werden nicht mehr so heftig, dem Ruder werden sanftere „Befehle erteilt", und der Kurs führt so etwas stetiger durch Wasser.

Schwerwetter

Schweres Wetter kann man überall antreffen. Einen Windmesser gibt es auf der Asma nicht, das erspart mir „Sturmstories" am Clubtresen. Den Wind höre und spüre ich, allzu oft wird diese Kraft dramatisiert. Nicht die Windgeschwindigkeit, sondern Seegang und Strom sind problema-

In schwerem Wetter unter der roten Sturmfock
am inneren Vorstag.

248

tisch. Nach Wetterberichten hatten wir Winde mit 55 Knoten Geschwindigkeit im Norden und noch stärkere in den südlichen Breiten. Gefährlich wird es, wenn der Wind gegen die Meeresströmung steht – oder nach einem rasch durchgezogenen Sturmtief der Wind dreht und dann gegen die alte Dünung weht.

Von Beidrehen halte ich wenig, man bietet damit seine volle Breitseite den heranrollenden Seen als Widerstand an und ist doch machtlos gegenüber dem Seegang. Ich segele vor bzw. mit dem Sturm ab. Ein Vorteil dabei ist, daß man den Rumpf steuern kann. Wellen von achtern treffen den Rumpf nicht so hart wie von vorn, da man ja Fahrt voraus macht. Ablaufen im Sturm bedeutet meistens, die Wellen mit 15–20 Grad achterlich zu nehmen. Taktisch versuche ich dann einen Kurs zu segeln, der mich aus der Zugbahn des Tiefs herausführt. Auch das verkürzt die Dauer eines Sturms.

Unsere Standard-Sturmbesegelung bestand aus der 16,7 m² großen Sturmfock und dem Sturmgroß mit ein oder zwei Reffs. Beide Segel sind aus rotem Polyanttuch, das ist gut auszumachen von anderen Schiffen. Auch die Sturmfock besitzt eine Reffreihe. Da sie am inneren Vorstag angeschlagen wird, also auf Decksmitte vor dem Mast, bestanden auch in schwerem Wetter nur geringe Gefahren beim Reffen.

Gut bemessene Schlafphasen, heiße Getränke und kräftige warme Mahlzeiten, oft Suppe mit Brot, waren für uns in Sturmwetterlagen sehr wichtig. Alle Stürme haben wir mit der Windfahnen-Selbststeueranlage abgewettert.

Leichtwetter

Auch auf dieser Reise um Amerika erlebte ich wie auf meinen Fahrten zuvor: Wetterlagen mit leichten Winden gibt es für ein zügiges Vorankommen viel zu häufig. Schon deshalb entschied ich mich bei Planung für das Rigg für einen scheinbar überdimensioniert langen Mast, denn nur die Möglichkeit, eine große Segelfläche zu setzen, erlaubt gute Durchschnittsetmale.

Genuasegel, die wegen ihrer Beanspruchung oft aus zu schwerem Tuch geschnitten werden, besitzen den Nachteil, bei leichten Winden nicht befriedigend zu stehen. Dieser unbefriedigende Stand resultiert nicht nur aus den leichten Winden, sondern vielmehr aus der Dünung der Ozeane, die eine Yacht ständig rollen läßt. Mit unserer Blistergenua aus Spimaterial geschnitten, kamen wir in solchen Situationen wesentlich besser zurecht. Dieses extrem leichte Segel stand auch dann gut, wenn die Yacht stark rollte.

Standprobleme mit Spinnakern bei leichten Winden und Dünung kann man mit Barber-Haulern meistens soweit mildern, daß das Tuch nicht unkontrolliert herumschlägt.

Die ASMA mit Leichtwetter-Segelgarderobe.

Die Bordelektrik

Mit Hilfe von zwei 20 Watt-Solarpaneelen und einem 12 Volt-Windgenerator mit 100 Watt Leistung produzierten wir unseren Bordstrom. Natürlich muß dafür Wind wehen und die Sonne ausreichend scheinen. Als effektiv hat sich der Windgenerator Ampair 100 erwiesen. Gemessen an der Windstärke minus 1, also Bft 5 – 1 = 4, leistete er 4 Ampere. Bei Passagen auf offener See reichte uns diese alternativ erzeugte Energie aus, um die Batterien zu laden.

Unsere Energiesparlampen von der Fa. Stengel, die so hell strahlten wie eine normale 40 Watt-Glühbirne und dabei nur 0,7 Ampere verbrauchten, hielten unseren Stromverbrauch sehr niedrig.

Zusammen mit den beiden Solarpaneelen speiste der Windgenerator unser Bordnetz.

Elektrolyse

Wenn die Bordelektrik einer Aluminiumyacht sorgfältig, d. h. vorschriftsmäßig, installiert und verkabelt ist, das richtige Material für Propeller und Welle verwendet wird, tritt keine Elektrolyse auf. An Bord der Asma ist die Maschinenanlage zweipolig verkabelt, Lichtmaschine und Anlasser sind isoliert.

Der Ruderschaft besteht aus Aluminium. Die elektrische Ankerwinde ist vom Rumpf isoliert aufgestellt und sicherheitshalber mit einem Hauptschalter für Plus- und Minuspol versehen. Eine Masseschiene für Radio-, GPS- und UKW-Gerät ist am Rumpf festgeschweißt. Für das Amateur-

251

funk-Gerät ist ein separater Masseschalter eingesetzt, der nur dann bedient wird, wenn ich mit diesem Gerät arbeite.

Alle Seeventile bestehen aus Kunststoff und sitzen auf Standrohren, die oberhalb der Wasserlinie beginnen. Falls einmal Feuer ausbricht, können diese Ventile schmelzen, aber es kann so kein Wasser in die Yacht eindringen.

Im Heckbereich sind unterhalb der Wasserlinie auf die Außenhaut zwei Opferanoden aufgesetzt. Das Unterwasserschiff wurde sehr aufwendig behandelt: Als erste Lage Unterwasseranstrich kam ein Ätzprimer auf den Rumpf, der das Aluminium aufrauhte. Dann folgten sieben Schichten Hempel-Lightprimer, ein Epoxyanstrich, der den Rumpf sicher isolierte. Für das Deck verwendeten wir das gleiche Anstrichsystem und zusätzlich zwei Lagen Zweikomponenten-Lack.

Gegen den Bewuchs am Unterwasserschiff wurde zum Schluß als Antifoulingmittel Hempel Nautic aufgetragen. Vier Anstriche für, biologisch gesehen extrem verschiedene Gewässer, reichten für die 17 000 Seemeilen von Deutschland nach Ecuador.

Die Verschraubung des unteren Ruderlagers wird gegen Elektrolyse mit Dichtungsmasse geschützt.

Navigationsinstrumente

Ein spezieller Kompaß ist für eine Aluminiumyacht nicht erforderlich. An Bord waren zwei Sigma-Kompasse von Cassens & Plath. Einer wurde außen neben dem Schiebeluk aufgestellt und ist im Cockpit beim Steuern gut abzulesen. Der zweite befindet sich im Deckshaus über eine Sonde verbunden mit dem Autopiloten.

Da unsere Reise in hohen Breiten dicht am magnetischen Nordpol vorbeiführte, nahmen wir einen fast antiken Sonnenkompaß mit, der zusammen mit der genauen Zeit zumindest die Nord-Süd-Richtung anzeigt und eine ungefähre Vorstellung vom Kurs ermöglicht. Dazu ein Vollsichtsextant, zwei Taschenrechner mit Astronavigationsprogrammen, das Nautische Jahrbuch sowie Tafeln und Tabellenwerke für die astronomische Standortbestimmung. Weiterhin ein Walker-Schlepplog und einen Barographen.

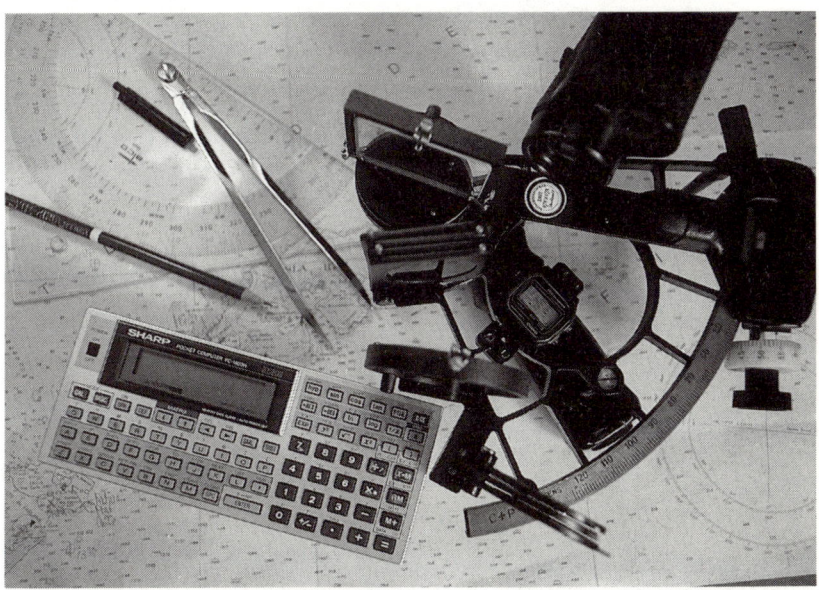

Teile unserer Navigationsausrüstung:
Dreieck, Zirkel, Vollsicht-Sextant und
Navigationsrechner mit Astroprogramm.

Ein Amateurfunk-Gerät von Kenwood diente dem Empfang von Seewetterberichten, ermöglichte den Kontakt mit anderen Yachten und die Teilnahme am deutschsprachigen Amateurfunknetz Intermar (täglich um 0700 UTC auf 13 313 kHz), das uns erstklassig mit Wetterinformationen während der Reise versorgte.

Mit dem Radargerät MD 3000 von Koden haben wir auch im Packeis noch kleinere Eisteile ausgemacht. Wir haben mit einem Steiner-Fernglas mit eingebautem Kompaß sogar nachts gute Erfahrungen gemacht.

Zusatzausrüstung

Spezielle Ausrüstungsteile haben wir für besondere Anforderungen bzw. Reviere mitgeführt. Zum Beispiel Eisschrauben, bei Bergsteigern wohlbekannt, die in das Eis eingedreht werden und so die Möglichkeit geben, an Eisschollen oder kleineren, gestrandeten Eisbergstücken die Festmacher anzustecken. Des weiteren zwei 100 m lange, starke Leinen, die ein

**Die Petromax-Lampe trägt mit Licht und
Wärme zum erträglichen Leben unter Deck bei.**

Ankern auch auf größeren Wassertiefen ermöglichten oder auch über weitere Entfernungen ein Festmachen an Land erlaubten. Ohne diese Leinen wären uns manche Liegeplätze in der Arktis, in Patagonien oder in der Antarktis verschlossen geblieben. Besser wären schwimmende Festmacherleinen gewesen, die hinter einem Dingi gezogen einfacher an Land zu bringen sind, da sie nicht sinken.

Mit Petroleum gespeiste Geniol-Starklichtlampen, die druckbetrieben über ihren Glühstrumpf nicht nur bis zu 250 Watt starkes Licht abstrahlen, sondern auch die Yacht unter Deck gut warm halten.

Für den Fall eines Lecks war eine Zehnder-Wasserpumpe mit Zweitaktmotor-Antrieb an Bord. Diese transportable Pumpe kann an Deck aufgestellt werden, die Leistung sowie die Länge des Ansaugschlauches reichten aus, um von Deck aus durch jedes Luk in der Bilge abzusaugen.

Aus dem Schiff- und Maschinenbau war uns das Kaltschweißmittel Duremetall bekannt, ein Zweikomponenten-Metall aus den Labors der Chemie. Die gehärtete Masse läßt sich bohren und fräsen, sogar ein Gewinde kann hineingeschnitten werden. Für den Fall eines Lecks waren dazu verschiedene Aluminiumplatten an Bord, mit Duremetall kann man diese dann über die schadhafte Stelle „kleben". Nach einer Havarie mit einer treibenden Tonne konnten wir das faustgroße Loch im Bug mit Duremetall abdichten und noch weitere 13 000 Seemeilen segeln.

Für unsere Schleppangel bewährte sich eine Hochseeangelrolle aus Australien von der Fa. Alvey Reels.

Verpflegung

Proviant bedeutete für uns kein Problem, überall auf der Welt ernähren sich die Menschen. Nur die Aussicht, in der Arktis überwintern zu müssen, schuf für uns ein Problem: Das Gewicht von Konserven für 18 Monate ausreichenden Verpflegungsvorrat. Wir entschieden uns daher für gefriergetrocknete Nahrung von der Fa. Simpert Reiter, das sind Lebensmittel, denen man in einer Zentrifuge das Wasser entzogen hat. Verpackt in luftdicht verschlossenen Beuteln aus Aluminiumfolie ist diese Ernährung sehr leicht. Die Zubereitung ist einfach: Zum Beutelinhalt heißes Wasser zugeben, etwas quellen lassen und fertig ist die Mahlzeit. Bei schwerem Wetter ist diese Methode von unschätzbarem Vorteil, denn dann will sich niemand unter Deck am Herd festklammern. Eintönig ist die Speisekarte für dieses Sortiment nicht: Sie reicht von Hühnerfleischgerichten bis Beefsteak, und mit kaltem Wasser zubereitet, von der Quarkspeise bis zur Banane.

Auf Reisen gewöhnt man sich rasch eine Hamstermentalität an, wenn man mit wenigen Mitteln auskommen muß: In jedem Land gibt es etwas preisgünstiges Obst oder Gemüse – und dann langt man zu. Viele Sorten, wie Kohl, Kartoffeln, Gurken, Zitronen, Pampelmusen und Orangen sind länger haltbar. Noch grün verkauftes Gemüse verlängert die Aufbewahrungsdauer. Eier kann man, wie auf NORTHERN LIGHT, die in der Antarktis überwinterte, sogar 14 Monate ohne Kühlung lagern.

Wir fischen viel und sind damit auch erfolgreich. Als Köder dient in kleine Streifen geschnittenes rotes Spinnakertuch, das wir an den Haken gebunden an einer etwa 100 m langen Leine nachschleppen. Bei Seegang ist das Anbordhieven des Fischs am Gafhaken nicht immer ein Kinderspiel. Damit der Braten sicher in der Pfanne landet, bediene ich mich einer anderen Methode: Mit einer alten Harpune erlege ich den Fisch am Haken noch im Wasser.

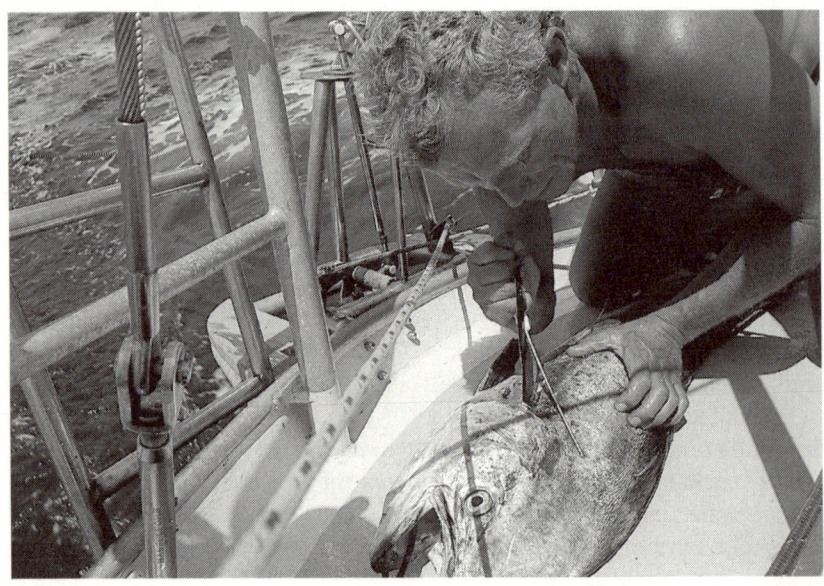

Mit einer Portion frischen Fischs wird der Speisezettel abwechslungsreich.

Wir kochen mit einem Petroleumherd, der Brennstoff ist überall erhältlich. Verkehrt man nicht auf den Autobahnen der Weltumsegler, schleppt man seine Gasflaschen dann oft kilometerweit um dann festzustellen: Der Anschluß paßt doch nicht – daher haben wir auf Gas verzichtet.

Stets gab es bei uns an Bord frisches Brot aus dem Backofen. Aber in den Tropen heizt ein Backofen die Yacht unter Deck unerträglich auf. Die Lösung des Problems heißt Schnellkochtopf: Der Boden des Topfes wird ca. 3–4 mm hoch mit Mehl bestreut. Der angesetzte und aufgegangene Hefeteig wird noch einmal kräftig durchgeknetet, zur Kugel geformt und mit Mehl bestreut in den Topf gelegt. Bei offenem Deckel muß der Teig weiter gehen, solange bis er fast über den Rand steigen will. Dann Deckel zu und bei kleiner Hitze ca. 40 Minuten „kochen" – fertig ist das Brot „Made by Schnellkochtopf".

In kalten Regionen oder vor einem aufziehenden Sturm kochten wir auf Vorrat und füllten die Getränke oder Speisen dann in Thermosflaschen oder -behälter. Reis, Nudeln, Zucker und viele andere Lebensmittel, die nicht feucht werden dürfen, verpackten wir in Plastikcontainern mit einem großen Schraubverschluß.

Kleidung

Wärmeverlust bedeutet Energieverlust und führt zur Müdigkeit. Dann unter- oder überschätzt man Situationen – oder die Stimmung schlägt um, z. B.: „Alles ist doch nur Mist." Nach unseren Erfahrungen ist neben der richtigen Ernährung warmhaltende Kleidung der wichtigste Faktor für das Wohlbefinden auf See.

Wie eine Zwiebel verpackten wir uns in mehrere Lagen Fleece-Kleidung, einem synthetischen Gewebe, das leicht ist, gut wärmt, das fast kaum Feuchtigkeit aufnimmt und einfach gut zu tragen ist. Unsere leichte Mikrosoft- und die dicke Polartech-Fleecekleidung (Jacken und Hosen) kamen vom deutschen Hersteller vauDe, ebenso die gut bewährte Sympatex-Segelbekleidung. Wir trugen lieber die Overalls als die Jacken- und Hosenkombination. Bei schwerem Wetter waren wir natürlich öfter draußen, und dann sind Overalls die winddichtere Lösung. An Land haben sich die Jacken von vauDe ebenfalls bewährt.

In eisigen Gewässern kamen wir mit den robust verarbeiteten Polyamid-Latzhosen und -Jacken von Aigle gut zurecht, die Fleecesocken aus dieser Kollektion hielten unsere Füße warm. Vom gleichen Hersteller überlebten die ganze Reise die Seestiefel Cap Hoorn aus Kautschuk. Dieses Material erwies sich als sehr elastisch, es schnürt die Blutgefäße nicht ab und hält zusätzlich warm. Sonst liefen wir in einfachen Turnschuhen mit einer fein profilierten Sohle, die gut auf dem TBS-Antirutschbelag hafteten. Bei großer Kälte trugen wir unter Deck Wollhandschuhe, an Deck bei Nässe kamen die robusten und dicken Gummihandschuhe aus der Fischerei darüber. Für den Alltag reichten uns Wollmützen, bei mieserem Wetter trugen wir zusätzlich Fleece-Mützen unter der Segelkleidung.

Bevor wir in die Koje steigen, wird die Kleidung gewechselt. In tropischen Breiten trugen wir dann nur Baumwollbekleidung.

Wäsche waschen an Bord war für uns kein Problem. Dafür gab es meistens genug Süßwasser, das aufgefangene Regenwasser reichte dazu. Aber auch mit Salzwasser und der entsprechenden Seife geht das ganz gut, die zum Trocknen aufgehängte Wäsche schleudert die Salzkristalle bei ausreichendem Wind ganz alleine heraus.

Die wärmende Fleece-Kleidung wurde von uns sehr geschätzt.

Filmen und Fotografieren

Das Produzieren von Fotos und Filme ist für uns Beruf. Diese Tätigkeiten sind allein schon deshalb interessant – gleich ob als Job oder Hobby – weil man sich mit vielen Dingen dann intensiver auseinandersetzt. Wer sich damit ein Nebeneinkommen verdienen möchte, muß erstklassiges Material abliefern. Realitätsbezogene Bilder, der typische Alltag, Szenen aus dem normalen Leben oder eine erfolgreiche Reise durch antarktisches Eis lassen sich schwerer verkaufen als eine Strandung oder ein Sturm. Ein Großteil der Presse meint, von der Sensation leben zu müssen, oder puscht Vorgänge auf, die, wenn man sie genauer unter die Lupe nimmt, es oft nicht wert sind, darüber zu berichten. Mit seinen Bildern und Texten in der Presselandschaft gegen die Klischees anzugehen wie, Segeln ist nur Sturm, Überleben, Strandung und Kämpfen wie Tarzan im Salzwasser, ist ein langer und mühsamer Weg. Trotzdem macht mir das Spaß, wenn man anderen Menschen, die nicht diese Reisen unternehmen, ohne Beschönigungen zeigen kann, welche Schönheiten unser Planet Erde bietet.

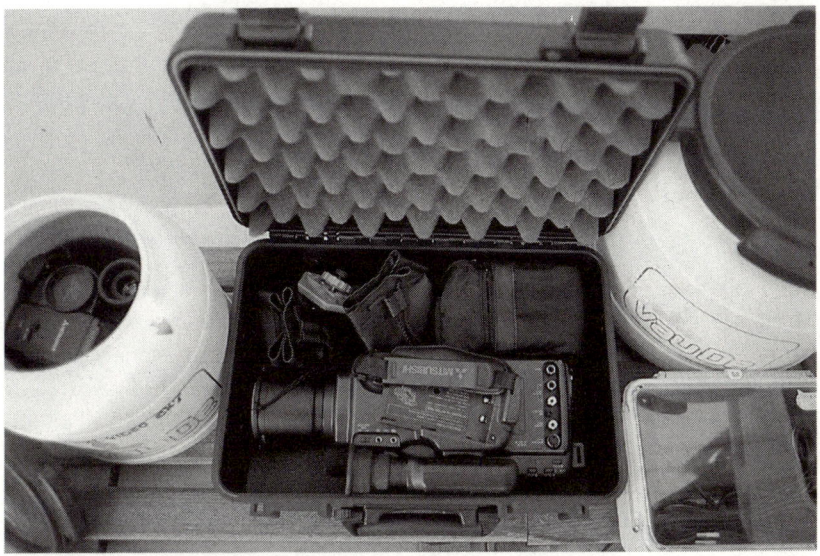

Unsere Film- und Fotoausrüstung verpacken wir in Kunststoffcontainern sicher vor Vibrationen und Feuchtigkeit.

Wie ein Besuch in einer Redaktion ablaufen kann? Ich war bei einer großen deutschen Illustrierten, die an einem Thema von mir interessiert war. Nachdem der zuständige Redakteur die Klarsichthülle mit meinen Dias vor das Fenster, im Hintergrund am Himmel graue Wolken, hielt und die Eisbären erkannte, schüttelte den Kopf: „Über die Antarktis hatten wir erst ein Thema." Beinahe wollte ich fragen: „Warum essen Eisbären Pinguine?" Antwort: „Es gibt keine Eisbären in der Antarktis."

Bewährt hat sich für uns der neue Fuji-Film Velvia. Dieser Diafilm zeichnet nicht nur besonders scharf, sondern gibt auch die Farben bei bedecktem Himmel kräftiger, fast freundlicher, wieder. Von Vorteil ist auch, daß dieser Film im E 6-Verfahren entwickelt wird, Labors dazu findet man überall in der Welt. Wir lagern unsere Filme in Plastikcontainern. Obwohl die Hersteller angeben, daß das Material im Kühlschrank aufbewahrt werden müsse, lagerten wir unsere Filme ohne Schäden sechs Monate, einmal sogar neun Monate, in der kühlen Bilge. Zwei Contax-Kameras mit 24 mm-, 85 mm- und 200 mm-Zeiss-Objektiven waren an Bord. Für Tieraufnahmen verwendete ich ein 300 mm-Objektiv.

Michelle filmte während der ganzen Reise auf Super-VHS-Videomaterial mit Camcordern von Mitsubishi. Bei den Filmaufnahmen verwendete sie fast ausschließlich ein Stativ, um ein ruhiges Bild zu erhalten.

Sicherheitsausrüstung

Zur Frage der Sicherheit beim Segeln habe ich meine eigene Meinung: Man ist dabei auf sich selbst angewiesen – ist also seine eigene Versicherung. Wissen über das eigene Können, Selbstvertrauen, Umsichtigkeit und der siebte Sinn „was passieren könnte" sind wichtig. Und wenn man ein abenteuerliches Leben führen will, dann begleiten einen Risiken, man erlebt Situationen und lernt Dinge kennen, die überhaupt nicht vorherzusehen sind.

Der Tanz auf dem Seil – von dem man auch abstürzen kann – ist schön, weil mich die Herausforderung auf Trab hält und das Leben sehr interessant macht. Die Auseinandersetzung mit den Elementen der Natur, Wind und Wasser, vermitteln mir einen Maßstab dafür, welch geringe „Größe" der Mensch eigentlich besitzt. Und auch das ist schön, weil diese Erfahrung mir zeigt: Erst nachdem man verstanden hat, mit und nicht gegen die Natur zu leben, erreicht man sein Ziel auf einem guten Weg.

Für Michelle und mich war es wichtig, uns und die Yacht so vorzubereiten, daß wir jederzeit in der Lage wären, uns bei einer Havarie selbst zu helfen. Drei Kollisionsschotten teilten den Rumpf in vier Kammern. Bei einem Leck in einer dieser Abteilungen hätte das nicht den Untergang bedeutet. Gegen Wassereinbrüche hatten wir Dichtungsmaterial an Bord, das auf See zur ersten Hilfe einsetzbar gewesen wäre. Danach konnten wir uns sicher irgendwo trockenfallen lassen, und dann wäre eine umfangreiche Reparatur mit Bordmitteln möglich. Platten aus Aluminium und Sperrholz, entsprechende Nieten, Schrauben, Muttern und das geeignete Werkzeug dazu waren mit an Bord. Der Nachteil des Werkstoffes Aluminium liegt für Segler auf Langfahrt sicherlich darin, daß man nicht überall dazu geeignetes Schweißgerät findet. Deshalb hatten wir das Kaltschweißmittel Duremetall eingepackt.

Handlenzpumpen, für mich bei einer ernsthaften Havarie nur als psychologisch wirksamer Wandschmuck denkbar, haben wir in unsere Überlegungen für den Notfall nie einbezogen. Wir führten eine leistungsstarke Wasserpumpe mit Zweitaktmotor mit. Dieses 20 kg schwere Aggregat ist auf einer Platte montiert und so transportabel, daß es überall an Bord aufgestellt werden kann. Leistung und Schlauchlängen waren ausreichend, um durch die Decksluken die Bilge absaugen zu können.

In schwerem Wetter schleppten wir eine lange Leine nach, an deren Ende ein weißer, reflektierender Schwimmkörper hängt. Eine Person, die über Bord gefallen ist, kann diese Leine ergreifen. Die Leine ist verbunden mit der Kupplung der Windfahnen-Selbststeueranlage, die so ausgeklinkt werden kann. Die Yacht kann dadurch zum Anluven veranlaßt werden.

Unsere Rettungsinsel von der Ballonfabrik Augsburg war vakuumverpackt, das schützt vor Feuchtigkeit und verlängert ihre Lebensdauer. Sie ist mit einem doppelten Boden ausgerüstet, um den Körper vor rascher Auskühlung besser schützen zu können. Obwohl im Ernstfall dieses Rettungsmittel die letzte Chance darstellt, vermittelt einem die Vorstellung von einer derartigen Reise in weit entfernten Seegebieten nicht gerade die allerbesten Hoffnungen. Um die Überlebenschancen zu vergrößern, hatten wir die Insel mit einem „Überlebenscontainer" verbunden. In den vauDe-Kunststoffbehälter packten wir: Angelausrüstung, Messer, Plastikflaschen mit Trinkwasser, zusätzlichen Proviant, Kompaß, Handsprechfunkgerät für den UKW- und 2 m-Bereich, Seenotraketen, Wasserfärbmittel, Signalspiegel. Damit wir aus gefangenen Fischen Flüssigkeit gewinnen könnten, packten wir eine Handfruchtpresse mit dazu. Für die kalten Reviere statteten wir einen zweiten Container mit warmer Kleidung aus: Eine Garnitur warme Fleece-Kleidung pro Person, Socken, Füßlinge, Handschuhe und Mützen.

An stürmischen Tagen pickten wir unsere Sorgleinen der Sicherheitsgurte im Cockpit ein. Ein Segelwechsel bei diesem Wetter wurde nur gemeinsam vorgenommen. Im Sturm fühle ich mich an Deck mit einer eingepickten Sorgleine zu stark eingeengt. Lieber arbeite ich dann rasch und zügig und besitze genügend Bewegungsraum, um die See zu beobachten. Gefährliche Brecher kann ich so frühzeitig erkennen, Zeit für den Weg ins schützende Cockpit bleibt mir dann noch genug.

Die Rettungswesten mußten wir relativ selten anlegen. Bei Eis an Deck war das aber eine Selbstverständlichkeit. Für ein Mann-über-Bord-Manöver hängt am Heckkorb eine Feststoff-Rettungsweste, die mit einer Markierungsboje verbunden ist. Dieses teure Blitzlicht „Made in Germany" erwies sich als schlecht verarbeitet: Wegen der mangelhaften Abdichtung vergammelte die Elektronik innerhalb weniger Monate und die Markierungsflagge hatte nach 12 Monaten ihre orange Farbe eingebüßt. Da bastelt man sich mit eigenen Mitteln doch besser etwas Funktionstüchtiges zusammen.

Im Cockpit kann man seine Sorgleine an einem angeschweißten Auge sicher einpicken.

Und dann hatte ich noch einen Sack Sägemehl an Bord, das mit wasserbeständiger Farbe orange eingefärbt war. Im Notfall hätte ich damit im Eis großflächig Stellen markieren können, um eventuell Hilfe aus der Luft aufmerksam zu machen.

Sicherheit heißt aber vor allen Dingen, eine gute Wettervorhersage zu erhalten und auswerten zu können. Wichtig ist, ein heranziehendes Sturmtief zu erkennen, um dann seinen Kurs darauf einstellen zu können. Eine gute Quelle für aussagefähige Seewetterberichte sind z. B. die weltweiten Amateurfunknetze. Für den Empfang dieser Aussendungen hatten wir die entsprechenden Geräte an Bord.

Im Masttopp hatten wir ein Blitzlicht montiert, das nicht nur für den Notfall gedacht war, sondern auch bei Kollisionskursen gute Dienste leistete. Ebenfalls in der Mastspitze wurde der Radarreflektor installiert.

Finanzen

Geld ist ein heißgeliebtes Thema für fast alle Segler. Was kostet etwas und wenn, wieviel und wo? Diese Fragen sind schwer zu beantworten. Anscheinend sind zwei Gruppen von Yachties auf den Weltmeeren anzutreffen: Die einen segeln im festgelegten Zeitraum, abgesichert durch Geld auf dem Konto. Die anderen sind mit viel Zeit unterwegs, haben aber wenig Geld und müssen daher etwas auf der Reise dazuverdienen.

Die Zahl der Segelyachten, die schwimmenden Wohnwagen gleichen, scheint stetig zu wachsen. Aber dieser Luxus erfordert nicht nur bei der Anschaffung große Summen, sondern auch in der Unterhaltung. Je einfacher die Yacht ausgestattet ist, desto geringer sind die laufenden Kosten. Und wenn man dazu noch zwei geschickte Hände hat, kann man bei Wartung und Reparaturen viel sparen.

Wir erledigten alle anstehenden Arbeiten selbst und versuchten, die stets lange Liste mit den Kleinreparaturen und Wartungsarbeiten abzuarbeiten. Die Erfahrungen anderer Langfahrtsegler sagen aus, daß Unterhaltungskosten für die Yacht oft die Lebenshaltungskosten der Crew übersteigen.

Unser Budget, das wir nach der gesamten Reise um Amerika um 5000,– DM leider überzogen hatten, war für einen Monat wie folgt eingeteilt:

Verpflegung, Essen an Land, Getränke, Putzmittel	500,– DM
Porto, Fax, Büro, Bücher, Informationsmaterial	250,– DM
Reisekosten, (Busausflüge etc.), kleine Hotels	300,– DM
Extras, z. B. Kleidung etc.	150,– DM
Yacht: Slip, Farbe, Ausrüstung etc.	200,– DM

Mit diesen 1400,– DM im Monat kamen wir gut aus. Bei dieser Aufstellung sind die Kosten für Filme und Entwicklung nicht eingeschlossen. Da wir während der ganzen Reise Reportagen produzierten, lagen die Kosten relativ hoch. Mit ca. 1000,– DM im Monat wäre eine derartige Reise wahrscheinlich auch möglich, wenn man nicht wie wir arbeitet.

Unterwegs, aber dazu muß man erst einmal reisen, finden sich dann immer Möglichkeiten, etwas zu verdienen. Viele Blauwassersegler überführen Yachten, andere heuern für eine Saison auf einer Charteryacht an, manche helfen in Marinas bei Wartungs- und Reparaturarbeiten und einige Skipper erwerben sich ein Zubrot dadurch, daß sie mit der eigenen Yacht Chartergäste segeln. In vielen Ländern wird das Chartergewerbe von den Behörden streng kontrolliert, in anderen wird „geschmiert" – man teilt sich den Kuchen mit den entsprechenden Beamten.

Und dann gibt es noch die „Trader". Das sind Yachties, die vom Handel mit Schmuck und Kunstgewerbe, wie z. B. Steinen, Muscheln, Handarbeiten und vielem anderen mehr, versuchen zu leben. Oft reicht die Spanne zwischen dem Einkauf in weit abgelegenen Gegenden und dem Verkauf auf Märkten nicht aus, um das richtig große Geld damit zu verdienen. Die wenigsten „Arbeiter unter Segeln" schaffen große Reichtümer, kommen aber weiter und immer irgendwie dabei zurecht.

Unsere Reportagen leisteten erhebliche Anteile zum Reisebudget.